公开与透明:
国有大企业信息披露制度研究

Public and Transparency: The Research of the
Large State-owned Enterprises Information Disclosure System

郭媛媛 著

经济管理出版社
ECONOMY & MANAGEMENT PUBLISHING HOUSE

图书在版编目（CIP）数据

公开与透明：国有大企业信息披露制度研究/郭媛媛著. —北京：经济管理出版社，2012.10
ISBN 978-7-5096-2051-9

Ⅰ.①公… Ⅱ.①郭… Ⅲ.①国有企业—大型企业—会计分析—研究—中国 Ⅳ.①F279.241

中国版本图书馆 CIP 数据核字（2012）第 164522 号

组稿编辑：宋　娜
责任编辑：宋　娜　杨照光
责任印制：黄　铄
责任校对：陈　颖

出版发行：经济管理出版社
　　　　　（北京市海淀区北蜂窝 8 号中雅大厦 A 座 11 层　100038）
网　　　址：www. E-mp. com. cn
电　　　话：(010) 51915602
印　　　刷：北京银祥印刷厂
经　　　销：新华书店
开　　　本：720mm×1000mm/16
印　　　张：15.75
字　　　数：285 千字
版　　　次：2012 年 12 月第 1 版　　2012 年 12 月第 1 次印刷
书　　　号：ISBN 978-7-5096-2051-9
定　　　价：58.00 元

编委会及编辑部成员名单

序 一

博士后制度是 19 世纪下半叶首先在若干发达国家逐渐形成的一种培养高级优秀专业人才的制度，至今已有一百多年历史。

20 世纪 80 年代初，由著名物理学家李政道先生积极倡导，在邓小平同志大力支持下，中国开始酝酿实施博士后制度。1985 年，首批博士后研究人员进站。

中国的博士后制度最初仅覆盖了自然科学诸领域。经过若干年实践，为了适应国家加快改革开放和建设社会主义市场经济制度的需要，全国博士后管理委员会决定，将设站领域拓展至社会科学。1992 年，首批社会科学博士后人员进站，至今已整整 20 年。

20 世纪 90 年代初期，正是中国经济社会发展和改革开放突飞猛进之时。理论突破和实践跨越的双重需求，使中国的社会科学工作者们获得了前所未有的发展空间。毋庸讳言，与发达国家相比，中国的社会科学在理论体系、研究方法乃至研究手段上均存在较大的差距。正是这种差距，激励中国的社会科学界正视国外，大量引进，兼收并蓄，同时，不忘植根本土，深究国情，开拓创新，从而开创了中国社会科学发展历史上最为繁荣的时期。在短短 20 余年内，随着学术交流渠道的拓宽、交流方式的创新和交流频率的提高，中国的社会科学不仅基本完成了理论上从传统体制向社会主义市场经济体制的转换，而且在中国丰富实践的基础上展开了自己的伟大创造。中国的社会科学和社会科学工作者们在改革开放和现代化建设事业中发挥了不可替代的重要作用。在这个波澜壮阔的历史进程中，中国社会科学博士后制度功不可没。

值此中国实施社会科学博士后制度创设 20 周年之际，为了充分展示中国社会科学博士后的研究成果，推动中国社会科学博士后制度进一步发展，全国博士后管理委员会和中国社会科学院经反复磋商，并征求了多家设站单位的意见，决定推出《中国社会科学博士后文库》（以下简称《文库》）。作为一个集中、系统、全面展示社会科学领域博士后优秀成果的学术平台，《文库》将成为展示中国社会科学博士后学术风采、扩大博士后群体的学术影响力和社会影响力的园地，成为调动广大博士后科研人员的积极性和创造力的加速器，成为培养中国社会科学领域各学科领军人才的孵化器。

创新、影响和规范，是《文库》的基本追求。

我们提倡创新，首先就是要求，入选的著作应能提供经过严密论证的新结论，或者提供有助于对所述论题进一步深入研究的新材料、新方法和新思路。与当前社会上一些机构对学术成果的要求不同，我们不提倡在一部著作中提出多少观点，一般地，我们甚至也不追求观点之"新"。我们需要的是有翔实的资料支撑，经过科学论证，而且能够被证实或证伪的论点。对于那些缺少严格的前提设定，没有充分的资料支撑，缺乏合乎逻辑的推理过程，仅仅凭借少数来路模糊的资料和数据，便一下子导出几个很"强"的结论的论著，我们概不收录。因为，在我们看来，提出一种观点和论证一种观点相比较，后者可能更为重要：观点未经论证，至多只是天才的猜测；经过论证的观点，才能成为科学。

我们提倡创新，还表现在研究方法之新上。这里所说的方法，显然不是指那种在时下的课题论证书中常见的老调重弹，诸如"历史与逻辑并重"、"演绎与归纳统一"之类；也不是我们在很多论文中见到的那种敷衍塞责的表述，诸如"理论研究与实证分析的统一"等等。

我们所说的方法，就理论研究而论，指的是在某一研究领域中确定或建立基本事实以及这些事实之间关系的假设、模型、推论及其检验；就应用研究而言，则指的是根据某一理论假设，为了完成一个既定目标，所使用的具体模型、技术、工具或程序。众所周知，在方法上求新如同在理论上创新一样，殊非易事。因此，我们亦不强求提出全新的理论方法，我们的最低要求，是要按照现代社会科学的研究规范来展开研究并构造论著。

我们支持那些有影响力的著述入选。这里说的影响力，既包括学术影响力，也包括社会影响力和国际影响力。就学术影响力而言，入选的成果应达到公认的学科高水平，要在本学科领域得到学术界的普遍认可，还要经得起历史和时间的检验，若干年后仍然能够为学者引用或参考。就社会影响力而言，入选的成果应能向正在进行着的社会经济进程转化。哲学社会科学与自然科学一样，也有一个转化问题。其研究成果要向现实生产力转化，要向现实政策转化，要向和谐社会建设转化，要向文化产业转化，要向人才培养转化。就国际影响力而言，中国哲学社会科学要想发挥巨大影响，就要瞄准国际一流水平，站在学术高峰，为世界文明的发展作出贡献。

我们尊奉严谨治学、实事求是的学风。我们强调恪守学术规范，尊重知识产权，坚决抵制各种学术不端之风，自觉维护哲学社会科学工作者的良好形象。当此学术界世风日下之时，我们希望本《文库》能通过自己良好的学术形象，为整肃不良学风贡献力量。

李扬

中国社会科学院副院长

中国社会科学院博士后管理委员会主任

2012 年 9 月

序 二

在 21 世纪的全球化时代，人才已成为国家的核心竞争力之一。从人才培养和学科发展的历史来看，哲学社会科学的发展水平体现着一个国家或民族的思维能力、精神状况和文明素质。

培养优秀的哲学社会科学人才，是我国可持续发展战略的重要内容之一。哲学社会科学的人才队伍、科研能力和研究成果作为国家的"软实力"，在综合国力体系中占据越来越重要的地位。在全面建设小康社会、加快推进社会主义现代化、实现中华民族伟大复兴的历史进程中，哲学社会科学具有不可替代的重大作用。胡锦涛同志强调，一定要从党和国家事业发展全局的战略高度，把繁荣发展哲学社会科学作为一项重大而紧迫的战略任务切实抓紧抓好，推动我国哲学社会科学新的更大的发展，为中国特色社会主义事业提供强有力的思想保证、精神动力和智力支持。因此，国家与社会要实现可持续健康发展，必须切实重视哲学社会科学，"努力建设具有中国特色、中国风格、中国气派的哲学社会科学"，充分展示当代中国哲学社会科学的本土情怀与世界眼光，力争在当代世界思想与学术的舞台上赢得应有的尊严与地位。

在培养和造就哲学社会科学人才的战略与实践上，博士后制度发挥了重要作用。我国的博士后制度是在世界著名物理学家、诺贝尔奖获得者李政道先生的建议下，由邓小平同志亲自决策，经国务院批准于 1985 年开始实施的。这也是我国有计划、有目的地培养高层次青年人才的一项重要制度。二十多年来，在党中央、国务院的领导下，经过各方共同努力，我国已建立了科学、完备的博士后制度体系，同时，形成了培养和使用相结合，产学研相结合，政府调控和社会参与相结合，服务物质文明与精神文明建设的鲜明特色。通过实施博士后制度，我国培养了一支优秀的高素质哲学社会科学人才队伍。他们在科研机构或高等院校依托自身优势和兴趣，自主从事开拓性、创新性研究工作，从而具有宽广的学术视野、突出的研究能力和强烈的探索精神。其中，一些出站博士后已成为哲学社会科学领域的科研骨干和学术带头人，在"长江学者"、"新世纪百千万人才工程"等国家重大科研人才梯队中占据越来越大的比重。可以说，博士后制度已成为国家培养哲学社会科学拔尖人才的重要途径，而且为哲学社会科学的发展造就了一支新的生力军。

哲学社会科学领域部分博士后的优秀研究成果不仅具有重要的学术价值，而且具有解决当前社会问题的现实意义，但往往因为一些客观因素，这些成果不能尽快问世，不能发挥其应有的现实作用，着实令人痛惜。

可喜的是，今天我们在支持哲学社会科学领域博士后研究成果出版方面迈出了坚实的一步。全国博士后管理委员会与中国社会科学院共同设立了《中国社会科学博士后文库》，每年在全国范围内择优出版哲学社会科学博士后的科研成果，并为其提供出版资助。这一举措不仅在建立以质量为导向的人才培养机制上具有积极的示范作用，而且有益于提升博士后青年科研人才的学术地位，扩大其学术影响力和社会影响力，更有益于人才强国战略的实施。

今天，借《中国社会科学博士后文库》出版之际，我衷心地希望更多的人、更多的部门与机构能够了解和关心哲学社会科学领域博士后及其研究成果，积极支持博士后工作。可以预见，我国的博士后事业也将取得新的更大的发展。让我们携起手来，共同努力，推动实现社会主义现代化事业的可持续发展与中华民族的伟大复兴。

人力资源和社会保障部副部长

全国博士后管理委员会主任

2012 年 9 月

摘　要

　　信息披露制度的产生源于所有权与经营权相分离，所有者为了更好地监督企业经营者的经营行为，了解企业的经营状况，必然要求经营者向其提供可以反映企业运营状况的信息。信息披露制度已经成为当今证券市场用以保护投资者和监督上市公司的重要工具，并得到了广泛的认可。

　　同上市公司相比，国有企业也存在两权分离和委托—代理关系，国有企业的所有者与上市公司的所有者一样需要面对由委托—代理引发的众多监督问题。笔者认为将上市公司的信息披露制度引入国有企业治理机制中，必将有利于提升国有企业经营的透明度，增加国有企业经营者的违约成本，提升国有企业的监督效率和效果。

　　本书将研究对象界定为国务院国有资产监督管理委员会管理的国有大企业，这些国有大企业对于国民经济具有举足轻重的作用，对其信息披露制度的研究更具理论和现实意义。

　　本书分为三大部分：导论、正文和结论。

　　导论部分界定了本书的研究问题和研究对象，提出了本书的研究意义，介绍了本书的基本研究思路、研究方法和研究内容设计。

　　正文部分共分为六章。第一章是信息披露制度的相关理论研究述评，首先从委托—代理理论、有效资本市场假设理论、信号传递理论和公司治理理论等多个角度对信息披露制度进行理论解析；其次梳理了信息披露制度产生和发展的历程；最后基于以上两个方面的分析，总结了信息披露制度设计的启示。第二章是对国有大企业信息披露制度与监督机制的关系探析，通过对国有大企业所应用的主要监督工具以及其监督现状的分析评价，揭示信息披露制度对提升和完善国有大企业监督机制的作用和意义。第三章是对上市公司信息披露制度的经验借鉴，主要通过梳理、探析上市公司信息披露制度的形成和演进历程，剖析中国上市公司信息披露制度的现状，为中国国有大企业信息披露制度提供经验和启示。第四章是国有企业信息披露制度的国际比较，在对 OECD 成员国家和新加坡国有企业信息披露制度和实践深入研究分析的基础上，为中国国有大企业信息披露制度寻找国际经验。第五章是中国国有大企业信息披露制度的演进历程和现状的分析，揭示了当前中国国有大企业信息披露存在的主要问题。第六章是中国国有大企业信息披露制度的设计，设计的内容涵盖了设计原则、设计框架、设计对策和支撑要素等方面。

结论部分总结了本书的基本结论。

关键词：国有大企业 信息披露 监督

Abstract

The information disclosure system emerged as a result of the separation between ownership and management. In order to supervise the business conduct of operators and understand the business situations of enterprises better, the operators are inevitably required to provide the information of enterprise operational status. In today's stock market, the information disclosure system has been used to protect investors and supervise listed companies as an important tool, which has been widely recognized.

Similar to listed companies, state-owned enterprises also face problems of the separation of ownership and management and agency relationship. As with the owners of listed companies, the owners of state-owned enterprises need to face many oversights caused by the principal-agent problems. This paper considers that we should use the information disclosure system of listed companies for reference in the governance mechanisms of state-owned enterprises, which will be conducive to enhancing transparency of the operations of the state-owned enterprises, increase the cost of default of state-owned enterprise managers, and enhance the efficiency and effectiveness of the supervision of state-owned enterprises.

The research objects in this book are defined as the state-owned large enterprises that are managed by the State-owned Assets Supervision and Administration Commission. These state-owned enterprises have played a pivotal role in the national economy. The research on its information disclosure system is of theoretical and practical significance.

The book is divided into three parts: introduction, body and conclusion.

The introduction defines the research questions and objects, provides the significance of the book and presents the basic research ideas, research methods and research design.

The body is divided into six chapters. Chapter One is the relevant theoretical commentary of the information disclosure system. For one thing, it parses the theory of information disclosure system from the aspects including the principal −agent theory, the effective capital market hypothesis, signaling theory and the theory of corporate governance perspective. Next, it follows by combing the production and development course of the information disclosure system. And finally the revelation of the information disclosure system design is educed based on analysis of the above two aspects. Chapter Two is the analysis of the relationship between the information disclosure system and supervision mechanism of the large state −owned enterprises. Through the analysis and evaluation of the main monitoring tool applied to large state−owned enterprises and its oversight of the status quo, it reveals the function and significance of the information disclosure system to enhance and perfect the supervision mechanism of the large state−owned enterprises. Chapter Three is to learn from the experience of listed companies' information disclosure system. Mainly by combing the form and evolution of the listed companies' information disclosure system, it analyzes the status quo of Chinese listed companies' information disclosure system, and provides the experience and inspiration for the information disclosure system of Chinese large state −owned enterprises. Chapter Four is an international comparison of the information disclosure system of state −owned enterprises. Based on the in −depth research and analysis of OECD member countries and Singapore state −owned enterprises, it seeks international experience in the information disclosure system for Chinese large state −owned enterprises. Chapter Five is the analysis of the evolution and current status of the information disclosure system of large state –owned enterprises in China, unraveling the main problems of the current Chinese state –owned enterprise' information disclosure. Chapter Six is the design of information disclosure system of Chinese large state –owned enterprises, which covers design principles, design framework, design countermeasures and support elements, etc.

The concluding section summarizes the basic conclusions of this paper.

Key Words: Large State –owned Enterprises; Information Disclo- sure; Oversight

目　录

Contents

第一章 导 论

第一节 问题的提出

随着国有企业的改革逐渐转到建立现代公司治理制度阶段，国有企业的领导体制、经营机制都相应地进行了转变和调整，国有企业原有的以党务监督和行政监督为主的监督方式已经不能适应现代公司治理制度的监督要求，建立一个适应现代公司治理要求的国有企业监督机制已经成为理论界和实务界日益关注的问题。特别是在倡导创新与发展的今天，国有企业管理创新尤其是国有企业监督机制创新已经成为一个理论研究热点，如何创新现有的国有企业监督机制，提升国有企业监督效力、保护国有资产、提高国有经济的运营效率，已经成为国企改革的重中之重。党的十五届四中全会通过的《中共中央关于国有企业改革和发展若干重大问题的决定》强调，在建立现代企业制度条件下，要强化国有企业监督制约机制。因此，客观分析当今国有企业监督机制的现状，创新国有企业监督管理，提升国有企业监督管理效率和效力是摆在理论界和实务界面前的重要任务。

近年来，国有企业涉嫌跨国行贿、国有企业原高层领导贪污受审、国有企业对外投资出现巨额亏损、国有企业天价高薪、国有企业自建超级奢华酒店等新闻频见报端，综观这些事件的始末，大多具有事发前"一无所知"、事发中"朦朦胧胧"、事发后"妄加猜测"的"神秘性"特征。中国国有企业信息的透明与公开问题从来没有像现在这样引起全社会的关注，国有企业的经营不透明、不公开正在覆盖过去国有企业低效、冗员、亏损等负面形象，成为被国民诟病的突出问题。

当前的国际竞争中推崇的透明公开原则，要求想要参与国际竞争的中国国有企业也要遵守这一原则。一个"神秘"的企业注定是缺乏监督、不被信任的企业，缺乏信任的基础，合作也就无从谈起。中国国有企业的"神秘"、"不透明"、"不公开"正在成为影响国有企业形象的重要因素，也成为影响中国国家形象的重要原因之一。正如世界著名咨询公司麦肯锡的分析报告指出，"中国国企就和中国本身一样，能否成为更好的国际合作伙伴，关键不在于其所有权的归属，而在于其开放度、透明度。"国有企业的透明和公开问题已经不仅是一个关乎企业自身商业运营风险和监督的问题，更成为关乎中国国有企业形象的提升、中国国有企业改革成败、中国国有企业的社会责任担当以及增进中国与世界相互信任合作的关键，笔者认为增进国有企业信息透明和公开的最有效的方法就是建立系统有效的信息披露制度。

上市公司作为一种世界范围内比较规范、管理科学的公司，它的所有者——众多股东对公司的监管主要是通过不断建立加强信息披露和惩治违规行为的监控制度来实现的。Berle 和 Means 曾指出，剥夺股东在公司内部全部权力的最终结果，是将股东抛到公司之外的一个机构——公开市场。信息披露制度是证券市场发展到一定阶段，相互关联、相互作用、相互影响的证券市场特性与上市公司特性在证券法律制度上的反映。世界各国证券立法无一例外地将上市公司的各种信息披露作为法律法规的重要内容。

信息披露制度最早的起源可以追溯到英国 1844 年的"招股说明书"。英国的"南海泡沫事件"导致了 1720 年《诈欺防止法案》的出台，而后 1844 年英国合股公司法中关于"招股说明书"的规定，首次确立了强制性信息披露原则。但是，当今世界所公认的信息披露制度最完善、最成熟的立法是美国在 1933 年颁布的《证券法》。美国关于信息披露的要求最初源于 1911 年堪萨斯州的《蓝天法》。1929 年华尔街证券市场的大阵痛以及阵痛前的非法投机、欺诈与操纵行为，促使了美国联邦政府 1933 年的《证券法》和 1934 年的《证券交易法》的颁布。在 1933 年的《证券法》中美国首次规定实行财务公开制度，这被认为是世界上最早的信息披露制度。之后各国都相继制定了相关的信息披露制度，信息披露制度的内容也随着上市公司的不断发展和世界资本市场的扩大而不断完善和发展。随着《证券法》、《证券交易法》等相关法律的发布和实施，居于公开市场上的上市公司自愿地或被迫地向公众披露真实、客观的信息（虽然有时也会发生披露虚假信息的问题，但这一问题可以通过加强立法和管理来实现，不在本书的研究范围内），这些信息可以帮助会计师、律师、证券分析师、投资银行、评级机构等专业人士或机构充分发挥他们的专业特长来分析信息，从而实现了对上市公司的有效监督。

近年来，越来越多的国家开始将信息披露制度作为加强国有资产监督的工具引入国有企业监督机制中，并且取得了一定的成效。新加坡淡马锡控股公司作为一家由财政部拥有 100% 股权的国有公司在 2004 年 10 月 12 日公布了 30 年来的首份年报，披露了其投资组合及运营信息。OECD（经济合作与发展组织）在 2005 年发布的《OECD 国有企业公司治理指引》中明确地将国有企业的信息披露和透明度作为国有企业公司治理中的一项重要准则提出，"因为公众是最终所有者，所以国有企业应该至少像公开交易的企业一样透明。所有的国有企业，无论它具有什么样的法律地位，即使它不上市，也都应该按照最高会计准则和审计标准进行报告"（《OECD 国有企业治理指引（草案）》注释 142 条）。响应 OECD 规则的要求，奥地利、澳大利亚、瑞典等一些成员国已经开始向公众公开了该国国有企业年度经营报告，并且在国内取得了很好的效果。

根据我国宪法规定所有国有企业都是公共财产，作为公众投资的上市公司的财务状况能够公开接受股东投资者的监督，作为全民财产的国有企业的财务状况也应该公之于众，接受全民监督。2004 年 8 月，作为国务院国有资产监督管理委员会直管央企的中国诚通集团按照上市公司的要求，首开国有企业年报公开的先河，第一次公布了集团的汇总年报——《中国诚通控股公司二〇〇三年度报告》。报告包含了公司基本情况简介、会计数据和业务数据摘要、实收资本变动及控股子公司情况、董事及高管人员与员工情况、公司治理结构、重要事项及财务报告共 7 个方面的数据与信息。该集团董事长马正武这样解释此举的初衷："国有企业的最终所有权是全民，因此国有企业提高透明度、增加信息披露，将有助于全民对国有企业的监督。"此后，中央及各级省市政府陆续发布了一些关于披露产权交易、重大事项报告制度等方面的文件。这些都为国有企业信息披露制度的研究奠定了初步基础并积累了实践探索经验。2005 年 3 月的"两会"上，作为全国人大代表的招商银行行长马蔚华建议设立《国有企业信息公开法》，他指出，"阳光是最好的防腐剂，应尽快制定国有企业的信息公开法，把国有企业置于广大人民群众的监督之下。"同年，国有资产管理委员会主任李荣融明确表示："没有透明度的保证，考核、评价、激励、约束就都没有可靠的依据，要提高出资人监管的有效性，就要提高所监管企业的透明度。"之后在2006年和2008年李荣融曾经两度公开表示国务院国有资产监督管理委员会将在近年公开国务院国有资产监督管理委员会账簿，这意味着作为国有资产管理的专门机构的国务院国有资产监督管理委员会已经意识到国有企业信息披露的重要性，并且将其放到日程中来。2009年3月12日台湾民主自治同盟中央委员会向即将召开的全国政协十一届二次会议递交提案，建议由国务院国有资产监督管理委员会牵头，会同财政部、税务总局等部门，共同编制年度国有企业白皮书，并鼓励各级地方政府也发布所属重点国有企业年度白皮书。提案进一步说明，白皮书应主要包括宏观和微观两方面内容。宏观方面应阐述国有企业现状与趋势、国有企业发展战略、国有企业生产经营领域、国有企业总体盈亏等情况；微观方面即各个国有企业年度报告，包括企业业务性质变更、股权变更、高管薪酬、董事变更、财务报告、经营状况、企业捐赠等。台湾民主自治同盟中央委员会认为，由政府定期发布年度国有企业白皮书，既有利于统一国有企业的财务制度，加大公众和舆论的监督力度，又能起到增信释疑的作用。这一提案的出现进一步体现了广大人民群众希望尽快建立国有企业信息披露制度，促使国有资产的经营透明公开的愿望和呼声。

综上所述，借鉴上市公司信息披露制度和国际上国有企业信息披露制度的经验，在中国现有的国有企业监督机制中构建信息披露制度无疑是当前国有企业创新管理的一个新途径和新视角，鉴于该理论研究的现状，这一主题的研究具有较高的理论前沿性；同时，在倡导国有企业改革和创新研究的今天，这一主题又具有非常大的现实意义。

第二节　研究对象的界定

按照现有的国有企业监管机制，国有企业可以分成省市监管国有企业和国务院国有资产监督管理委员会监管国有企业，本书将研究对象界定为国务院国有资产监督管理委员会监管的非上市的国有大企业。

国务院国有资产监督管理委员会监管的国有大企业作为国有企业中最重要的组成部分，对国民经济的发展、国民经济的安全以及中国企业参与国际竞争都具有举足轻重的作用，国有大企业改革和治理机制创新也是理论界非常关注的问题；又因为事关国有资产的安全和国民经济利益，国有大企业经营的透明和公开研究备受关注。上市公司按照现有资本市场的有关规定本就应该履行信息披露义务，遵照信息披露的要求，信息披露制度原本就已经存在于上市的国有企业监督机制中，所以本书研究的对象是国务院国有资产监督管理委员会监管的非上市的国有大企业。将信息披露制度作为一个重要工具引入这些国有大企业公司治理机制中，对于提升国有大企业经营的透明和公开程度，以及提升和完善监督机制是一个理论上的创新，又因为国有大企业公司治理以及监督管理中所面临问题的共同性，本书对这些国有大企业信息披露制度的研究成果未来也可以拓展到其他类型的国有企业中，作为参考借鉴。

第三节 理论意义和现实价值

国有企业监督问题的重要意义不容置疑，国有企业的监督关系到国有资产的保值增值，关系到国家和全体人民的利益。现有的关于国有企业监督机制的研究很多，主要可以分为四个方面：一是关于国有企业监事会制度的研究；二是关于国有企业独立董事或外部董事制度的探讨；三是关于国有企业财务监督和审计监督；四是职工监督和党务监督等方面的研究。前两种监督是实现所有权和经营权相分离、建立现代公司治理制度的国有企业的最重要的监督方式，是与世界上现代公司治理制度相接轨的监督方式，是现代公司治理制度的主要特征之一，但是中国国有企业监事会成员和独立董事的委派又离不开上级国有资产管理部门的任命和干预，因此很难摆脱行政的色彩；第三种和第四种监督多依赖国有企业原有的行政隶属关系实行监督，这类传统的监督工具在当前已经建立现代企业制度的国有大企业监督机制中所发挥的作用具有很大的局限性。而且，不论是哪一种形式的监督，其监督主体基本都具有很强的内部人特征，监督主体的独立性很弱。此外，当前国有企业监督机制中的监督渠道基本都置于企业内部，企业外部人员甚至本企业职工想获取企业监督信息都具有一定难度，或者需要花费很大的成本，加之各个监督工具所监督内容的随机性很大，不具有可比性。综上所述，这些监督主体、监督渠道和监督内容中的特点限制了国有企业经营的透明和公开，为国有企业内部人实施信息操纵和违约提供了机会，不利于国有企业监督。起源于证券市场中的监督经营者和保护所有者的工具——信息披露制度恰恰能解决上述国有企业监督现状中存在的问题，起到创新、完善和健全原有的监督机制的作用。

信息披露制度作为现代公司治理制度中的核心机制，它对于公司监督机制的重要作用已经在当代证券市场中得到了充分的体现。证券市场中的上市公司信息披露制度主要有两个目的：①为投资者对公司未来风险和不确定性的评价提供信息依据，保护投资者的利益；②监督上市公司的经营状况。国有大企业的信息披露制度与上市公司的信息披露制度的最终目的是一致的，即为了保护投资者的利益，或者说是所有者的利益，便于投资者或所有者对自己所有的资产实现更好的决策和监督。但是，国有大企业和上市公司的所有者或者投资者实现自己对所有资产的决策和监督的表现方式却有很大的不同：上市公司的投资者作为公开的资本市场上的公众股东，可以通过在资本市场上股票的买卖来实现自己的"用脚投票"，从而完成对上市公司的经营进行决策和监督；国有大企业的投资者和所有者无法像上市公司的投资者那样通过"用脚投票"完成对国有大企业的决策和监督，而是只能通过社会公众的舆论关注效应来提升国有企业经营者的违约成本，从而完成其对经营者的监督。因此，对于这些处于监督弱势地位的实际所有者——广大公众，国有企业信息披露具有更加重要的意义和价值。完整、真实、透明、规范的信息披露可以为广大公众对国有资产的经营行使监督权提供制度保障；可以减少由于信息不对称为国有大企业经营者造成贪污渎职的机会，有效防止国有大企业的经营者和作为出资人代表的政府官员权力寻租、权钱交易；可以加大造假者的造假成本，削弱由于信息优势而带来的"内部人控制"，更有利于对国有资产经营的监督，从制度上保证了国有资产的保值增值。此外，由于信息的公开和透明，原来处于"暗处"的国有大企业经营管理者的经营绩效和经营成果被放置于"明处"，国有大企业经营者的经营行为将会受到来自社会公众的范围更广的、全方位的关注和监督，这对于国有企业的经营者必将是一个有效的激励和约束。

综上所述，国有企业的信息披露制度对于增强国有企业的透明和公开、构建国有企业良好的国际竞争形象有着重要作用；对于国有企业治理机制的优化、国有企业监督机制的创新具有非常重要的意义。无论是从对人民负责还是从参与国际竞争的角度，无论是从提升国有企业监督机制效力还是从加强国有资产监管力度的角度来说，构建透明、公开的国有企业信息披露制度势在必行、意义重大。当前，关于国有企业信息披露制度的研究仍处于起步阶段，国内外的相关研究都很少，只是散见于几篇文章中，并没有形成系统的理论。本书根据中国国有大企业的实际情况，借鉴国外经验和资本市场经验提出了一个构建中国国有大企业信息披露制度的基本框架，弥补了当前国有企业监督机制研究在信息披露和监管方面的缺失，为中国国有大企业监督机制创新研究提供了新视角和新途径，扩充了现有国有企业监督领域的理论框架和内涵，在国有企业监督机制创新研究领域尚属前沿，因此，本书的研究具有非常重要的理论意义。

除上述理论意义外，本书的现实应用价值主要体现在以下四个方面：

（1）国有大企业信息披露制度的构建有利于充分保障国有企业所有者知情权，具有知情权的社会公众监督是国有资产监督机制的重要补充。实施监督的基础是知情权，只有从制度上保障作为实际所有者的社会公众能够获得国有企业的经营信息，才能保障社会公众监督权的落实，而公众监督机制则会因其具有的广泛性、全民性、实时性成为现有国有资产监督机制的重要补充。

（2）国有企业信息披露制度的构建有利于有效防止腐败，完善国有资产监督机制。世界各国的公司制改革和发展一再证明了先进的企业管理体制必然是一个高度透明、公开的体制，只有在公开、透明的管理体制中腐败才会得到有效的遏制。信息披露制度对腐败的防止和遏制作用有助于国有资产监督机制的完善。

（3）国有企业信息披露制度的构建可以减少信息不对称，减少代理问题和"内部人控制"给国有资产带来的危害，提升国有资产监督效率。作为所有者代表的国家把监管国有大企业的权利委托给了国有资产监督管理部门，由它代行所有者职能进行监督。但是，由于所监管企业众多，作为一个外部行政管理机构的国有资产监督管理部门很难深入了解企业的经营情况，因此，信息不对称造成的代理问题和内部人控制在所难免。国有大企业实施信息披露制度，可以迫使公司管理层披露与公司经营有关的重大信息和问题，可以在一定程度上遏制由于所有者和经营者目标不一致、所有者监督不到位形成的代理问题和"内部人控制"，有利于国有资产的安全和保值增值，有利于提升国有资产监督效率。

（4）国有大企业信息披露制度的构建可以为我国国有企业监督机制的提升和

创新提供一种新的战略思维模式和决策基础。相关部门可以利用本书提出的国有大企业信息披露制度框架制定政策，指导国有大企业尝试采用信息披露这一创新性的公司治理工具和方法，实现增强国有企业经营透明度、提升国有企业声誉、改善国有企业国内和国际形象的目标。

第四节　研究思路和研究方法

　　笔者在 AcSB 的关于披露概念的基本框架① 和信号理论模型② 的基础上将本书的信息披露制度研究框架的基本要素界定为：信息披露主体、信息披露对象、信息披露内容、信息披露渠道和方式以及信息披露监管，见图 1-1。在本书中，不论是对国有企业信息披露的国际比较、上市公司信息披露制度实践的分析和借鉴、国有企业信息报告制度演进的研究，还是最终的国有大企业信息披露制度构建的建议和对策，都是按照这个信息披露制度研究框架的基本要素进行分析研究

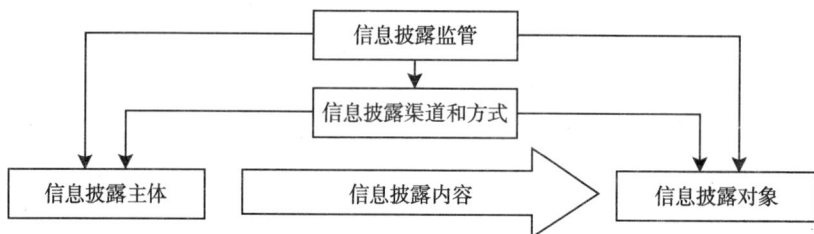

图 1-1　信息披露制度的基本框架

① 构建大型国有企业的信息披露制度主要受到 AcSB（加拿大会计准则委员会，Accounting Standards Board）关于披露概念框架的关键要素的启发，该机构认为披露概念框架的关键要素应该包括五个方面的内容：一是使用者的信息需求；二是应该在财务报表中进行披露的信息范围；三是可理解性；四是财务报表信息的质量特征在披露中的应用；五是提供信息的限制，如披露成本和竞争劣势。
② 主要指 Shannon-swear 信息传递过程模型和 Lasswell 信息传递模型。Shannon-swear 信息传递模型归纳了传播过程的五个关键要素：信源、编码、信道、译码和信宿。该模型描绘了信息传递的过程，反映了噪声对信息传递过程的影响。该模型的最大贡献就是提出了信息在传播中存在"噪声"干扰问题，但是该模型忽略了信息反馈环节，忽略了人、社会、传播环境以及信息内容等因素对信息的影响。Lasswell 信息传递模型将信息的传播归为 5W，即传播者（Who）、信息内容（What）、媒介（Which）、受传者（Whom）、效果（What Effect），该模型描绘了信息传递的基本环节和要素，明确指出了信息传播过程中的最基本要素是传播者、信息内容、媒介和受传者。

和设计的。

本书的研究思路如图 1-2 所示。

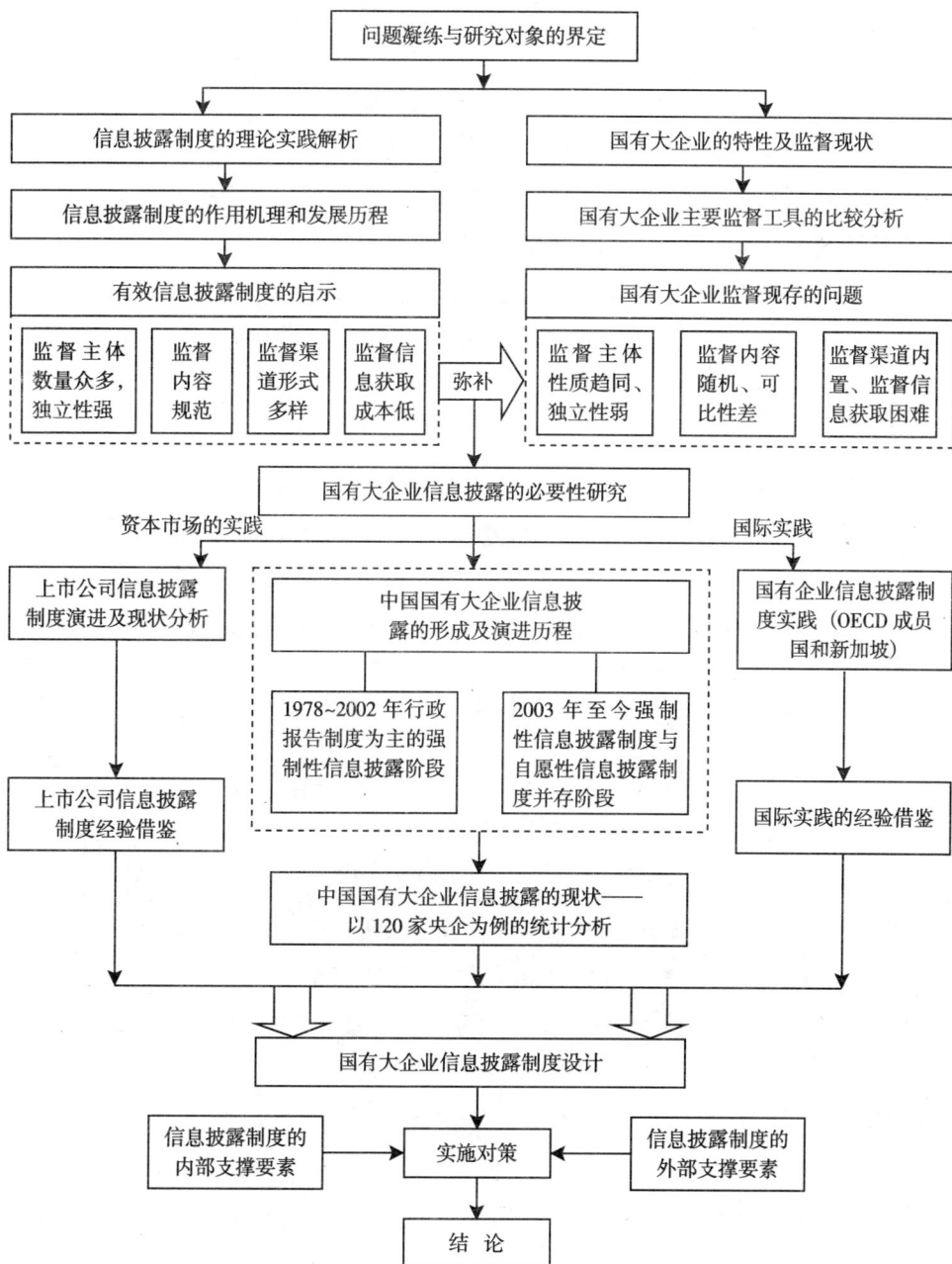

```
            ┌─────────────────────────────┐
            │    问题凝练与研究对象的界定      │
            └─────────────────────────────┘
```

信息披露制度的理论实践解析	国有大企业的特性及监督现状
信息披露制度的作用机理和发展历程	国有大企业主要监督工具的比较分析
有效信息披露制度的启示	国有大企业监督现存的问题

| 监督主体数量众多，独立性强 | 监督内容规范 | 监督渠道形式多样 | 监督信息获取成本低 | 弥补 | 监督主体性质趋同、独立性弱 | 监督内容随机、可比性差 | 监督渠道内置、监督信息获取困难 |

国有大企业信息披露的必要性研究

资本市场的实践   国际实践

上市公司信息披露制度演进及现状分析	中国国有大企业信息披露的形成及演进历程	国有企业信息披露制度实践（OECD 成员国和新加坡）

| 1978~2002 年行政报告制度为主的强制性信息披露阶段 | 2003 年至今强制性信息披露制度与自愿性信息披露制度并存阶段 |

| 上市公司信息披露制度经验借鉴 | | 国际实践的经验借鉴 |

中国国有大企业信息披露的现状——以 120 家央企为例的统计分析

国有大企业信息披露制度设计

| 信息披露制度的内部支撑要素 | 实施对策 | 信息披露制度的外部支撑要素 |

结 论

图 1-2 研究思路

本书综合运用了以下研究方法：①理论研究方法。综合运用委托—代理理论、信息不对称理论、有效资本市场假设理论、信号传递理论以及公司治理理论，试图从深层次揭示信息披露制度在国有企业监督机制中发挥作用的机理和路径，为构建国有企业信息披露制度、创新国有企业监督机制的研究奠定了基础。②逻辑分析方法。通过对国有企业本质和治理特征的分析，揭示了国有大企业信息披露的重要意义，为后续的研究奠定了理论基础。③比较分析方法。通过对国际中已有国家的国有企业信息披露制度实践的比较分析，为构建中国国有大企业信息披露制度、创新国有企业监督机制提供了国际经验和借鉴。④历史分析方法。通过对中国国有大企业信息披露演进历程的分析，理清中国国有大企业信息披露的发展脉络、现实状况，为国有大企业信息披露制度的设计提供了坐标和研究方向。⑤实证研究方法。收集整理了当前国务院国有资产监督管理委员会下属的 120 家中央企业的信息披露数据，对中央企业现有的信息披露情况进行统计分析，揭示了中央企业信息披露的现状和不足，探讨信息披露制度的构建办法。⑥归纳演绎方法。根据上市公司信息披露制度的经验和启示、国有企业信息披露的国际经验借鉴，以及国有大企业信息披露现状，提出适合中国国有大企业的信息披露制度框架，为中国国有大企业监督机制创新提供了一个新的工具和视角。

第五节　研究的主要内容

第一章：导论。本章分为五节。第一节是问题的提出，阐明了本书研究的出发点和缘起；第二节是本书研究对象的界定；第三节是本书研究的理论意义和现实价值；第四节是本书的研究思路和主要研究方法；第五节是本书研究的主要内容。

第二章：信息披露制度的相关理论研究述评。本章分为三节。第一节主要是对信息披露制度的理论解析，任何一个制度的产生和发展都离不开相关的理论积淀，信息披露制度也不例外。本节的理论解析主要可以分成四个方面：首先是通过对委托—代理理论和信息不对称理论的分析来揭示信息披露制度产生的根源，其次是通过有效市场假说理论追溯信息披露制度的理论依据，接下来是通过信号传递理论的分析阐明了信息披露制度发生作用的路径机理，最后是通过对公司治理理论的研究总结了信息披露制度作用的内外部影响因素。第二节主要是对信息披露制度演进发展历程的回顾。信息披露制度演进发展历程可以分为四个时代：账簿披露时代、财务报表披露时代、财务报告披露时代和多层次信息披露时代，综观信息披露演进发展历程可以探寻到资产所有者应用相关信息监督经营者的思想和方法，从中也可以揭示资产所有者所关注的披露信息的变化趋势，即所要求披露信息的内容越来越充分、种类越来越繁多。通过信息披露制度理论和实践历程的深入分析，可以得出这样一个结论：信息披露制度就是努力通过各种制度的设计来增加处于信息劣势的所有者所拥有和掌握的信息数量，从而实现对经营者有效监督的目标。第三节是对有效信息披露制度的概括和总结，阐述了一个信息披露制度要想实现有效运行和达到预期监督目的所应该具备的几个必要条件。

第三章：国有大企业信息披露制度与监督机制的关系探析。本章分为四节。第一节阐述了国有大企业监督的重要意义。国有大企业对于国民经济、国计民生具有非常重要的意义，其监督机制的效率和效力具有举足轻重的战略作用。第二节对当前国有大企业主要监督工具进行了比较分析，本书将这些监督工具按照性质分为传统监督工具和现代公司治理监督工具，通过对这些监督工具特别是现代公司治理监督工具的起源、发展以及现状的详细分析，总结了当前国有大企业监督机制存在的问题，而这也是本章第三节的内容。国有大企业监督机制现存问题可以概括为：监督主体性质趋同、独立性弱，监督内容随机、不具可比性，监督渠道内置、监督信息获取困难。鉴于国有大企业监督机制中现存的问题以及信息披露制度在监督方面的优势研究，可以得出一个结论：构建信息披露制度对提升国有大企业监督机制效力和效果具有重要的意义和价值。信息披露制度对国有大企业监督机制完善和创新的意义是本章第四节的内容。

第四章：上市公司信息披露制度的经验借鉴。本章分为三节。第一节是对证券市场信息披露制度产生和发展以及中国上市公司信息披露制度演进历程的回顾，从中可以看出信息披露制度就是为了解决委托—代理关系中的信息不对称而产生的，中国上市公司信息披露制度经过了20余年的发展，已经初具规模，并且在中国资本市场上为保护投资者利益发挥了一定的作用。第二节是对中国上市公司信息披露制度现状的研究，通过对当前证券市场信息披露制度的组成以及主板市场的信息披露制度和创业板市场的信息披露制度比较分析，揭示了当前证券市场上市公司信息披露制度的现状。第三节在前两节的基础上，从信息披露主体、信息披露对象、信息披露内容、信息披露渠道和方式以及信息披露监管这五个维度概括总结证券市场上的信息披露制度经验，为国有大企业信息披露制度的构建奠定了实践基础。

第五章：国有企业信息披露制度的国际比较。本章分为三节。第一节和第二节是对国有企业信息披露制度国际实践的研究，本书将国有企业信息披露制度的国际借鉴对象分为两类：OECD 成员国家和新加坡。第三节在前文的基础上，从信息披露主体、信息披露对象、信息披露内容、信息披露渠道和信息披露监管这五个维度总结了国有企业信息披露制度的国际经验，为国有大企业信息披露制度构建积累国际经验和启示。

第六章：中国国有大企业信息披露制度的演进和现状。本章分为三节。第一节是关于中国国有企业信息披露制度阶段划分研究，本书将中国国有大企业信息披露制度的演进历程按照信息披露强制性程度划分为两个阶段：以报告制度为主的强制性信息披露阶段（1978~2002 年），强制性信息披露与自愿性信息披露并存阶段（2003 年至今）。第二节是对中国国有大企业信息披露现状的分析。当前，国有大企业不再局限于原有的以行政报告制度为主的强制性信息披露，而是越来越多地开始选择自愿性信息披露，国有大企业自愿性信息披露主要体现在国有企业社会责任报告、环境报告以及雇员报告等方面。第三节是对中国国有大企业信息披露制度现状的评价，按照信息披露制度分析模型可以概括为：信息披露主体意识模糊、主体缺位；信息披露对象单一、公众并未获得充分的信息知情权；信息披露内容缺乏规范；信息披露渠道缺乏有效性和广泛性；信息披露监管主体缺失、监管力度不足。

第七章：国有大企业信息披露制度设计。本章分为五节。第一节是关于国有大企业的特性及其信息披露制度特性研究，这是设计国有大企业信息披露制度的起点。第二节论述了国有大企业信息披露制度设计的基本原则，参照资本市场标准、国际实践标准以及国有大企业的特性，笔者认为中国国有大企业信息披露制度的设计除了应该包含国际公认的真实性原则、完整性原则、准确性原则和及时性原则在内的四项原则外，还应该遵循以下三项特殊原则：公平披露与安全披露兼顾原则、有限披露与保密安全兼顾原则以及分类披露与平等公开兼顾原则。第三节提出了一个国有大企业信息披露制度设计的基本框架，根据前文所述的信号传递管理理论模型和信息披露制度理论实践研究，本节包含了两个机制：信息的形成机制和信息的传递机制。第四节是关于国有大企业信息披露制度设计的对策，依然是按照信息披露制度构成的五要素展开设计，可以概括为：明确信息披露主体、拓展信息披露对象、规范信息披露内容、增加信息披露渠道和加强信息披露监管。第五节是对国有大企业信息披露制度支撑要素的研究，主要从内部和外部两个角度展开。内部支撑要素包含了两个方面：良好的公司治理结构和规范的信息披露管理制度。外部支撑要素主要包含了以下几方面的内容：国务院国有资产监督管理委员会在国有大企业信息披露制度中作用的发挥，媒体和公众在国有大企业信息披露制度中监督作用的发挥，各类中介机构在国有大企业信息披露制度中监督作用的发挥。

第八章：结束语。总结全文并提出了后续研究的方向和展望。

第六节　本章小结

信息披露制度作为上市公司投资者对其所投资的资本进行监督和决策的主要工具，其重要作用已经得到了证券市场的广泛认可，现在已经有一些国家尝试将其引入国有企业监督机制中，在中国关于这个领域的理论和实践的探索也已经开始。本书就是基于国内外关于信息披露制度在公司监督机制中的理论和实践探索的基础上，通过借鉴其在证券市场中的经验和国际实践经验，结合中国国有大企业的现状，尝试构建一个国有大企业信息披露制度，作为创新和加强国有资产监督机制的一个重要途径。本章是关于本书所研究问题的理论现实意义、基本思路、研究方法、技术路线和内容安排的介绍。

第二章 信息披露制度的相关理论研究述评

　　所谓信息披露，就是用公开的方式，通过一定的传播媒介，按照一定的格式要求，将公司财务状况、经营成果以及其他各种信息传递给信息的需求者（陈榕，2006）。两权分离产生的委托—代理关系和信息不对称使信息披露制度受到普遍关注，目前，信息披露制度已经逐渐成为上市公司投资者用来监督和决策的重要工具。证券市场上的信息披露制度是指证券市场上的有关当事人在股票发行、上市和交易过程等一系列环节中依照法律、证券主管机关和证券交易所的规定，以一定的方式向社会公众公开与证券有关的信息而形成的一系列行为规范和活动标准。对公开发行证券的公司实行信息披露制度是现代证券市场的核心内容，它贯穿于证券发行、流通的全过程。本章通过对信息披露制度的起源、作用路径和影响因素的经济学理论解析，以及对信息披露制度的形成发展历程的梳理和回顾，揭示了一个有效的信息披露制度应该具备的基本特征。

第一节 信息披露制度的理论解析

　　"任何以经济为内容的法律制度，必须有其经济学理论作支撑。当某一经济理论一旦成为官方经济学理论时，完成从理论向政策乃至法律制度的跳跃，也就为期不远了。"[①]信息披露作为现代公司治理和监管制度中的一个重要内容，它的产生和发展与经济学和管理学中的许多重要理论密切相关。影响信息披露制度产

---

① 张学森、张伟弟主编：《证券法原理与实务》，经济科学出版社1999年版，第211页。

生、发展和不断完善的理论主要有委托—代理理论、信息不对称理论、有效市场假说、信号理论以及公司治理理论等。

一、委托—代理理论和信息不对称理论：信息披露制度的产生根源

20 世纪 30 年代，美国经济学家 Berle 和 Means 因为洞悉了企业所有者兼为经营者的做法存在的巨大弊端，提出了"委托—代理理论"，倡导所有权和经营权相分离，企业所有者保留剩余索取权，而将经营权让渡。"委托—代理理论"的提出意义重大，该理论早已成为现代公司治理的逻辑起点。委托—代理关系中的委托人与代理人具有不同的效用函数，体现在委托人追求的是自身利益最大化，而代理人追求的是自己工资津贴收入、奢侈品消费和闲暇时间最大化，因此两者之间的利益冲突是显而易见的。一旦契约交易完成后，代理人可以利用自己的信息优势来欺骗处于信息劣势的委托人，从而侵害委托人的利益为自身牟利。这种因为道德风险导致的减弱或破坏社会信息传递机制的有效性的委托—代理问题，会引发社会的信用危机，因此如何制定有效的制度约束代理人的行为，使其自身的利益与委托人的利益相一致，实现激励相容，一直是理论界和实务界不断探索的问题。

随着理论研究不断发展，学者发现委托—代理关系中代理人之所以可以利用自己的信息优势来欺骗处于信息劣势的委托人，源于两权分离后的委托—代理关系中存在的信息不对称。所谓信息不对称就是指在经济活动中的各方所掌握的信息的数量和内容不相同。著名的自由主义经济学大师哈耶克认为"世界上并不存在无所不能的人，每个人所掌握的知识都是有限的"。哈耶克所提出的理论中的知识就是指信息，他所提出的知识论中隐含了信息不对称的理论精髓。信息不对称理论与传统的亚当·斯密所认为的"经济人"拥有完全信息的观点不同，信息不对称理论认为社会中的信息分配是不平均的，在经济活动中，交易双方对于同一个经济事件所掌握的信息不完全相同，换句话说，就是某一部分经济行为主体拥有另一部分经济行为主体所没有的信息，因此形成了经济活动参与者的交易活动和契约安排是在不完全、不对称的信息状态下进行的。造成信息不对称的原因主要有两个：①人与人之间的认识能力有所差异，每个人所拥有的私人信息及资源是有限的；②信息的获取是需要付出成本的，经济活动的参与者获取信息的能力和努力互不相同。

　　信息不对称使证券市场上的股票价格并不能真实反映企业的经营状况，并且由于信息不对称导致了证券市场上的逆向选择和道德风险问题，加剧了证券市场的低效。由于信息不对称的存在，处在证券市场上的投资人与筹资人所掌握的信息是不同的，不具备完全信息的投资者在购买股票时，因为无法根据完全信息对该股票价格进行判断，只能根据其历史价格和市场上的普遍行情出价，因此该价格往往围绕证券市场的平均价格上下波动。正如阿尔克罗夫所论述的"柠檬市场"的例子那样，那些股票的实际价值高于证券市场平均价格的，公司筹资人一定不愿意接受投资人的出价，有可能会选择退出这个市场；而那些股票价值低于证券市场实际价格的，公司则愿意进入证券市场，而证券市场的投资人为了降低投资风险，常常会压低自己的出价，最终导致的结果就是使那些价值差的股票留在了股票市场上。证券市场多年的发展史说明，解决这种"劣币驱逐良币"的恶性循环的唯一途径就是建立信息披露制度。信息披露制度的建立要求上市公司完整、真实、充分、及时地对公司经营状况的信息进行披露，保障了投资者尽可能多地获取与投资决策相关的信息，为投资者的决策提供了信息基础，从而也保障了证券市场的有序运行。

　　应飞虎（2002）将克服信息不对称的途径归纳为四种：第一，让信息优势者直接向信息劣势者提供信息；第二，由无利害关系的第三方提供信息；第三，由公共权力机关提供信息；第四，由同行业的其他经营者提供信息。在这些途径的实现过程中，有效的制度设计起着关键作用。[1] 信息披露制度从出现开始，就一直被作为克服信息不对称难题的一种有效的尝试和工具。

二、有效资本市场假说理论：信息披露制度的理论依据

　　"有效市场假说"的研究起源于路易斯·巴舍利耶（1900），他通过对巴黎股市的观察分析，从随机过程角度研究了布朗运动以及股价变化的随机性，并且认识到市场在信息方面的有效性：过去、现在的事件，甚至将来事件的贴现值反映在市场价格中。他提出的"基本原则"是股价遵循公平游戏模型。

　　随后的五六十年，学术界鲜有对该领域的研究。萨缪尔森在 20 世纪五六十年代对股价随机游走和市场有效性等领域的研究和关注，推动了这一领域的发

---

① 应飞虎：《信息失灵的制度克服研究》，西南政法大学博士学位论文，2002 年，第 27 页。

展。萨缪尔森在 1965 年以及 Mandelbrot 在 1966 年通过数学证明澄清了公平游戏模型和随机游走的关系，从理论上论述了有效市场和公平游戏模型之间的对应关系，他们的研究为有效市场假说奠定了理论基础。1967 年，哈里·罗伯特从信息和证券价格反应的角度出发，界定了三种不同程度的有效市场：弱式有效市场、半强式有效市场和强式有效市场，并进一步对这三种效率市场与信息集之间的关系作了阐述。

在总结前人的理论和实证的基础上，并借助萨缪尔森的分析方法和哈里·罗伯特提出的三种有效形式，1970 年，美国芝加哥大学的教授法玛在传统资本市场学说的基础上，提出了有效市场假说，他将有效市场定义为：如果在一个证券市场中，价格完全反映了所有可获得的信息，那么就称这样的市场为有效市场。法玛进一步指出了三种不同形式的市场效率与信息集之间的关系，见图 2-1。这种按照市场有效性强度将市场分为弱型有效市场、半强型有效市场和强型有效市场的方法被后人作为评判证券市场有效性的经典。法玛认为，在弱型有效市场上，当前的证券价格反映了所有的历史信息，任何投资者按照历史的价格或盈利信息进行交易，都不能获得非正常报酬。[1]在半强型有效市场，证券价格反映了当前所有的公开信息（包括年度报告、财务分析人员公布的盈利预测信息、公开发布的有关新闻等），用这些信息来预测未来的证券价格，投资者也无法得到非正常报酬。在强型有效市场，证券价格除了充分反映所有公开的信息外，还反映了尚未公开的或原来属于保密的内幕信息，任何投资者都无法通过分析任何渠道、任何形式的信息而获得非正常报酬，证券的现行价格充分反映了全部公开和非公开的有关信息。综上可知，只有当证券市场有效时，证券价格才是引导资金流动的准确信号，证券价格的变动才有可能引导证券市场上的资本流向的变动，最终实现整个社会的资源的优化合理配置。"非完全或不完美状态的有效资本市场恰恰为有效政府监管和强制性信息披露提供了理论支持"。[2]依据有效资本市场假说理论，在证券市场中，导致证券市场效率下降"主要是由于各种与证券市场相关的信息在披露、传输、解析和反馈的过程中发生了不同程度的问题，其中信息披露问题是全部问题的起源，也是其中的关键"。[3]因此，要提高市场效率，减少信息

[1] 所谓非正常报酬，是指在给定风险条件下，超过投资者期望报酬的部分。
[2] 齐斌：《证券市场信息披露法律监管》，法律出版社 2000 年版，第 78~84 页。
[3] 梁云生：《上市公司信息披露制度的理论基础》，西南政法大学硕士学位论文，2005 年，第 17 页。

传递过程中的问题，信息披露是一个关键的起点（钟雪斐，2011）。

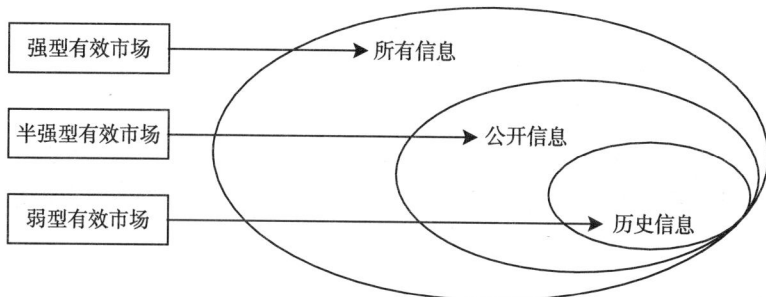

图 2-1　信息集与有效市场的关系

三、信号传递理论：信息披露制度的作用路径

Shannon-swear 信息传递过程模型和 Lasswell 信息传递模型是现有的信号理论中的两个最经典的信号传递模型。

图 2-2 是 Shannon-swear 信息传递过程模型，该模型归纳了传播过程的五个关键要素：信源、编码、信道、译码和信宿。该模型描绘了信息传递的过程，反映了噪声对信息传递过程的影响。该模型的最大贡献就是提出了信息在传播中存在"噪声"干扰问题，但是该模型忽略了信息反馈环节，忽略了人、社会、传播环境以及信息内容等因素对信息的影响。

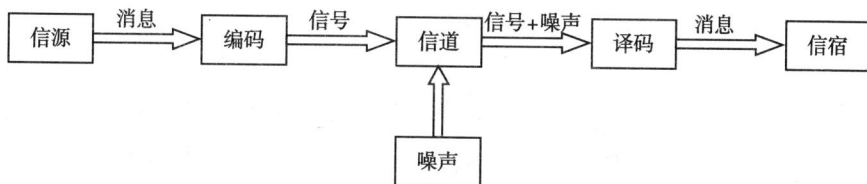

图 2-2　Shannon—swear 的信息传递过程模型

资料来源：王凤洲：《上市公司信息披露的理论和实践研究》，武汉汽车工业大学博士学位论文，2000 年。

图 2-3 是 Lasswell 提出的信息传递模型，该信息传递模型将信息的传播归为 5W，即传播者（Who）、信息内容（What）、媒介（Which）、受传者（Whom）、效果（What Effect），该模型描绘了信息传递的基本环节和要素，明确指出了信息传播过程中的最基本要素是传播者、信息内容、媒介和受传者。

信号理论对上市公司信息披露制度的设计产生了重要的影响，现有的上市公司信息披露制度的研究非常得益于信号理论的研究，特别是 Shannon-swear 信息

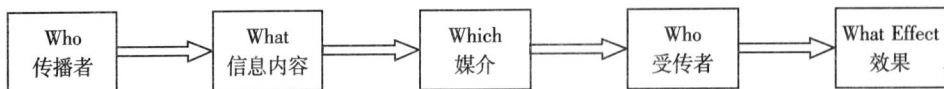

图 2-3 Lasswell 信息传递模型

资料来源：王凤洲：《上市公司信息披露的理论和实践研究》，武汉汽车工业大学博士学位论文，2000 年。

传递过程模型和 Lasswell 信息传递模型。于芸春（2003）在 Shannon-swear 信息传递过程模型和 Lasswell 信息传递模型的基础上提出了一个包含了信息的生成、信息的鉴证与确认、信息的公开与传递、信息的分析与利用和信息反馈的上市公司信息披露制度框架，见图 2-4。

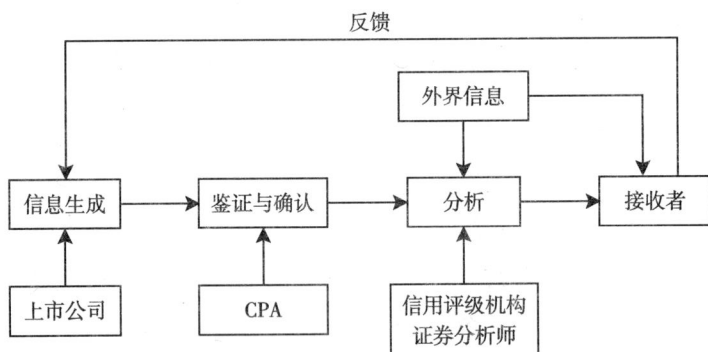

图 2-4 上市公司信息披露制度的信号传递模型

资料来源：于芸春：《上市公司信息披露制度建设》，中国社会科学院博士论文，2003 年。

信号传递理论为分析信息披露制度作用路径提供了一个框架和模型，公司的信息披露过程就是一个公司各种经营信号向外界传递的过程，为了使公司的经营信号能够成功传递给信号需求者——信息披露对象，公司信息披露制度的设计必须具备信号传递的基本要素和环节。换句话说，就是信息披露制度的设计一定要涵盖到 Lasswell 提出的信息传递模型的 5W，明确信息传播者（信息生成者）、信息内容（编码的信息）、媒介的选择、信息披露的对象（受传者）以及信息传播的效果。此外，信息传播效果的控制需要考虑到 Shannon—swear 在其信号传递模型中所提出的噪声干扰，在现实中的噪声有可能就是因为公司管理层源自"自利"、"自身利益最大化"等目的导致公司所传递信号不客观、不真实、不及时的行为。如何消除这些噪声的干扰，就涉及如何设计公司信息披露的监管制度，从而将管理层制造噪声影响信号准确真实的成本最大化，最大限度地降低管理层发布虚假信号的可能，保证信号的真实、准确。

公司的信息披露本质上就是一个信号传递的过程，公司的各种经营信息被编码成为信号，再通过一定的传递渠道送达给信息的需求者。在这个过程中，公司经营信息的信号会因为各种外界因素和信息需求者接收信号的能力而受到所谓的噪声的干扰，噪声的干扰会降低信号的有效性，信息披露制度必须设计一定的监管机制以最大化地减少噪声对信号的干扰，提升信号的真实性和准确性，提升信号需求者接收信号的有效性。由此可见，现有的信号理论特别是经典的信号理论模型为信息披露制度的设计在揭示信息披露制度作用的路径的同时，提供了一个分析信息披露制度作用路径的基本理论模型，一个顺畅的信号传递过程包含信号的生成、媒介的选择、信号的接收和噪声的控制，这也为信息披露制度的分析和设计提供了一个基本的思路，一个健全的信息披露制度必须包含信息披露的主体、信息披露的渠道和方式、信息披露的内容、信息披露对象以及相关的监管机制。

四、公司治理理论：信息披露制度的影响因素

公司治理理论的基本问题，就是如何使企业的管理者在利用资本供给者提供的资产发挥资产用途的同时，承担起对资本供给者的责任。利用公司治理的结构和机制，明确不同公司利益相关者的权利、责任和影响，建立委托—代理人之间激励兼容的制度安排，是提高企业战略决策能力、为投资者创造价值管理的大前提。

信息披露制度对于企业产权实现和投资者利益的保护具有重要的作用。对于不具备信息优势的所有者和利益相关者而言，利用信息披露制度所获取的信息是保障其实施决策机制和监督机制的重要措施。任何企业的契约关系都不能做到完全化，不能对代理人的所有行为进行全部的约束和控制，信息披露制度的建立恰巧可以弥补因为企业不完备契约带来的代理问题和风险，因此，信息披露制度对于完善公司治理具有重要意义。

毋庸置疑，公司治理与信息披露制度存在着密切的关系。公司治理的框架决定了信息披露的要求、内容和质量，而信息披露制度的完善程度直接关系到公司治理的成败（张连起，2003）。公司治理可以分成内部治理和外部治理两种制度。从图2-5可以看出，信息披露制度作为企业公司治理中的一项重要制度同时受到企业内部治理和外部治理两种制度的制约。公司的内部治理对信息披露制度的影

响主要体现在企业的公司治理结构、所有权结构、管理方式对公司信息披露制度的影响。公司的治理结构和所有权结构决定了公司由谁管理、由谁所有，因此也就为信息披露主体和信息披露对象的确定提供了依据，以上市公司为例，正因为上市公司拥有了广泛的股东，而大多数的中小股东由于精力、成本等各种因素所限并不能实时"用手"参与公司的管理，只好借助在证券市场上公开披露的信息进行"用脚投票"，从而实现对上市公司管理的监督。此外，上市公司中的信息披露管理机构的设置和运作对上市公司信息披露制度也有着非常重要的影响。

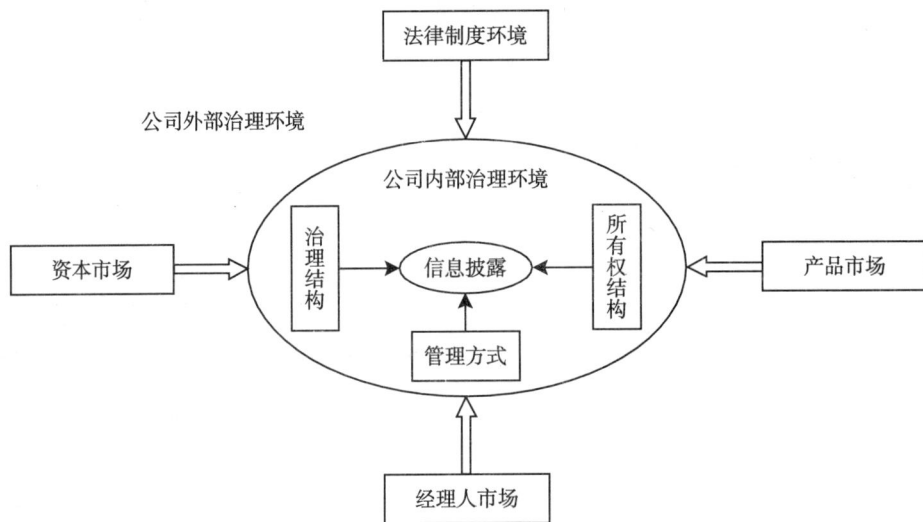

图 2-5　信息披露制度的影响因素

公司的外部治理主要是指资本市场、经理人市场和产品市场，本书所关注的是国家和有关机构对公司信息披露的各种法律法规构成的外部治理环境。对于上市公司来说，信息披露制度受到《证券法》、《证券交易法》、《经济法》、《商法》等法律法规的约束，不论是深圳证券交易所还是上海证券交易所都在《证券交易所股票上市规则》中将"信息披露的基本原则及一般规定"作为一项非常重要的内容明确列示，并且对上市公司的信息披露的内容、对象、方式和渠道等方面都做了详尽的规定。

总结信息披露制度的内外部影响因素，可以为下文中国有大企业信息披露制度的框架设计和支撑要素的构建提供参考和借鉴。

第二节　信息披露制度的演进历程

信息披露制度的产生离不开委托—代理关系的出现，如果没有所有权与经营权相分离形成的委托—代理关系的产生，信息披露制度就不会受到如此重视，也不会成为现代公司治理中的核心问题，成为公司监督中的重要工具之一。只有在所有权与经营权相分离的情况下，所有者将财产经营权委托给经营者，为了很好地监督企业经营者的经营行为，了解企业的经营状况，所有者必然要求经营者向其提供可以反映企业运营状况的信息，这就是信息披露制度产生的最初原因。

信息披露制度起源于英国。英国的"南海泡沫事件"导致了1720年《诈欺防止法案》的出台，而后1844年英国合股公司法中关于"招股说明书"的规定，首次确立了强制性信息披露原则。但是，当今世界信息披露制度最完善、最成熟的立法却是在美国。它关于信息披露的要求最初源于1911年堪萨斯州的《蓝天法》。1929年华尔街证券市场的大阵痛以及阵痛前的非法投机、欺诈与操纵行为，促使了美国联邦政府在1933年颁布了《证券法》，在该法中美国首次规定实行财务公开制度，这被认为是世界上最早的信息披露制度。美国联邦政府又在1934年颁布了《证券交易法》，之后，公司信息披露制度不断发展并日臻完善，信息披露制度逐步成为美国证券法律的核心与基石。此后，德国、日本、加拿大、韩国等国家都采纳了这一制度，信息披露制度渐渐成为全球证券市场监管中最主要的法律制度。对公开发行证券的公司实行信息披露制度是现代证券市场的核心内容，它贯穿于证券发行、流通的全过程。正如任何制度的产生和发展都是一个在理论研究和实践过程中不断完善和丰富的过程，信息披露制度的演进发展历程也概莫能外。综观信息披露制度的发展历程，可以分成账簿披露时代、财务报表披露时代、财务报告披露时代和多层次信息披露时代四个阶段，见表2-1。

表2-1揭示了信息披露制度发展的历程，从表中可以看出信息披露制度起源于所有者和经营者空间和权利的分离，发展于所有者要求和关注焦点的变化。在这四个阶段中，第一个阶段所披露的内容比较单一，仅旨在反映经营者的经营和财产状况；第二个阶段，所有者对信息披露的要求从反映资产安全到反映资产盈

表 2-1 信息披露制度发展的历程

信息披露阶段		信息披露目的	信息披露形式
1. 账簿披露时代	"佛罗伦萨式"簿记（12世纪）	分支机构经营者和所有者在空间和权利上的分离，目的是反映经营状况和财产状况	叙述式（借贷上下连续登记）
	"热那亚式"簿记（14世纪）	"官厅簿记"，主要是汇报给当地长官	左借右贷账户对照式（两侧型账户）
	"威尼斯式"簿记（15世纪）	投资人和执行合伙人在空间和权利上的分离	账户式
1494年，卢卡·帕乔利所著的《算术·几何与比例概要》标志着会计信息披露报表时代开始			
2. 财务报表披露时代	资产负债表时代（19世纪中叶到20世纪20年代）	关注资产的安全性、征税的目的、关注资产计价和财务责任的分担	资产负债表
	损益表时代（20世纪30~70年代）	学者关注资产盈利性甚于资产安全性，企业筹资方式转变到发行股票和长期债券，投资者更关注资产盈利性，政府对股利发放政策的规定以及所得税征收政策导向都促使披露重心转向损益表	损益表
	"三表"并重时代（20世纪70~80年代）	对资本市场研究的兴起，使得人们开始关注现金流量表。1971年APB①的19号意见书以及IASC②发表的准则第7号，都将财务状况变动表作为财务报表中不可或缺的一部分。1987年FASB③发布的公告，用"现金流量表"代替"财务状况变动表"	资产负债表、损益表、现金流量表
1978年FASB提出用财务报告替换财务报表，1980年该委员会阐述了财务报表和财务报告的关系，在理论和实践的双重推动下，信息披露进入财务报告阶段			
3. 财务报告披露时代		在理论和实践的不断发展中，市场各方对数字背后的各种非数字信息需求不断增大；企业为了自身利益也愿提供一些非财务数字信息；原有的财务报表无法全面反映所有信息；原有的会计确认和计量原则无法统一计量与企业价值相关的所有信息	各种财务报表以及财务预测报告、经营战略等各种报告
20世纪90年代，多起内幕交易引发理论界和实务界重视，增加临时披露制度，构建多层次信息披露势在必行			
4. 多层次信息披露时代		避免定期披露财务报表的信息披露滞后带来的内幕交易泛滥，增加临时报告信息披露，尽量减少投资者信息劣势	临时报告在内的多层次信息披露

利；第三个阶段，信息披露内容从会计信息拓展到会计报表附注等非会计数据信息；第四个阶段，信息披露呈现出多层次的特征，为了减少由于定期信息披露时滞给投资者带来的信息劣势，在原有的常规报告形式之外，还增加了临时报告等内容。由此可见，信息披露制度的发展过程就是根据现实中投资者对经营者的监

① APB，美国会计原则委员会简称。
② IASC，国际会计准则委员会简称。
③ FASB，美国财务会计准则委员会简称。

督需要，不断丰富信息披露内容、创新信息披露形式、规范信息披露制度的过程。随着信息披露制度的不断发展和完善，其在证券市场中所发挥的监督上市公司、保护投资者的作用逐渐得到了世界范围的广泛认可。

专栏 2-1

信息披露制度发展的四个阶段

一、账簿披露时代

复式簿记起源于中世纪晚期的意大利。在 12~15 世纪，意大利的会计信息披露进入账户时代，曾先后经历了"佛罗伦萨式"簿记、"热那亚式"簿记和"威尼斯式"簿记三个阶段，如表 2-2 所示。

表 2-2　信息披露账簿时代的三个阶段

信息披露账簿时代的三个阶段	起源和目的	记账方法	记账对象	记录形式	记账内容和格式
"佛罗伦萨式"簿记（12世纪）	分支机构经营者和所有者在空间和权利上的分离，目的是反映经营状况和财产状况	转账	仅限于债权债务人（人名记账）	叙述式（借贷上下连续登记）	没有格式和特定范围要求
"热那亚式"簿记（14世纪）	"官厅簿记"，主要是汇报给当地长官	复式	债权债务（人名账户）、商品、现金（物名账户）	左借右贷账户对照式（两侧型账户）	内容包括日期、每笔经济业务的性质、相关者、金额、其他总账的对照检索
"威尼斯式"簿记（15世纪）	投资人和执行合伙人在空间和权利上的分离	复式	债权、债务、现金（人名账户与物名账户），损益与资本（损益账户与资本账户）	账户式	执行合伙人的航海账户与投资人的账户比较，开始形成固定的格式，没有特定范围，也不存在定期报告

在 12 世纪，意大利的佛罗伦萨商业非常发达，许多家族企业在外地设立分支机构，并使经营活动遍布世界各地，这就形成了分支机构的经营者和所有者的空间和权利上的分离，为了了解和监督外地分支机构的财务状况，所有者要求分支机构汇总会计数据并定期向总部提供以文字叙述为主的总账，从而反映其经营状况及财产状况。这个时期的会计信息披露还是一种内

部的会计行为，披露上没有格式，也没有特定的范围。

14世纪的"热那亚式"簿记的主要特征是官厅簿记，会计披露内容发生了一定的变化。汇报给当地长官的会计披露大致包括日期、每笔经济业务的性质、相关者、金额与其他总账的对照检索等。

到了15世纪，威尼斯在发现新大陆和航海技术发达的情况下，作为一个水上贸易城市日益兴起。合伙制企业因适应航海风险大和成本高的特点而发展起来，作为出资者的投资合伙人将商品委托给执行合伙人，执行合伙人设置航海账户，投资人设置商品账户，每次航海结束后执行合伙人向投资人披露航海账户，并与投资人的商品账户进行比较，以确定损益。这个时期，会计信息的披露开始形成固定的格式，但仍然没有特定的范围，也不存在定期报告的规定。

二、财务报表披露时代

1494年，卢卡·帕乔利所著的《算术·几何与比例概要》一书在威尼斯出版，这是研究和探讨会计思想与会计理论发展的起点，标志着会计信息披露报表时代的开始。这本最早系统论述复式簿记的经典著作，强调了编制"财产盘存目录"的重要性，指出可以通过"试算表"来反映财产目录而不是直接通过账户本身向使用者提供会计信息的思想。这一思想传到欧洲后，德国的马蒂豪斯·施瓦茨在《簿记第一手记》和《簿记第二手记》中改进了试算表，提出用于排列所有总账的借方余额和贷方余额的账户提供会计信息，是会计信息披露的一大创新。荷兰的西蒙·斯蒂文在《数学惯例法》中提出编制"资本状况表"和"损益证明表"，具备了现代资产负债表和损益表的雏形。这些学者的研究为信息披露方式由账簿披露向财务报表披露转变提供了必要的理论支持。

会计信息披露实践的真正变革发生在19世纪，在产业革命的推动下，公司制企业特别是股份公司的大量出现引发了对信息披露方式的大变革。公司制的出现，使企业经营权和所有权真正分离，股东（委托人）和经营者（代理人）之间的契约关系需要外在的监督，会计信息的规范披露不再是针对某些特定的人，而是针对股东或潜在的股东。从而，股份公司有了对社会披露会计信息的义务，会计信息的披露才能真正成为对外披露。为了满足社会对会计信息的需求，英国议会在 1844 年通过了《股份公司注册、设立和管制法案》，对会计信息披露的形式——资产负债表做出了明确的规定，并强制要求公司的报表必须审计，并且在股东大会召开前 10 天，必须将附有审计报告的资产负债表提交给股东以及当地注册登记官（Littleton, 1993），随后又于 1856 年对该法案进行了修订，对资产负债表的标准格式进行了规范，从此，会计信息披露全面进入财务报表披露的时代。

财务报表披露的时代大致可以分为三个重要阶段：资产负债表时代、损益表时代、"三表"并重时代。这三个会计报表披露时代的发展实际上是各个时期外在需求的发展结果，同时也是会计理论发展的必然选择。

资产负债表时代（从 19 世纪中叶到 20 世纪 20 年代）。这一时期之所以采用资产负债表披露信息，主要原因如下：①报表的外部使用者（投资人、债权银行、供应商等）首先关注的是所投入资产的安全性，投资者依赖资产负债表，银行成为对企业有重要影响的外部人，而银行强调的重点正是资产的安全性；②政府主要借助资产负债表实现征收财产税（当时的主要税种）的目的；③合伙人、债务关系人、所有者和经营者兼并关系的矛盾冲突集中于资产计价和财务责任的分担上。因此，这个时期，整个社会比较重视资产负债表，其成为当时会计信息披露的核心。

损益表时代（20 世纪 30~70 年代）。这一时期世界经济重心转移到了美国，美国会计环境的变化影响了信息披露，使其重心变成了损益表。采用损益表披露信息，主要原因如下：①随着 30 年代会计理论研究的深入，以迪克西为代表的会计学家注重企业的持续经营能力，信息需求方对资产的安全性的关注让位于对资产盈利性的重视；②企业筹资方式从向银行筹资转到发行股票和长期债券融资，由于长期证券的安全保障更多地取决于企业的盈利能力，投资者对损益表的关注成为必然；③政府对股利发放必须建立在企业经营盈余的基础上的规定，使报表使用者关注企业盈利；④第一次世界大战后，所得税征收对收入实现原则的执行加速了会计报表披露的重心向损益表转移。

"三表"并重时代（20 世纪 70~80 年代）。"三表"并重时代的出现是资本市场发展的必然。20 世纪 70 年代，随着对资本市场研究的兴起，人们对定价模型越来越感兴趣，认为企业的市场价格应该等于能收到的未来现金流量的现值，于是开始重视现金流量表。1971 年，美国会计原则委员会（APB）发表了第 19 号意见书，要求企业编制财务状况变动表，国际会计准则委员会（IASC）公布了国际会计准则第 7 号，也正式把财务状况变动表作为财务报表体系中不可或缺的组成部分。至此，会计信息披露方式进入资产负债表、损益表、财务状况变动表三表并重的阶段。1987 年 11 月，美国财务会计准则委员会（FASB）发布 95 号《财务会计准则公告》，要求从 1988 年 7 月，以"现金流量表"代替"财务状况变动表"。

三、财务报告披露时代

1978 年，美国财务会计准则委员会（FASB）提出将财务报表替换为财务报告的扩大会计信息披露的范围和广度的新思路。1980 年，该委员会发表了《财务报表和其他财务报告手段》的邀请评论书，详细阐述了财务报表与财务报告的关系，由此，在理论和实践的双重驱动下，会计信息披露进入财务报告披露时代。

进入这一阶段的主要原因：①在该时期，信号传递理论和有效市场假说推动了会计实证方法的研究，结果使得市场各方对会计数字背后所采用的会计政策、会计估计及有信息含量的其他非数字信息需求大增。②早在 20 世纪 60 年代以后，以鲍尔和布朗为代表的实证会计研究促进了信号传递模型的产生和有效市场假说的发展。他们认为会计信息不仅要反映会计数字，还要有其他信息。1986 年，休斯将信号传递模型运用到公司会计信息披露上，发现质量好的公司有更好地显示自我的动力。为了提高企业在资本市场上的竞争力和良好形象，企业也乐意提供除了三大会计报表以外有关的非财务数字信息，例如，财务预测报告、经营战略信息等。③由于会计确认标准的限制和新兴会计业务的出现，使大量有用而财务报表又无法反映的信息只能以表外和会计附注的形式对外披露。④新型会计业务的出现使会计确认和计量原则产生了冲突，如金融工具和金融衍生工具显然与企业价值相关，但按会计准则却无法合理、统一计量。

四、多层次信息披露时代

财务报表披露是一种定期披露，但是常常产生信息披露滞后、内幕交易泛滥的情况。为了及时披露公司发生的重大信息，有利于公司投资者做出适时适当的投资判断，是经济发展加快、技术开发、产业结构调整处于急速变化中的必然要求，包括临时报告信息披露在内的多层次信息披露制度就产生了。多层次信息披露的目的就是为了弥补定期财务报告披露的不及时，避免投资者获取信息资料的不平等，有效防止不公平交易的发生，维护证券市场的"三公"原则。

资料来源：谢清喜：《我国上市公司信息披露的有效性研究》，复旦大学博士学位论文，2005 年；蒋顺才：《上市公司信息披露》，清华大学出版社 2004 年版；刘勤：《中国上市公司信息披露监管的系统研究》，同济大学博士学位论文，2006 年。

第三节　信息披露制度设计的启示

对于上市公司来说，强有力的信息披露制度是对公司进行有效监督的必然要求，是股东具有行使表决能力的关键（张连起，2003）。美国等成熟的资本市场的经验表明，信息披露是影响公司行为和保护投资者利益的有力工具之一。股东和投资者需要定期得到真实、可比且足够详细的信息，从而使他们能够对经理层是否称职做出评价，并对股票的价值评估、持有和表决做出有根据的决策。发达资本市场的经验表明，高质量的信息披露是进行公司治理和科学决策的前提，信息披露的真实性、相关性、及时性、完整性对于保障信息的高质量具有至关重要的意义。真实性是保证公司有效治理的前提，是公司有效监督的基础；信息披露的相关性要求公司所披露的信息能够满足包括股东、债权人、潜在投资者以及一般公众在内的所有利益相关者的要求；信息披露的完整性，是指公司所披露的信息应该符合国家法律法规相关规定的要求，对于上市公司而言，意味着其应该披露所有可以影响到股票价格和影响股东决策的信息；信息披露的及时性，就是要求公司通过利用现代通信技术披露信息，保障信息披露的顺畅及时。真实、相关、及时和完整不仅适用于证券市场中的上市公司的信息披露，而且也应该成为国有企业信息披露的基本准则。

通过对信息披露的起源、发展、发挥作用的路径、设计原则的理论分析以及信息披露制度发展历程实践的回顾，可以得出以下启示：

（1）作为一种监督工具，信息披露制度的应用领域可以扩充到任何一种两权分离的委托—代理关系中。信息披露制度发挥监督作用的适用条件是所有权和经营权分离的委托—代理关系，换句话说，只要存在两权分离的委托—代理结构，信息披露制度就有助于处于信息劣势的出资者（所有者、股东）最大限度地获取经营决策信息，监督经营者的经营行为，增加经营者的违约成本，减少其所拥有的资产受损失的风险。因此，信息披露制度的应用领域不只局限于对上市公司的监督，还可以应用到任何一个具有现代公司治理结构的企业监督机制中。

（2）为了保障信息披露制度能够充分发挥其监督作用，最大限度地保护投资者的利益，信息披露制度的设计还要做到以下几点：

①信息披露内容要全面真实。这要求信息披露的内容既能反映资产的安全性，又能反映资产的营利性；既能反映会计的数字信息，又能反映数字背后的各种政策和经营情况。从信息披露制度发展的历程可以看出单纯的账簿、财务报表不能满足投资者监管经营者的要求，最后形成了以资产负债表、损益表和现金流量表为主，经营预测分析报告以及战略决策报告等非财务数字信息报告为补充的财务报告制度。整个信息披露制度发展历程可以看作一个最大限度满足投资者需要、信息披露内容不断丰富完善的过程。

②信息披露的时间要及时。这要求既有定期信息披露，又有临时信息披露，且必须具备顺畅的信息披露渠道，以供信息的需求者获取所需的信息。这种多形式的信息披露方式可以保障投资者最大限度地获得及时信息，减少信息披露的时滞，增强投资者的监督力度，减少由于时滞对经营者带来的违约机会。

③信息披露要有章可循、有法可依。为了使信息披露制度可以充分发挥其监督效力，便于投资者对企业经营成果与其他企业经营成果的比较分析，应该制定一套全面系统且具有权威性的信息披露制度来指导企业按章披露。

④信息披露要有权威机构监管。为了保障信息披露内容的真实可信，一定要设立权威机构对企业所披露的信息进行监管，正如会计信息的发布一定要由权威审计机关进行审计一样，信息披露制度的实施也一定要由相应的权威机构对其进行监管，从而保障其运作的正规、有效和真实。

第四节　本章小结

　　信息披露制度产生于所有权与经营权相分离的委托—代理关系中，其目的是为了解决委托—代理关系中的信息不对称问题，使处于信息劣势的所有者能够全面、真实、及时地掌握经营者的经营信息，从而实现对其所出资产的安全性和营利性的监督。信息披露制度作用的基本路径可以通过信号传递理论来揭示，即信息披露主体通过一定的信息披露渠道，将所要求提供的信息内容传递给信息披露的对象，在这个信息传递的过程中，信息有可能会受到公司内外部治理因素的干扰，为了防止各种影响因素对信息的干扰，就需要设立一系列的监管机构来排除各种因素的干扰，确保信息的真实准确。信息披露制度起源于英国，最终确立在美国，此后各国都相继制定了各种信息披露制度相关法律法规，信息披露制度在经历了账簿披露时代、财务报表披露时代、财务报告披露时代和多层次信息披露时代四个阶段后，已经逐渐成为当今证券市场上最重要的监督工具，成为对上市公司进行有效监督的有效手段。回顾信息披露制度产生、作用的相关理论以及信息披露形成演进历程，可以为我国国有企业监督机制中构建信息披露制度提供启示和借鉴。

第三章　国有大企业信息披露制度与监督机制的关系探析

　　党的十五届四中全会提出建立健全国有企业经营者的利益激励机制，加强和完善对国有企业经营者的内外监督机制是推进现代企业制度建设过程中不断探索和完善的一个重要内容。作为国民经济重要组成部分的国有企业，担负着国民经济增长和保障国计民生的重要使命，同时也是中国参与国际竞争的中坚力量，是中国国际形象的重要载体，国有企业监督机制的有效性关系到国有资产的安全，关系到国家财富的增长，有着极其重要的战略意义。

　　当前国有企业监督机制包含多种形式的监督工具，例如法律监督、党内监督、监察审计监督、职工监督、监事会监督、董事会监督等，这些监督工具主要通过国有企业内部的各级各类组织和制度来实施与完成，这些组织制度包含纪委会、党委会、监察机构、职代会、股东代表大会、监事会、董事会等。本章中对国有企业监督机制现状分析的重点放在了对公司治理结构中常用的两个监督工具——独立董事制度和监事会制度上。经过了30多年的改革，绝大多数的国有大企业已经完成了现代公司制度改革，建立了现代公司治理结构，为了与国际公司治理制度接轨，独立董事和监事会已经成为国有大企业监督机制中主要的监督工具，发挥着监督国有资产经营的重要作用。本章通过对国有大企业监督现状的研究分析，从监督主体、监督内容以及监督渠道的角度评价了中国国有大企业监督机制存在的问题，阐述了在中国国有大企业中构建信息披露制度、创新国有企业监督机制的必要性。

第一节　国有大企业监督的重要意义

国有大企业作为国民经济的重要组成部分，无疑是中国经济中优质精华的部分，拥有良好的资本投入、技术以及人力资本等资源禀赋，但其经营效率却不尽如人意。国有企业高负债率、国有资产流失严重等已经成为国有大企业亟待解决的问题，构建一个有效的监督机制无疑是解决这些问题的关键所在。有效的监督机制可以通过增加委托—代理关系中处于信息优势的代理者的违约成本来减少其违约行为，从而实现对所有者利益的保护。国有大企业由于其在国民经济中的重要地位和作用，其经营状况的好坏对于整个国家竞争力的提升和国家经济安全具有重要作用。国有大企业监督的目的就是要充分掌握国有大企业经营者的决策与经营信息，使经营者和所有者两者之间的意愿与行为趋于一致，从而实现国有资本的保值增值。国有大企业监督的有效性对于保护国有资产、提升国有企业运营效率、增强国有经济实力、提高国家竞争力都有着非常重要的作用，国有大企业监督机制的研究已经引起了越来越多的学者的关注，成为了国有大企业公司治理的核心问题之一。下文将通过对国有大企业主要的监督工具的比较分析，揭示当前国有大企业监督机制的基本情况。

第二节　国有大企业主要监督工具

本节通过对国有大企业监督工具的比较分析来揭示国有大企业监督机制的现状。为了方便论述，笔者将进行现代公司制改革前、没有建立现代公司治理制度的国有大企业中的主要的监督工具界定为传统国有企业监督工具，将建立现代公司治理制度后所采用的独立董事和监事会界定为现代公司治理监督工具。

一、传统监督工具：党政监督、审计监督和职工监督

从国有企业监督机制理论和实践情况看，国有企业建立现代公司治理制度前国有企业监督机制中曾经应用过的监督工具主要有党组织监督、纪检监督、审计监督、工会监督、职工监督以及行政监督，这些工具的组织保障和监督作用的发挥情况见表 3-1。

表 3-1　国有企业监督机制构成

监督工具	组织/制度保障	影响监督作用的因素和问题分析
党组织监督	各级党委	根据《公司法》规定，生产经营的指挥权属于法人代表，党委在企业生产经营中处于从属地位，党委和行政领导的关系不好协调，这些都影响了党委监督的有效性
纪检监督	纪检部门	由于行政级别关系，作为企业内部的纪检部门很难对同级或下级的领导实行监督
审计监督	特派稽查员	特派稽查员是国家安排领导干部的一种方式，由于其本身缺乏会计专业素质，加之在企业调查时间的限制很难真正实现其审计监督的职能
	内部审计部门	内部审计部门作为企业的一个行政部门，是在其行政领导的指派下执行审计职能，很难独立、客观地履行其监督职能
	外部审计部门	外部审计部门负责对企业领导的离任和界中审计，由于外部审计部门与企业之间的聘任关系很难保证外部审计的客观公正和有效监督
职工监督	企业职工	根据《企业法》和《公司法》等有关法规，职工有权参与决策和监督企业领导干部，但在企业的实际经营中，职工在参与决策和监督企业领导干部中的作用甚微，职工的信访举报很难得到企业主管部门的认真对待和严肃查处
工会监督	企业工会	作为企业内部机构的工会组织的监督作用更是微弱
行政监督	上级主管部门	主管部门和国有企业领导人的行政关系影响了其监督的有效性

二、现代公司治理监督工具：独立董事制度和外部董事制度

1993 年，党的十四届三中全会提出，建立适应市场经济要求的产权清晰、权责明确、政企分开、管理科学的现代企业制度。2003 年，党的十六届三中全会进一步指出，按照现代企业制度要求，规范公司股东会、董事会、监事会和经营管理者的权责，形成权力机构、决策机构、监督机构和经营管理者之间的制衡机制。近年来，大部分国有企业已经按照现代企业制度要求，建立了由董事会、监事会和经营管理者构成的权利监督制衡机制。在这些已经建立了现代企业制度的国有企业中，原有的行政监督、工会监督以及党组织监督等方式逐渐成为国有企业监督机制中的从属工具，对于已经具备现代公司治理结构的国有企业来说，

其监督机制的构成已经越来越靠近现代公司制度，我国《公司法》规定的监督机制主要是以股东大会的决定和监事会的监督权为基础，股东大会和监事会分别根据各自的职权监督、制约董事会及经理的行为，维护公司利益。同时，《公司法》还具体规定了股东大会和监事会的运作机制以及它们与董事会之间的相互关系。此外，中国的一些学者和相关部门通常把独立董事制度作为股份公司中弥补股东大会和监事会监督功能的重要工具。股东大会、独立董事和监事会已经构成了股份公司监督机制的重要组成部分。鉴于中国国有企业所有权和公司治理结构的特殊性，本书将国有企业监督机制分析的重点放在了现代公司治理监督机制的重要工具——独立董事和监事会上，试图通过对国有企业独立董事（外部董事制度）和监事会制度的分析来揭示当前国有企业公司治理中的监督机制的基本情况。

独立董事制度是公司治理监督机制中的一项重要制度。公司治理中引入独立董事制度是为了在股份有限公司中股权日益分散化、所有权和控制权日益分离、管理层日益获得公司控制权的情况下，保护股东权益不被管理层侵害而设置的。独立董事制度的产生最早可追溯到 20 世纪 30 年代初，美国证监会建议公众股份公司设立"非雇员董事"。1940 年，针对基金运作中出现的不当关联方交易严重损害股东行为的现象，美国证券交易委员会颁布了《投资公司法》，规定投资公司的董事会中至少要有 40%的成员独立于投资公司、投资顾问和承销商，建立有效的公司治理结构，以防"内部人控制"。20 世纪 70 年代初，一些著名的公司卷入向政府官员行贿丑闻及性质恶劣的不当行为的丑闻中，使投资者对公司失去了信心。基于传统公司单层治理结构的固有缺陷，为保护中小股东、债权人的利益及增强投资人对公司的信心，加强对董事及管理层的有效监督，美国率先建立了独立董事制度。1977 年，经美国证监会批准，纽约交易所引入了一项新条例，要求上市公司在不迟于 1978 年 6 月 30 日以前设立并维持一个全部由独立董事组成的审计委员会，这些独立董事不得与管理层有任何会影响他们独立判断的关系。自从独立董事制度在美国首次出现到现在 30 多年的时间，许多国家都纷纷效仿，建立了独立董事制度。概括起来，各国建立独立董事制度的目的主要就是为了解决由于两权分离而产生的委托—代理问题、大股东控制企业侵蚀小股东利益的问题以及小股东不能对大股东和管理层的经营行为进行有效监管的问题。

引入独立董事制度是英美国家公司治理结构中的一项重要的制度创新，设立独立董事制度也是全球公司治理结构收敛趋势下各国公司治理结构变革的一个趋势（郑长德，2002）。其他国家是在 20 世纪 90 年代中期之后在公司治理结构中引入独立董事制度的。1994 年，加拿大正式要求建立独立董事制度。1995 年，澳大利亚和法国正式要求建立独立董事制度。1998 年，比利时要求正式建立独立董事制度，日本也于同年在其发布的公司治理原则中对独立董事的比例、资格、职责等做了明确的规定。1997 年东南亚爆发金融危机后，一些第三世界的国家，包括印度、马来西亚、墨西哥、南非也都正式提出在公司治理结构中引入独立董事制度（鲁桐，2002）。

所谓独立董事，美国证券交易委员会将其界定为与公司没有重大关系的董事。没有重大关系包含以下几个方面：不是公司以前的执行董事，并且与公司没有职业上的关系；不是一个重要的消费者或供应商；不是以个人关系为基础而被推荐或任命的；与任何执行董事没有密切的私人关系；不具有大额的股份或代表任何重要的股东等。① 独立董事虽然原则上具有董事会的战略决策、咨询建议、评价监督和激励选聘这四项基本职能（谢联胜，2003），但是由于独立董事创立的初衷主要是为了保护股东利益、更好地监督经营者，所以监督成了独立董事的核心职能。正如众多学者的研究所显示的那样，独立董事因其所具有的独立性可以使企业内部监督外部化，使独立董事的监督职能成为该制度诞生的重要原因，而独立董事制度之所以能在各个不同的国家不断得到发展也是源于其具有的独特的监督职能。独立董事实现监督职能的方式主要有：①行使知情权，促进信息公开；②行使表决权；③通报权；④撤换经理人员（唐跃军、肖国忠，2004）。

本节主要从中国国有企业引入独立董事及外部董事的根源、国有企业独立董事及外部董事的相关规定、国有企业独立董事及外部董事的发展历程这三个方面对中国国有企业独立董事制度及外部董事制度的监督情况做出分析和评价。

1. 引入独立董事制度的根源

经历了改革开放 30 多年的中国仍处于经济转型期，中国公司的外部治理机制不健全，公司不能寄希望于外部治理机制对公司实现有效地监督，资本市场、控制权市场、经理人市场的完善是一个循序渐进的过程，需要一个较长的时期，需要多种因素和制度的配合。因此，对公司的监督主要还是要依靠内部机制发挥作用。独立董事制度作为一个打破企业权利失衡、打破内部人控制和保护中小股

---

① 李占蒙、杨宏伟：《美国公司独立董事制度研究》，《国外财经》2000 年第 4 期。

东利益的有力工具引入中国，其背景如下：

（1）全球资本市场一体化趋势下，中国企业进入全球金融、证券市场的客观要求。制度的选择在一定程度上会反映出现实的需求。在世界资本市场一体化的态势下，国际机构投资者越来越关注公司的治理结构，公司的董事会中是否含有一定数量的独立董事以及独立董事在公司治理中的效用已经成为评判公司价值的标准之一。作为参与国际竞争主体的国有企业，为了能够顺利进入国家金融、证券市场，必须采用国际通行的公司治理模式，顺应国际标准和要求，因此，需要在国有企业中设立独立董事制度。

（2）所有权与控制权严重偏离，所有者缺位，"内部人控制"现象严重。现代企业的一个最主要的特征就是所有权与控制权的分离，并伴随着产生的委托—代理关系。国有企业既具有一般企业特征又具有个性特征，国有企业也会产生所有权和控制权相分离的情况，但是由于国有企业所有者的特殊性，其产生的"所有者缺位"造成管理层缺少监督，以致在国有企业改革和发展过程中出现了许多不良现象，交易型和非交易型、权力滥用型和权力无为型等各类管理腐败现象滋生，国有资产严重流失，国有资产战略重组受到严重干扰，消费者和职工利益受到严重侵犯等，社会反响强烈。显然，"内部人控制"构成了国资改革和国企管理的突出问题。[①]"内部人控制"的公司极易出现过分的在职消费、行为短期化及过度投资行为，最终将导致公司资产的大量流失，股东利益受损。何浚（1998）通过对我国不同产业部门公司董事会的分析资料研究，得出了我国上市公司内部人控制程度较高的结论，具体数据分别为：工业类 71%，房地产类 63.7%，商业类 66.2%，平均"内部人控制"比重达 67%。[②]管中窥豹，可见一斑。作为具有股权多元化、信息比较公开透明的上市公司尚且具有如此高的"内部人控制"程度，我国的国有企业在目前这种所有者缺位情况下的"内部人控制"程度也是可以预见的，因此，为了最大化地减少代理问题和代理成本，减少由于"内部人控制"带来的危害，在国有企业中引入独立董事制度势在必行。

（3）股权过分集中，"一股独大"现象严重。截至 2006 年 8 月，沪深证券交易所共有境内上市公司（A 股、B 股）1392 家，股份总数高达 10871 亿股，市价

---

① 朱林兴：《完善国企外部董事制度》，《文汇报》2008 年 11 月 24 日。
② 何浚：《上市公司治理结构的实证分析》，《经济研究》1998 年第 5 期。

总值 49609.87 亿元，但其中流通股的市值只有 17020.92 亿元，仅占总市值的 34%左右。有 32588.95 亿元处于沉淀状态，这其中大部分都是国家股。因此，在我国上市公司非流通股、国有股"一股独大"的情况下，存在三个突出问题：经营者损害股东利益，大股东损害小股东利益，国有大股东损害其他大股东的利益。在这种股权过分集中、"一股独大"、"一股独强"的情况下，如何制衡大股东的权利是一个亟待解决的问题，国家也尝试通过国有股减持、股权多元化来解决当前这种情况，但是实施的结果表明，这些方式、方法效果不佳，国有股减持和股权多元化是一个比较复杂的过程，需要长时间渐进地完成，短期内很难见效。而独立董事的引入，无疑在当前的股权结构下是一种可以比较快速有效制衡大股东、保护中小股东的方法。

（4）监事会功能弱化。我国国有企业的监事会功能弱化，主要有以下几个原因：首先，监事会人员的来源很难保障其独立性。《公司法》规定："监事会应当包括股东代表和适当比例的公司职工代表，其中职工代表的比例不得低于 1/3，监事会中的职工代表由公司职工通过职工代表大会、职工大会或者其他形式民主选举产生。"由此可见，监事会的人员主要来自企业内部，监事会成员的"工作饭碗"常常被管理层和董事会扣为"人质"，胁迫监事会与董事会和管理层合谋。[①]其次，监事会的人员构成很难保障专业性和行权能力。监事会中如果没有具备法律、财务、经营管理知识和能力的专业人士，很难保障有效履行监督权。最后，按照《公司法》的规定，监事会只具有事后监督权，这种监督权的效力大大降低，很可能流于形式。由此可见，监事会成员的内部人身份决定了其必然受制于董事长和总经理，很难形成不受干扰的客观监督。《公司法》关于监事会成员有权列席董事会会议，但不拥有董事会决议事项的表决权的规定，使得监事会对于董事会决策过程很难实施有效的监督，也就是说，没有表决权的监事不能对董事会的决议实施否定，因此很难实施有效的"事前监督"；只能在董事会决策后通过审核、调查，要求董事会和经理层在决议中剔除不利于公司、职工、中小股东等利益相关者利益的行为，只能实施"事后监督"。从理论上来说，独立董事具有事前监督、内部监督、与决策过程监督密切结合的特点，而且与监事相比，独立董事还具有以下三点优势：一是地位较为超然独立，受公司董事会和高管层的制约较

---

① 董志强：《公司治理的逻辑与国有企业董事会改革》，http://www.sasac.gov.cn，2008 年 4 月 28 日。

少。二是对关联交易、董事与高管人员任免和薪酬等重要事项有明确发言权。三是其观点和态度受到包括监管部门在内的社会各界的广泛关注，拥有较大的社会影响。由此可见，引入独立董事来弥补监事会是非常必要的。

（5）董事会运作效率低。国有企业董事会监督常常无效或效率低下。国有企业公司治理中的国有大股权同样面临严重的委托—代理问题。国有企业中，国家保留了国有企业的大股权，作为所有者的国家因此也就具有了可以监督管理层的权利，从而形成有效的治理，但国家却无法有效地履行监督职责，国家虽然可以派出大股东的代理人——董事作为专门监督人员进行监督，但又会面临"谁来监督监督者"的问题。大股东的代理人也可能出于自身利益的考虑有动机去滥用大股东权和监督权，剥夺外部中小股东权，侵害中小股东的利益。我国国有企业董事会运作的低效主要体现在：首先，董事的提名受地方政府支配，董事任职资格存在问题；其次，董事会决策程序易受到大股东、地方政府影响，缺乏独立性；再次，缺少对董事的勤勉和约束规定，董事会对公司经营不够负责；最后，一些经过改制的国有企业，虽在形式上完成了公司化的改制，建立了现代的公司治理结构。但在实际上，原有的领导班子基本不变地担任经营层职务，而且还进入了董事会，造成了董事会成员与经营层的高度重合，董事会被经理班子控制，公司权力过度集中，董事会对经营层的监督形同虚设。[1]董事会的低效运作很难保障其应该承担的监督职能，通过引入独立董事制度可以弥补董事会监督实效的不足，加强对经理层的监督。

基于上述制度背景和条件的限制，中国国有企业开始了引入独立董事这一现代公司治理制度的优秀成果的尝试，中国国有企业特别是国有大企业独立董事、外部董事制度的构建主要开始于国务院国有资产监督管理委员会（以下简称"国资委"）成立后，下一节将对中国国有企业中独立董事制度、外部董事制度相关规定进行梳理和总结。

2. 国有企业独立董事及外部董事的相关规定

2004 年 6 月 7 日，国资委颁布《关于国有独资公司董事会建设的指导意见（试行）》，旨在指导国有大企业开展国有独资公司建立和完善董事会试点工作，加强董事会建设。其中，对选任及程序做出了原则性规定，"国资委选聘外部董

---

[1] 董志强：《公司治理的逻辑与国有企业董事会改革》，http://www.sasac.gov.cn，2008 年 4 月 28 日。

事，可以特别邀请国内外知名专家、学者、企业家；可以从国有大企业有关人员中挑选；可以面向社会公开选聘。逐步建立外部董事人才库制度，向全社会、国内外公开信息，自愿申请入库，经审核符合条件的予以入库，国资委从人才库中选聘外部董事"。

《国有独资公司董事会试点企业外部董事管理（试行）》对此进行了更为具体的规定，外部董事从国有大型企业现职或退休的企业负责人、知名经济学家和行业专家、投资机构和知名中介机构负责人、民营和私营企业家、地方国有企业负责人以及国资委机构副局级含副局级以上的领导干部中进行选聘或者从境外企业家等知名人士中选聘。选聘的方式包括"直接选聘和市场选聘"两种，也可以采用公开招聘的方式，在全国或者全球范围内选拔。国资委还会与人才中介机构签订委托协议，由它们向国资委推荐人选，并且要经过社会公示阶段。

《国有独资公司董事会试点企业外部董事管理办法（试行）》（以下简称《管理办法》），该《管理办法》中对国有独资公司外部董事定义为"外部董事是指国务院国有资产监督管理委员会依法聘用、由任职公司以外的人员担任的董事"。外部董事不在公司担任除董事和董事会专门委员会有关职务外的其他职务，不负责执行层的事务。国有独资公司建立和完善董事会试点企业共有11家，在原有7家的基础上增加了中国冶金建设集团公司、中国房地产开发集团公司、中国农业发展集团总公司、新兴铸管集团有限公司。《管理办法》还将外部董事分为专职外部董事和兼职外部董事，"在若干家所出资企业中专门担任外部董事职务以外，不再在其他所出资企业和所出资企业以外的其他单位任职的人员为专职外部董事"，"除在若干家出资企业中担任外部董事职务以外，同时在其他所出资企业或所出资企业以外的其他单位任职的人员为兼职外部董事"。《管理办法》还规定了在试点初期，董事会中的外部董事不少于2名，随着公司法人治理结构的完善，逐步提高外部董事在董事会成员中的比例。《管理办法》对外部董事的来源、任职条件、选聘程序、职责权利义务及评价方式与报酬等，都有详尽的规定。在这个办法的基础上，试点企业将向国资委提出自己对外部董事专业特长方面的要求，具体人选则由国资委敲定；国务院国资委选定的外部董事的薪酬，将由国资委确定薪酬标准，由所驻企业支付。从某种意义上说，企业对选择什么样的人担任自己公司的独立董事还是有一定建议权的。根据目前试点的情况看，国有独资公司董事会成员原则上为7人或9人，其中外部董事有3~5人。

2009 年 10 月 13 日，为进一步加强董事会试点中央企业外部董事队伍建设，促进董事会规范有效运作，国务院国有资产管理委员会根据《中华人民共和国公司法》、《中华人民共和国企业国有资产法》、《企业国有资产监督管理暂行条例》、《国有独资公司董事会试点企业外部董事管理办法（试行）》等有关法律、法规和规定，颁布了《董事会试点中央企业专职外部董事管理办法（试行）》，其中对外部董事的任职条件、选拔和聘用、评价和薪酬以及退出做出了详细规定。在这一办法中相比较原来的国有大企业，外部董事的相关规定有了很大的进步，将外部董事年龄的限制提高到 55 岁以下，并且对任职条件进行了严格明确的规定，并同时对外部董事的考核和退出等敏感问题进行了详尽和严格规定（见专栏 3-1）。

专栏 3-1

董事会试点中央企业专职外部董事管理办法（试行）

（2009 年 10 月 13 日）

第一章　总则

第一条　为适应深化国有资产管理体制改革和中央企业改革发展的要求，建立规范的公司治理结构，加强对董事会试点中央企业专职外部董事的管理，根据《中华人民共和国公司法》、《中华人民共和国企业国有资产法》、《企业国有资产监督管理暂行条例》、《国有独资公司董事会试点企业外部董事管理办法（试行）》等有关法律、法规和规定，制定本办法。

第二条　本办法适用于国务院国有资产监督管理委员会（以下简称国资委）履行出资人职责的董事会试点中央企业（以下简称董事会试点企业）。

第三条　本办法所称专职外部董事，是指国资委任命、聘用的在董事会试点企业专门担任外部董事的人员。专职外部董事在任期内，不在任职企业担任其他职务，不在任职企业以外的其他单位任职。

第四条　专职外部董事管理遵循以下原则：

（一）社会认可、出资人认可原则；

（二）专业、专管、专职、专用原则；

（三）权利与责任统一、激励与约束并重原则；

（四）依法管理原则。

第二章 管理方式

第五条 专职外部董事职务列入国资委党委管理的企业领导人员职务名称表，按照现职中央企业负责人进行管理。

第六条 专职外部董事在阅读文件、参加相关会议和活动等方面享有与中央企业负责人相同的政治待遇。

第七条 专职外部董事的选聘、评价、激励、培训等由国资委负责。

第八条 专职外部董事的日常管理和服务，由国资委委托有关机构负责（以下简称受委托机构）。受委托机构设立专职外部董事工作部门，负责保障专职外部董事的办公条件、建立履职台账、管理工作档案、发放薪酬、办理社会保险、传递文件、组织党员活动等事项，并协助国资委有关厅局做好相关工作。

第九条 建立专职外部董事报告工作制度。专职外部董事每半年向国资委报告一次工作，重大事项及时报告。

第三章 任职条件

第十条 专职外部董事应当具备下列基本条件：

（一）具有较高的政治素质，遵纪守法，诚信勤勉，职业信誉良好；

（二）具有履行岗位职责所必需的专业知识，熟悉国家宏观经济政策及相关法律法规，熟悉国内外市场和相关行业情况；

（三）具有较强的决策判断能力、风险管理能力、识人用人能力和开拓创新能力；

（四）具有10年以上企业经营管理或相关工作经验，或具有战略管理、资本运营、法律等某一方面的专长，并取得良好工作业绩；

（五）初次任职年龄一般不超过55周岁；

（六）一般具有大学本科及以上学历或相关专业高级职称；

（七）具有良好的心理素质，身体健康；

（八）《公司法》和公司章程规定的其他条件。

第四章 选拔和聘用

第十一条 专职外部董事的选拔是指通过组织推荐等方式选择符合条件

的人员，由国资委任命或聘任为专职外部董事。

专职外部董事的聘用是指根据董事会试点企业董事会结构需求，从专职外部董事中选择合适人员，由国资委聘用为董事会试点企业的外部董事。

第十二条 组织推荐一般经过下列程序：

(一) 沟通酝酿人选；

(二) 确定考察对象；

(三) 与考察对象就外部董事的职责、权利和义务等相关事项进行沟通，听取意见；

(四) 组织考察；

(五) 征求有关方面意见；

(六) 提出建议人选；

(七) 提交国资委党委会议讨论决定；

(八) 办理任用手续。

第十三条 聘用专职外部董事一般经过下列程序：

(一) 对董事会试点企业董事会进行结构分析，提出专职外部董事需求；

(二) 按照董事会试点企业董事会需求，考虑专职外部董事的专业结构等因素，提出建议人选；

(三) 提交国资委党委会议讨论决定；

(四) 办理聘用手续（推荐到股份公司担任董事的，需要按照规定履行相关法律程序）。

第十四条 专职外部董事在董事会试点企业任职实行任期制，在同一企业任职时间最长不超过 6 年。

第五章　评价和薪酬

第十五条 专职外部董事的评价实行年度评价与任期评价相结合，按照《董事会试点中央企业董事会、董事评价办法（试行）》执行。

第十六条 专职外部董事的薪酬标准由国资委制定。

第十七条 专职外部董事薪酬由基本薪酬、评价薪酬、中长期激励等部分构成。

第十八条 专职外部董事的基本薪酬每三年（与中央企业负责人经营业

绩考核任期相同）核定一次。基本薪酬按月支付。

第十九条 专职外部董事评价薪酬和中长期激励办法另行制定。

第二十条 专职外部董事的薪酬为税前收入，应依法缴纳个人所得税。专职外部董事薪酬由国资委支付。

第二十一条 受委托机构每年根据专职外部董事薪酬管理办法拟订专职外部董事薪酬方案，报国资委审核后兑现。

第六章 退出

第二十二条 专职外部董事有下列情形之一的，予以免职（解聘）：

（一）达到任职年龄界限的；

（二）年度评价或任期评价结果为不称职，或者连续两个年度评价结果为基本称职的；

（三）履职过程中对国资委或任职公司有不诚信行为的；

（四）因董事会决策失误导致公司利益受到重大损失，本人未投反对票的；

（五）因健康原因长期不能坚持正常工作的；

（六）交流担任中央企业负责人职务的；

（七）因其他原因需要免职的。

第二十三条 专职外部董事提出辞职的，按程序批准后办理辞职手续。未批准前，专职外部董事应当继续履行职责。

第七章 附则

第二十四条 专职外部董事管理的其他事项，按照《国有独资公司董事会试点企业外部董事管理办法（试行)》执行。

第二十五条 本办法自公布之日起施行。

国务院国资委颁布的一系列关于国有大企业独立董事制度、外部董事制度的相关规定为国有大企业独立董事制度、外部董事制度的实践提供了理论基础和指导，国有大企业独立董事制度、外部董事制度的建设历程开始于 2004 年对宝钢集团、神华集团、中国高新投资集团、诚通集团、国药集团、国旅集团和中国铁通集团 7 家央企进行首批董事会试点工作，下文将对国有大企业独立董事制度、外部董事制度的构建历程进行总结和梳理。

3. 国有企业独立董事制度及外部董事制度的发展历程

李荣融指出："选择国有独资公司进行董事会试点，主要是通过规范公司治理结构来加快推进股份制等各项改革；同时，也是从国有大企业的实际出发，通过建立和完善国有独资公司董事会，规范行使国有大企业对其控股上市公司的股东权利，确保上市公司规范运作，促进上市公司做强做大。""建立健全外部董事制度，是这次试点的一项重要措施，也是与过去的董事会的不同点。大企业的决策权与执行权应当分开。建立健全外部董事制度，可以避免董事会成员与经理人员高度重合，实现决策权与执行权分开，从而保障董事会集体决策。"

2004 年 2 月，国资委向国务院提出在国有大型企业进行国有独资公司建立和完善董事会试点工作，得到了国务院的同意；同年 6 月，国资委下发文件，明确了试点的主要思路和措施，并确定了第一批试点企业。

2004 年 6 月，国资委主任李荣融宣布选定宝钢集团、神华集团、中国高新投资集团、诚通集团、国药集团、国旅集团和中国铁通集团 7 家央企进行首批董事会试点建设的工作，并下发《关于国有独资公司董事会建设的指导意见（试行）》（以下简称《指导意见》）。按照《指导意见》的要求，试点央企新董事会的成员应不少于 9 人，其中外部董事不少于 2 人。几家试点企业基本上采取了"6+3"的比例，即 6 名内部董事加上 3 名外部董事，6 名内部董事中还有一名为职工董事。其中，5 名内部董事的人选，由企业自己确定后报国资委批准；职工董事的人选将由职代会产生；而另外 3 名外部董事的具体人选则由国资委任命。7 家企业基本上在 2005 年初都确定并上报了 5 名内部董事的名单。《国有独资公司董事会试点企业外部董事管理办法（试行）》等相关文件的陆续出台对外部董事来源、任职条件、选聘程序、职责权利义务及评价方式与报酬等都做出了详尽的规定。

2005 年 4 月，国务院提出了关于深化经济体制改革的意见，明确要求要"以建立健全国有大公司董事会为重点，抓紧健全法人治理结构、外部董事和派出监事会制度"。同年 6 月，国资委决定将试点企业从原先的 7 家扩展到 11 家。

2005 年 10 月 17 日，国务院向宝钢集团有限公司 5 位外部董事颁发聘书，至此，宝钢集团有限公司董事会成为国有大型企业中第一家外部董事全部到位的公司。国资委表示，建立健全外部董事制度是国有独资公司进行董事会试点的一项重要措施，也是与过去董事会最大的不同点。除少数军工企业外，绝大部分国有大企业都应该建立董事会制度，并由外部董事占多数，这将使董事会成员和经理层没有太大的关联，从而保证董事会决策的独立性和公正性。目前，宝钢有5位外部董事，超过了董事会全部成员（9位）的半数，有两位境外大公司董事长、两位中央大企业原负责人、一位国内会计学院教授。制度设计外部董事将在以下几方面发挥作用：避免董事与经理人员高度重合，真正实现决策权与执行权的分权制衡；保证董事会能够做出独立于经理层的判断与选择，确保由董事会挑选、考核、奖惩在董事会兼职的经理人员；避免非外部董事尤其是其中的执行董事自己挑选、考核、奖惩自己；外部董事不负责企业的执行性事务等。这个角色有利于外部董事更好地代表出资人的利益，有利于发挥外部董事所具有的独立性作用，通过选聘具有高水准的专业人士担任外部董事，能够为董事会带来更加丰富的专业知识和来自企业外部的专业经验。[①]

地方政府在国有独资公司外部董事上也进行了尝试。2004年12月，江苏国资委为其所辖两家企业选定的6名外部董事，分别正式进驻江苏省国信集团与江苏省农垦集团。6名外部董事包括刚卸任不久的原招商银行南京分行行长、南京大学法学院院长助理、原电力公司副总经理、原江苏省计经委的巡视员等。江苏省国资委主任仇中文对当地媒体解释说，国资委选定的外部董事有一个基本条件："都应该是在国企经营领域内的专家和资深人士。"江苏国资委选定的外部董事均不在所驻企业拿任何形式的津贴和福利，而是由国资委比照监事会主席的标准为其发放岗位津贴。[②]

至2008年5月，共有宝钢、神华等19家企业开展了董事会试点，其中，有16家试点企业的外部董事达到或超过董事会成员的半数，3家企业进行了外部董事担任董事长的探索。统计显示，董事会试点工作开展以来，国资委共为19家董事会试点企业选派了63名外部董事。其中，16家企业的外部董事超过董事会全体成员的半数，为解决企业"内部人控制"积累了经验。[③]

[①] 齐中熙、李荣：《为何需要建立健全外部董事制度》，新华网，http://news3.xinhuanet.com，2006年3月19日。

[②] 《外部董事入驻试点中央企业新董事会即将亮相》，《经济观察报》，http://news1.jrj.com.cn，2005年4月30日。

[③] 《中央企业董事会试点户数和范围今年将进一步扩大》，中国发展门户网，www.chinagate.com.cn，2008年5月9日。

4. 独立董事的监督作用评价

通过对中国国有大企业独立董事、外部董事制度的分析，笔者认为中国国有大企业的独立董事及外部董事制度主要存在以下几方面的问题：

（1）当前的国有企业独立董事、外部董事的选聘机制影响独立董事的独立性。目前，我国的国有大企业独立董事的提名是由国资委决定的，企业可以提出一些要求，但最后的决定权在国资委。这种方式意味着国有大企业在独立董事的选聘上具有一定的影响作用，但没有最终的决定权。国有控股上市公司独立董事的提名权和决定权都在股东大会，但是因为证监会的有关规定，凡是上市公司董事会、监事会、单独或者合并持有上市公司已发行股份 1%以上的股东可以提出独立董事候选人。在当前的"一股独大"、绝对控股的局面下，这种规定不利于中小股东，因此当前的独立董事的选择很难反映出中小股东的意志。

《国有独资公司董事会试点企业外部董事管理办法（试行）》在市场化选聘外部董事方面做出了相关规定，虽然具有一定的进步性，但仍较多地停留在程序描述上，没有具体化的操作标准，还有待完善。由此可见，国有独资公司的外部董事的选聘机制对于维护外部董事的独立性是有弊端的，亟待改进和完善。此外，一些国有企业的董事长基本上由国资委指定，董事则大部分是由董事长提名，再提请大会审查通过，这种提名和选举方式产生的独立董事的独立性很难保证。独立董事引入中国的本意就是在"内部人控制"严重、"一股独大"的情况下引入一个可以制衡大股东和内部人的独立第三方来保护中小股东的利益，但是当前国有企业的独立董事的选聘机制很难保证这一目的。

（2）当前对独立董事、外部董事的行权能力要求很难保证独立董事的独立性。独立董事如果想要独立地行使制衡监督的权力，必须具备可以充分行使权力的能力，笔者认为这一能力主要包含以下几个条件：独立董事必须具备一定的专业素质，可以对企业的经营决策和经营活动做出专业的判断；独立董事每年必须保证投入一定的工作时间才可以充分了解公司的经营状况，为其有效行权提供必备条件；为了保障独立董事能够将足够的精力投入到参与决策和监督制衡中去，必须对其兼职的数量进行严格限制。

此外，一些退休的国企高管年龄偏大（一般都已超过 60 岁），已经到了退休年龄的这批人，他们的社会关系、知识、商业经验等将面临迅速老化的可能。英国一位专门研究独立董事制度的专家认为，对大多数人而言，最适合担任独立董事的时期是退休前 10 年，如果这时他们担任独立董事，可以为公司带来最大的价值。这是因为：首先，这时期对绝大多数人来说是事业和能力的巅峰时期，这些人不但具备了丰富的经验，也有足够的能力和改革的冲动；其次，公司值得对他们进行培养，因为作为独立董事他们还可以为公司工作很长时间；再次，他们具有的社会关系是最有用的，因为与他们同样年龄层次的人大多数都处于社会各界的重要岗位上；最后，他们在本公司内还被看作是年富力强的经理人员，而不是即将完成历史使命的准退休人员（孔翔，2001）。中国当前国有大企业独立董事、外部董事年龄偏大的现状必将影响到他们的行权能力，从而影响到独立董事、外部董事应该发挥的效用。

目前，我国对独立董事专业素质的要求还不够严格，应该加大对独立董事专业素质的培训；我国也没有明确的对独立董事每年工作时间的要求，缺少制度上对独立董事工作投入的约束，专业素质和必要工作时间是独立董事有效行权的重要前提条件，因此，对这些问题的研究是非常有意义的。

（3）缺少一个完善的行权平台，难以保障独立董事、外部董事的独立性。当前的国有企业的独立董事制度和一般的上市公司独立董事制度都有一个明显的问题，就是缺少一个完善的行权平台，这个行权平台主要由以下几部分构成：信息获得的通道和信息提供机制、专门委员会的设立、独立董事职权的规定、独立董事在董事会中所占的比例。独立董事对公司经营活动的决策参与和监督制衡都是建立在真实、充分的企业经营信息的基础上的，没有真实、顺畅的信息获取机制就不能保障独立董事的有效行权，目前我国的相关法律法规并没有为独立董事的行权提供有关的获得信息的通道。董事会中的各个专门委员会是独立董事借以行权的手段和方式，美国规定董事会中必须包含薪酬委员会、提名委员会、审计委员会等专门的委员会，独立董事就是通过参与这些专门的委员会来行使自己的参与决策和监督制衡的权力，而我国并没有强制性要求董事会设立专门的委员会，因此，独立董事也就缺少了一个可以行权的通道。

我国对独立董事的职权的规定有待完善，只有明确了独立董事的相关职权，才可以为独立董事的行权提供制度保障和法律支持。独立董事在董事会中所占的比例情况关系到独立董事是否可以形成自己独立的声音，如果独立董事在董事会中所占的比例过低，在董事会进行决策时，独立董事很难形成与大股东代表的董事相抗衡的力量，因此，也就很难达到监督制衡的作用。通过前面的分析，可以看出我国国有企业中的独立董事的比例还很低，为了进一步发挥独立董事的监督制衡作用，独立董事的比例需要加大。

（4）激励机制存在缺陷，很难保证独立董事、外部董事的独立性。我国独立董事的激励机制主要包含薪酬机制和声誉机制。我国的独立董事的薪酬基本上采用津贴加车马费的方式，这种薪酬机制很难达到激励的效果。通过对激励理论的研究可知，只有目标相容，行为主体的期望得到满足时，才可以产生预期的激励效果。从首批试点企业的情况看，除了宝钢的外部董事的来源多样化外，其他试点企业中大部分的外部董事是来源于国有企业退休的高层领导。国资委选择这些国企退休高管作为外部董事的主要原因是基于需求层次理论的假设，认为这些高管的物质需求已经得到了满足，他们会更加专注于追求自身价值的实现，也一定会更加珍视自己的名誉。虽然这些从国企退休的高管人员具有一定的企业管理经验，能够比较好地处理股东、经营者和职工的利益，但仅将其作为国有大企业的外部董事主要来源，一定程度上还是会削弱外部董事应具备的独立性。因为外部董事实行监督权的关键在于他能够独立于企业、企业的管理层，公正、独立地行使职权，当国有企业外部董事的薪酬成为这些退休高管收入中比较重要的部分时（假设其除了退休工资已经没有其他收入来源），那么又怎么能保证这些退休的高管能够独立、公正地作为外部董事有效地监督这些负责发放他们薪酬的企业呢？他们的监督效果还值得商榷。

因此，固定薪酬的方式很难对独立董事的工作积极性和主动性产生激励作用。但是，如果将独立董事的薪酬同企业的业绩挂钩，又会损害独立董事的独立性，违背独立董事"独立"的原则，面对这样一个薪酬悖论，如何改善我国现存的独立董事的薪酬机制是一个亟待解决的问题。声誉机制对于独立董事来说也是一个非常重要的激励机制，但是在我国经理人市场和声誉市场发育不充分、不健全的情况下，如何充分发挥声誉机制的作用，通过声誉机制对独立董事激励来增强独立董事的监督作用，也是一个非常重要的问题。

（5）外部相关制度的不完善，不利于独立董事、外部董事的独立性及其作用的发挥。独立董事监督作用的发挥不是一个孤立的过程，需要众多因素共同发挥作用，独立董事这一制度的有效运行需要一个适合的配套环境，主要包括股权结构合理，独立董事和监事会的功能界定清晰，良好的接管市场、控制权市场、经理人市场等构成的外部市场，还有适合的法律法规和文化环境。我国目前在这些方面都还存在明显不适合独立董事有效发挥监督作用的问题，可以尝试从以下几个方面来完善适合独立董事制度发挥作用的外部环境和制度：①合理的股权结构可以最大限度地减少因为"一股独大"和股权高度集中造成的内部人侵害中小股东权益的问题，因此，中国的股权分置改革需要进一步深化，逐步实现股权的多元化，弱化"一股独大"和股权高度集中的现状；②对于中国二元制公司治理中的独立董事的监督机制作用的发挥，必须要协调好独立董事和监事会之间的职能界定和协调，避免由于两种机制之间的冲突而形成监管过剩或监管真空；③要不断完善和发展外部接管市场、控制权市场和经理人市场，为独立董事监督作用的发挥提供适宜的外部环境；④要逐步完善我国独立董事相关的法律法规，并且逐步塑造适合独立董事监督机制发挥作用的文化氛围。

三、现代公司治理监督工具：监事会制度

监事会是现代公司治理中的重要机构，是检查公司财务，监督公司董事、经理是否依照法律和公司章程履行职责、维护公司利益的机构。监事会的产生主要是源于所有权和经营权的两权分离形成了信息不对称和监督困难的问题。此外，由于现代公司中股东的分散化、股东之间的专业知识和能力的差别很大，为了防止董事会、经理滥用职权，产生代理问题，损害公司和股东的利益，股东需要一个专门代表其利益的机构来代替股东行使监督权，监事会恰好可以满足这一要求，从而成为现代公司治理中的重要监督机构之一。

中国的国有企业监事会制度是深化国有企业公司制改革、加强国有资产和国有企业监督的重要措施。1998年，国有企业稽查特派员制度的实施取得了初步成效，开创了对国有企业实施系统外部监督管理制度的先河，因此，理论界多将稽查特派员制度看成是国有企业监事会制度的前身。1999年12月25日，全国人大常委会对《公司法》的第六十七条作了相应修改，明确规定"国有独资公司监事会主要由国务院或者国务院授权的机构、部门委派的人员组成，并有公司职工代表参加"。这一条款为国有企业监事会制度的建立提供了法律依据。1999年9月，党的十五届四中全会《中共中央关于国有企业改革和发展若干重大问题的决定》明确提出："继续试行稽查特派员制度，同时要积极贯彻'十五大'精神，健全和规范监事会制度，过渡到从体制上、机制上加强对国有企业的监督，确保国有资产及其权益不受侵犯。"在此政策背景下，国务院总结了向国有企业派出

稽查特派员制度的经验，于 2000 年 3 月颁布《国有企业监事会暂行条例》，向国有企业派驻具有外部监督特征的监事会的实践工作正式开始，国有企业监事会制度是国有企业监督和国有资产监督体制的重大制度创新，对于深化国有企业公司制度改革意义重大。

1. 构建国有企业监事会制度的根源

监事会制度作为现代公司治理机制中重要的监督制度之一，其起源同其他监督机制一样，也主要是源于所有权和控制权的分离，使所有者能够有效监督经营者的经营活动、了解自己所拥有资产的经营情况而产生的。国有企业同样存在两权分离，所有者和经营者由于各自的利益不一致，可能会产生代理问题，特别是国有企业难以避免的所有者缺位问题，给国有企业监督带来了更大的困难，国有企业中的内部人控制现象严重。

国有大企业监事会是企业的出资者——政府介入企业微观经济的一个重要途径，监事会作为公司治理结构中的一种监督约束高层经理人员行为的制度安排，作为政府专门针对大中型国有重点骨干企业的监督制度，正逐步为社会各界所接受。监事会作为一种成本较低、效率较高的监督方式，被出资者较多地使用，国有大企业监事会的构建动因可以从以下几个方面来分析。

（1）构建国有大企业监事会制度是市场经济体系的要求。公司治理可以分为外部治理机制和内部治理机制，公司的监督机制也可以分成外部监督机制和内部监督机制。内部监督机制主要包含公司的董事会、监事会；外部监督机制主要包含公司之外的如资本市场、经理人市场等因素。各种机制的相互制衡才能形成一个均衡，才有利于对相关各方利益的保护。中国现有的资本市场、经理人市场、声誉市场等公司外部监督机制还不健全，无法有效发挥对国有企业经营者的外部监督职能，在此情况下，构建监事会制度就越发显得重要。构建国有大企业的监事会制度符合市场经济体系中的公司治理结构的要求，对于提升国有企业监督效率、保护国有资产具有重要的价值和意义。

（2）构建国有企业监事会制度是保护出资者利益、建立政企分开的现代企业制度的现实需要。"产权清晰、权责明确、政企分开、管理科学"被定义为现代企业制度的最主要的特征。政企分开，就是明确政府不再作为国有企业的行政主管部门插手国有企业的经营活动，但这并不意味着国家对国有企业特别是国有大企业弃而不管，而是要换一个身份、换一种方式来对国有企业进行监管，即政府以所有者代表、出资人代表的身份对国有企业实施所有者监督职能。因此，由国务院向国有大企业派出的监事会正是履行这种新的所有者监管方式的重要探索和实践。由国家作为所有者代表向国有大企业派出监事会，对国有企业经营者进行监督，可以最大限度地减少代理成本和防止内部人控制，是保护国有资产、提升国有企业监督效率的最有效的方式之一。另外，因为监事会不参与企业的经营管理，有效地避免了政府直接管理企业造成的政企不分的情况，由监事会作为出资者的代表来对国有大型企业的经营情况进行监督，通过监事会的监督功能在国有企业的出资人代表、董事会和经营管理者的权力制衡机制中发挥重要作用，实现保护出资者利益的功能。因此，构建国有大型企业监事会制度是保护出资者利益，同时实现建立政企分开的现代企业制度的现实需要。

2. 国有企业监事会制度相关规定

中国国有企业监事会制度的起源可以追溯到 1993 年《公司法》的颁布，之后国家在国有企业监事会制度的法律法规方面展开了不断的探索和尝试，颁布了一系列的相关法律法规，指导和规范国有企业监事会制度的实施。

1993 年 12 月 29 日，第八次全国人民代表大会常务委员会第五次会议通过的《中华人民共和国公司法》对有限责任公司、股份有限公司的监事会组成、职权等分别作了明确规定，但是未对国有独资公司的监事会作出规定，只是在第六十七条中对国有独资公司的国有资产实施监督管理作了原则规定。在国有企业的改革和发展过程中，国有独资公司在经营、财务等方面出现了不少问题，《公司法》关于有限责任公司、股份有限公司内设监事会的规定适用于国有独资公司又难以从体制上、机制上加强对国有独资公司的监督，确保国有资产及其权益不受侵犯。

1998 年 7 月，朱镕基总理签发 246 号令《国务院稽查特派员条例》，明确国务院稽查特派员的职责为监督国有大企业的资产运行情况，从此揭开了国有企业监管方式改革的新篇章。经过一年多的探索，在借鉴国外先进监管经验和总结稽查特派员工作实践的基础上，1999 年底，中央决定将稽查特派员制度转变并过渡到监事会制度。

1999 年 12 月 25 日，第九次全国人民代表大会常务委员会第十二次会议对《中华人民共和国公司法》第十七条进行了修改，规定："国有独资公司监事会主要由国务院或者国务院授权的机构、部门委派的人员组成，并有职工代表参加。监事会的成员不得少于三人。监事会行使本法第五十四条第一款第（一）、（二）

项规定的职权和国务院规定的其他职权"。"监事列席董事会会议"、"董事、经理及财务负责人不得兼任监事"。

2000年3月15日颁布的《国有企业监事会暂行条例》使监督国有资产工作的方式、内容、手段和措施等进一步符合我国国情，进一步向国际惯例靠拢，是在社会主义市场经济条件下，探索公有制为主体的国有资产监督和国有资产保值增值的制度创新。[①]

2003年5月27日，按照党的"十六大"提出的建立权利、义务和责任相统一，管资产和管人、管事相结合的国有资产管理体制的要求，温家宝总理签署第387号国务院令《企业国有资产监督管理暂行条例》，明确规定，国有资产监督管理委员会代表本级人民政府向其所出资的国有独资企业、国有独资公司派出监事会，依照或参照国务院第283号令执行，正式向一部分中央企业派出监事会，监事会代表国有资产出资人对国有企业行使监督权，确保国有企业保值增值。

2004年，28个省区市国资委单独设立了监事会工作处，其他省区市也纷纷设立了相应的工作机构，并开始向所监管企业派出监事。

国有企业监事会制度是国有出资人对国有资产运行监督的主流形式，适应了社会主义市场经济的根本要求，符合中国企业改革的方向，符合我国国情和国际走向。加强国有企业外派监事会制度为确保国有资产出资人到位提供了法律依据，对于加快国民经济的发展、提高国有资产质量、提高国有资本的控制力、防止国有资产流失有着重要作用。

3. 国有企业监事会制度实践

对中国国有大型企业监事会制度的实践主要从以下几个方面分析：监事会的运作模式、监事会成员的主要职责、监事会的工作方式、监事会成员的来源。

国有企业的外派监事会运作模式可以概括为：[②]由国资委代表本级政府派出，由国资委考核，监事会常驻企业，监事为专职，一般由具有经济、法律、财务等专业的人员组成，监督能力较强，时间有保障。国有大型企业的外派监事会在国有企业出资人代表、国有企业董事会和经营管理层的权力制衡机制中发挥了重要作用，主要体现在：执行出资者意志、维护出资者权益、防止董事会及经营管理

[①] 施先旺、刘美华：《国有企业监事会制度与国家审计的关系》，《财会通讯》2001年第12期。
[②] 童海：《进一步完善国有企业外派监事会制度的若干思考》，《珠江经济》2006年第10期。

者实施违反出资者利益的行为。国有大型企业外派监事会在发挥这些重要作用的同时，又严格遵循不参与、不干预企业经营管理活动的原则，达到了政府不直接参与国有大型企业经营的要求。

国有企业外派监事会主要承担以下职责:[①] ①以财务监督为核心，检查企业经营业绩是否真实；②检查企业重大决策事项、经营行为是否合规合法；③监督企业经营的重大风险；④对企业核心竞争力进行评价；⑤对企业领导班子做出任免奖惩建议（包括对企业领导班子整体做出评价，对企业主要负责人和财务负责人分别评价）；⑥弥补企业公司治理结构不健全，帮助企业找出问题。

根据《国有企业监事会暂行条例》（2000）规定，国有大型企业监事会制度的主要工作方式可以分成五种：①听取企业负责人关于企业财务、资产状况和经营管理情况的汇报，在企业召开与监督检查事项有关的会议；②查阅企业的财务会计报告、会计凭证、会计账簿等财会资料以及与经营管理活动有关的其他一切资料；③核查企业的财务、资产状况，向职工了解情况、听取意见，必要时要求企业负责人做出说明；④向财政、工商、税务、审计、海关等有关部门和银行调查了解企业的财务状况和经营管理情况；⑤监事会主席根据监督检查的需要，列席或者委派监事会其他成员列席企业的有关会议。

监事会成员的来源情况如下：监事会主席多是从政府部门中担当一定行政级别的官员中选拔出来的，这些具有政府工作背景的监事会主席多具备一定的宏观经济管理知识和管理经验；但一般没有企业实际工作经验，因此，其在企业管理、企业财务制度、资本金融领域的知识比较缺乏。专职的监事多是由具有财务、审计、法律等某一方面的专业知识水平的人来担任，但是这些人员的工作经历和知识结构，使其对企业经营的宏观环境和整体情况的了解存在欠缺。如何有效地调整和改进监事会人员结构和知识结构，这也是监事会实践中的一个亟待解决的问题。

郑海航、戚聿东和吴冬梅（2008）通过对中国国有企业监事会现状的研究将国务院外派监事会的工作特点概括为：第一，长期性。一届监事会任期三年，对于了解一个企业的情况来说，时间还是比较长的。第二，深入性。监事会监督的

① 郑海航、戚聿东、吴冬梅:《对完善国有独资公司董事会监事会及关系探讨》,《经济与管理研究》2008年第1期。

不只是母公司，还深入到各级子公司。第三，综合性。监事会对各企业的监督，不仅关心财务数据，还关心企业重大决策、市场经营情况、投资行为、领导班子的履职情况等。

专栏 3-2

北京市政府首次向直管国有企业派出监事会

2001 年 7 月 16、17 日，北京市委组织部、市人事局以及市委工业工委（市经委）、城建工委的领导带领监事会成员前往市政府第一批派出监事会的 12 家市直管国有企业，召开监事会成员与企业领导班子成员的见面会，部署了监事会工作。这是北京市完成稽查特派员试点向监事会工作过渡之后市政府首次向国有企业派出监事会。

市委组织部、市人事局领导强调指出，向国有企业派出监事会是为了健全国有企业监督机制，加强对国有企业的监督。按照市政府印发的《北京市国有企业监事会管理暂行办法》的规定，市直管国有企业的监事会由市政府派出，对市政府负责，代表市政府对企业的国有资产保值增值状况实行监督。监事会以财务监督为核心，对企业的财务活动及企业负责人的经营管理行为进行监督，确保国有资产及其权益不受侵犯。监事会与企业是监督与被监督关系。

通过检查企业财务状况、经营效益、利润分配、国有资产保值增值、资产运营等情况，对企业负责人的经营管理业绩进行评价，提出奖励、任免建议。监事会每届任期 3 年，对企业实行过程监督，每次对企业进行检查结束后，要及时向市政府做出监督检查报告。

4 位派出的监事会主席在发言中表示要严格按照市委、市政府的要求，加强学习，勤奋工作，忠于职守，遵守工作纪律，确保完成市委、市政府赋予的任务。

随后，监事会将对市政府第一批派出的 12 家企业中的电子、汽车、首创、纺织等 4 家单位开始进行实地监督检查工作，同时对其余 8 家企业实施过程监督，随时掌握了解企业的经营管理状况。

资料来源：李永寿、陈岩：《北京市政府首次向直管国有企业派出监事会》，《中国人事报》2001 年 8 月 3 日，第 1 版。

专栏 3-3

初步探索出国有资产监督路子国企监事会进驻 174 家中央企业

2001 年是国有企业稽查特派员制度向监事会制度过渡后的第一年。一年中，国有企业监事会切实履行《国有企业监事会暂行条例》赋予的职责，监督检查水平逐步提高，初步探索出了国有资产实施有效监督的路子，监事会工作逐步走向规范化、制度化。

（1）派出监事会目标如期实现。按照国务院领导要求，实现了 2001 年底前向中央企业派出监事会的目标。到 2002 年 2 月 1 日，已向 174 家中央企业派出监事会。

（2）监督检查深入展开。监事会以财务监督为核心，力求全面掌握企业的经营管理和改革发展状况，做到四个结合与三个坚持。即把监督企业财务状况和检查企业贯彻国家法律法规情况结合起来；把检查当期的资产保值增值情况与分析历史的主客观原因结合起来；把发现揭示问题与提出改进处理建议结合起来；把监督事和评价人结合起来。坚持在实地检查前周密制定监督检查方案，做好必要的准备；坚持深入一线，深入群众，深入调查研究，核实问题；坚持突出重点、兼顾一般，紧紧围绕企业重要经营管理活动、重大投资决策以及职工反映的重要问题，开展监督检查，平均核查资产率达 70% 以上。

（3）客观报告企业情况。监事会以高度的事业心和责任感，通过深入监督检查，客观真实地向党中央、国务院报告企业情况。截至 2001 年底，监事会共完成 261 份监督检查报告。

（4）队伍建设和监督检查工作取得成效。

资料来源：崔士鑫、王彦田：《初步探索出国有资产监督路子　国企监事会进驻 174 家中央企业》，《人民日报》2002 年 2 月 2 日，第 2 版。

4. 国有企业监事会制度的监督作用评价

经过十几年的理论和实践探索，中国国有大型企业监事会制度已经取得了一定的成绩，其在保护国有企业、国有资产方面的作用已经显现。但是，正如制度经济学中的基本理论所描述的，任何制度的建立都不是一蹴而就的，而是一个不断完善和发展的过程，作为国有企业重要监督机制之一的监事会制度还存在一些亟待解决的问题，这些问题制约了监事会制度在国有企业监督机制中监督作用的发挥。当前，国有企业监事会制度主要存在两个方面的问题。

（1）国有大型企业监事会成员的任免机制有待改进。现行《公司法》对监事会成员的任职资格的相关规定多是关注于监事会成员的能力方面的界定，而对其身份的规定并不完全，只是规定除法律规定的七种情形之外的自然人均可以成为监事会成员。这个规定很可能形成一个结果，就是在国有大型企业监事会的成员中除了由国有资产监督管理部门委派的人员之外，监事会的成员主要都来源于企业内部，这就使得公司的最高决策者和经营者与公司的监事同属于一个单位，这种行政上的模糊关系，以及法律对监事行使监督权可能受到的利益侵害的保护的缺乏使得监事会成员的监督权很难有效实施。由此可见国有大型企业监事会成员的任免机制中缺乏对监事成员独立性和行权利益的保证，致使其监督有效性的发挥受到了很大制约，国有大型企业监事会成员任免机制的改进有助于监事会监督职能的提升，有利于国有企业监督机制的改进和完善。此外，监事会成员任免机制的改进有利于完善和提升监事会成员的人员结构和知识结构，从而实现监事会监督能力和有效性的提高。

（2）国有大型企业监事会成员的激励和约束机制有待完善。在国有大型企业中，监事会成员的报酬要远远低于企业的经理层的报酬，针对企业高管的股权激励也没有将监事纳入其中，监事会成员的激励问题成为制约国有大型企业监事会制度有效发挥作用的主要问题。此外，监事履行其监督管理职能的费用缺乏制度保障，这也在很大程度上限制了监事会作用的发挥。

现行的《公司法》不仅在监事会成员的监督问题上缺乏完善的规定，在监事会成员违约责任上也缺乏约束机制，对于疏于本职工作、甚至于渎职的监事会成员应该追究何种责任，应该给予何种处罚，《公司法》没有给予明确的规定。这种无法可依的情况必然导致公司在具体的操作中无章可循，缺乏对违约行为的约束大大降低了违约者的违约成本，不利于激励监事会成员更好地履职，影响了国有大型企业监事会监督作用的发挥。

国有企业监事会成员的任免机制决定了监事会成员的来源和退出，没有一个合理的任免机制就不能保证监事会中可以包含有资质、有能力的监事会成员，没有合理的任免机制的监事会缺乏实施监督职能的人员基础。国有企业监事会的激励和约束机制决定了监事会成员履职的积极性和惩罚机制，很难想象一个缺乏激励和约束机制的监事会中的监事会成员会尽心尽力地履行职责，激励和约束机制是监事会成员履职的强制驱动力。由此可见，任免机制和激励约束机制对于监事会制度具有相当重要的作用，解决好这两个方面的问题才能使国有大型企业监事会更好地发挥其应有的监督职能和作用。

第三节　国有大企业监督现状的评价

从以上对国有企业传统监督工具和现代公司治理监督工具的研究可以看出，各种监督工具在一定程度上发挥着监督效用，但又都存在一定的局限性。在建立现代企业制度的公司治理结构前，传统的监督工具是国有企业最主要的监督工具，但因其具有较多的行政色彩，无法对"内部人控制"行为进行有效的监督；国有企业完成现代公司治理改革后，独立董事制度和监事会制度一度为国有企业监督效力提升做出了巨大贡献。但是从对国有企业独立董事制度（外部董事）和监事会制度在国有大企业中引入、发展以及监督作用的评价可以看出，作为现代公司治理结构中最被认可和推崇的监督工具，独立董事制度和监事会制度确实在所有权与控制权日益分离、股权日益分散化的股份有限公司中对于提升管理层的违约成本、保护股东权益不被管理层侵害等方面发挥了一定作用，但由于其自身本质特征所限，又存在一定的监督局限性。

从总体上看，当今国有大企业监督机制的局限性主要体现在三个方面。

一、监督主体性质趋同、独立性弱

当前国有大企业监督机制中的监督主体或多或少都具有一定的行政色彩和内部人特征。具体来说，处于国有大企业监督机制主体地位的独立董事和监事会成员的聘任和考核多由国资管理部门完成，而处于从属地位的党政监督、职工监督和工会监督的成员多属于企业内部人员，外部审计监督中的监督主体又是由国有大企业选择聘用的，这些监督主体自身的特点就决定了其很难客观公正地执行应有的监督职能。

根据博弈理论，当博弈对象较少时，"串谋"很容易发生。在当前的国有企业监督博弈中，可以将监督主体简单划分为企业主管部门、企业内部人以及由内部人聘请或者与内部人有经济利益的第三方。本书将同企业具有密切关系的行政部门和与内部人有经济利益的机构都称为类内部人，因此，当前国有大企业监督机制中监督主体可以概括为两类：内部人和类内部人，从表3-2中可以看出这些监督主体性质相趋同，全部或者部分具有内部人的特征，独立性弱，很难保证其实施监督职能的客观有效性。

表3-2   国有企业监督机制中的监督主体概况

监督工具/形式	监督主体	监督主体类别	监督主体的独立性
党组织监督	各级党委	内部人	企业内部设立的党组织，独立性弱
纪检监督	纪检部门	内部人	企业内部设立的纪检部门，独立性弱
审计监督	特派稽查员	类内部人	由国家政府部门安排派遣，独立性较弱
	内部审计	内部人	企业的一个行政部门，独立性弱
	外部审计	类内部人	企业聘任的，与企业有经济往来，独立性较弱
职工监督	企业职工	内部人	接受企业领导的直接领导，独立性弱
工会监督	企业工会	内部人	接受企业领导的直接领导，独立性弱
行政监督	上级主管部门	类内部人	同企业的行政关系影响其独立性，独立性较弱
现代公司治理监督	独立董事	类内部人	由国家委派或企业聘任，独立性较弱
	监事会	类内部人	由国家委派或企业聘任，独立性较弱

博弈理论认为，增加博弈对象的数量可以降低串谋出现的概率，因此，提升当前国有大企业监督机制有效性的方法之一就是尽量增加国有大企业监督主体的数量。制度是一个可以被数量众多的投资者应用作为监督上市公司经营状况的监督工具，它在保护分散的、众多的投资者利益，减少由于内部人控制所带来的违约成本、资产损失方面发挥了重要的作用，并且得到了越来越多国家的认可。中国国有大企业作为国家投资和所有的经济组织，按照国家宪法规定国家的财产属于全体公民，那么中国公民也可视为国有大企业的投资者，即股东，他们也具有监督的权利。将广大的公民纳入国有大企业监督机制中，使串谋行为发生概率大大降低，将极大地提升国有大企业监督的效率和效果。

二、监督内容局限、可比性差

当前国有大企业的各种监督工具的监督内容局限性和随机性较大，没有系统的、规范的制度要求，可比性较差。党组织监督和纪检监督主要依靠党员和职工的检举揭发，这种监督因其过多地依靠党员和职工的主观能动性而导致其监督内容随机性增大；职工监督和工会监督的主要依据是国家相关法令法规中规定的国有企业经营者的报告中的相关信息（国有企业关于企业经营者向职工和职代会报告的相关规定详见附录：1995 年的《关于国有企业实行业务招待费使用情况向职代会报告制度的规定》、1998 年的《关于国有企业实行业务招待费使用情况向职代会报告制度的规定》，2002 年的《关于在国有企业、集体企业及其控股企业深入实行厂务公开制度的通知》），这种监督可以获得的监督内容局限性很大；监督方式因其具有过多的主观因素而具有非常大的随机性；行政监督虽然是上级主管部门依据国家相关文件规章制度对国有企业实施的监督，但因为其监督主体与企业企业经营管理者之间的行政关系容易对其监督行为产生主观影响，从而使得行政监督的监督内容也具有很大的局限性；审计监督是按照国家有关规定对企业财务情况进行的审核监督，其监督内容的随机性比较小；独立董事和监事会的监督也有着相关的规章制度和执行程序，其监督内容的随机性也比较小。

从表 3-3 可以看出，总体上，国有大企业现有监督工具的监督内容局限性、随机性较大，这种情况会形成监督的真空地带，降低企业代理人的违约成本，为企业内部人控制和违约行为的发生提供机会。这种随机监督的情况导致从各个国有企业获得的企业经营管理信息类型不同，因此很难形成对同行业的国有企业经营情况的比较分析和评价，这就为经营者出于"自利"的目的隐藏对自己不利信息提供了机会，最终导致监督机构更加不易发现代理人侵害所有者的违法违规行为。

表 3-3 国有大企业监督工具及监督内容

监督工具/形式	监督内容	随机性
党组织监督	对企业所有党员干部和所属职权范围的工作进行监督检查	较大
纪检监督		较大
审计监督	主要对企业财务情况进行监督	低
职工监督	根据厂务公开等相关规定，对企业生产经营管理全过程中的各种活动进行监督	较大
工会监督		较大
行政监督	对行政管理、生产经营管理的全过程进行监督	大
独立董事	企业生产经营的重大决策	中等
监事会	①以财务监督为核心，检查企业经营业绩是否真实；②检查企业重大决策事项、经营行为是否合规合法；③监督企业经营的重大风险；④对企业核心竞争力进行评价；⑤对企业领导班子做出任免奖惩建议（包括对企业领导班子整体做出评价，对企业主要负责人和财务负责人分别评价）；⑥弥补企业公司治理结构不健全，帮助企业找出问题	中等

信息披露制度是在实践要求下不断发展起来的，其披露的内容也是依据监督主体的监督需要逐渐演变形成的。信息披露制度的初始阶段，因为所有者需要了解和控制处于异地的经营者所经营的资产的安全性，一开始披露的只是账簿信息；随着经济不断发展、竞争的加剧，企业所有者从关注资产的安全转移到更关注资产的营利性，信息披露内容开始变成了财务报表；到了信息披露的第三个阶段，企业的所有者认为仅获得反映会计数字信息的财务报表已经不能满足其监控经营者的需要，因此信息披露的内容包含了各种财务报表以及非数字信息的各类经营管理、战略计划、市场预测等报告；信息披露制度发展到这个阶段，信息披露内容更加丰富、形式更加多样，不仅有各种形式的定期报表报告，还有重大信息的临时性报告。当前的信息披露制度内容可以说纵横交错、种类繁多，已经涵盖了公司经营过程中的方方面面，其目的只有一个，就是便于投资者/所有者了解自己所投资和拥有的企业的资产经营情况，最大限度地减少代理人的违约行为，保护投资者和所有者的利益。另外，由于当前的信息披露制度是由各国的专业机构所制定的，具有很高的权威性和强制性，不遵守该制度的公司根本不能进入资本市场，进入资本市场的公司如果不能坚持遵守这一制度就必将被证券市场的投资者所淘汰。信息披露已经成为上市公司展示自身竞争力、构筑良好的企业形象、提升企业声誉的重要途径。系统规范的信息披露制度使得企业所披露的内容具有很强的可比性，这就为资本市场的投资者更好地实施监督权利、选择"用手投票"或者"用脚投票"提供了依据和保障。因此，信息披露制度所具备的优点恰好可以弥补当前国有企业监督内容局限、可比性差的缺陷。

三、监督渠道内置、监督信息获取困难

由于国有大企业监督主体本身性质所限，即监督主体具有内部人或类内部人的特质，当前的监督渠道可以全部视为内部渠道，即无法在企业外部找到获得企业信息的渠道，见表3-4。国有大企业监督渠道内置化的特点加大了监督者获取监督信息的难度，提高了获取监督信息的成本，从而为内部人操纵企业经营信息提供了机会，不利于对国有大企业实施有效的监督。

资本市场的信息披露制度要求上市公司定期或不定期地向投资者进行信息披露，投资者可以通过报纸、网站、证券交易所、报纸等多种渠道获得所需要的信息，信息获取的成本较低。投资者较容易地获取信息，一方面可以减少内部人操

表3-4　国有大企业监督渠道

监督工具/形式	监督渠道	渠道位置
党组织监督	通过党员获取监督所需的信息	内部
纪检监督	通过职工举报等方式获取监督所需的信息	内部
审计监督	通过对企业财务情况进行审核获取监督所需的信息	内部
职工监督	通过参与企业经营管理过程、听取企业经营者报告等方式获取监督所需的信息	内部
工会监督	通过听取职工汇报以及听取企业经营者报告等方式获取监督所需的信息	内部
行政监督	通过各种行政检查获取监督所需的信息	类内部
独立董事	通过参加公司的股东大会、董事会获取监督所需的信息	内部
监事会	通过参加公司的各种会议获取监督所需的信息	内部

控信息的机会，提高其代理成本和违约成本；另一方面也为投资者监督权力的实施提供了依据和制度保障。如果仿效上市公司信息披露制度要求，学习上市公司信息披露制度中信息披露渠道多样、信息易于获取的优势，就可以对当前国有大企业监督渠道内置、监督信息获取成本高的缺陷进行有效的弥补。

第四节　信息披露制度对国有大企业监督机制完善和创新的意义

与其他公司相比，透明度和信息披露对国有企业更为重要，因为这有利于表明国有企业与政治控制还是保持着一定距离，也有利于向公众清楚地展示其目标。通过向所有权实体、议会或公众报告，国有企业增强了透明度和问责制。报告制度对于监控董事会是否完成既定目标是一个关键因素。将工作进展和业绩置于公共监督之下可以为良好管理、董事会监控和所有权权利的有效使用提供强有力的激励机制。[①]

鉴于信息披露和透明度对国有企业监督的重要作用以及当前中国国有大企业监督机制现状的研究分析，笔者认为解决国有大企业现有监督机制中存在的监督主体性质趋同、独立性弱，监督内容局限、可比性差，监督渠道内置、监督信息获取困难的问题，可以将上市公司监管中的有力工具——信息披露制度引入国有

---

① 经济合作与发展组织著：《国有企业公司治理：对 OECD 成员国的调查》，李兆熙、谢晖译，中国财政经济出版社 2008 年版，第 88 页。

企业监督机制中，弥补当前国有企业监督机制的不足，提升国有企业监督效力。从构建信息披露制度的视角来创新国有大企业监督机制具有非常重要的理论意义和现实意义。从理论意义上说，这一研究为国有大企业监督机制领域的研究提供了一个新的视角和途径，为该领域的研究提供了一个新的理论基础，扩充了该领域现有的理论框架和内涵。从现实意义上说，在国有大企业监督机制中构建信息披露制度可以发挥以下几个方面的作用。

一、实现最终所有者的知情权和监督权

国有企业具有特殊的委托—代理关系，作为国有企业所有者的国家仅是最终所有者的代表，我国宪法明确规定"中华人民共和国的一切权力属于人民"，国有企业最终所有者是全体人民，作为最终所有者的全体人民应该具有国有企业经营的知情权。目前，我国已有明确的法律对国有企业的最终所有者的知情权进行明确的规定和保障。2008年颁布的《中华人民共和国企业国有资产法》第十七条明确规定："国家出资企业从事经营活动，应当遵守法律、行政法规，加强经营管理，提高经济效益，接受人民政府及其有关部门、机构依法实施的管理和监督，接受社会公众的监督，承担社会责任，对出资人负责。"从这一条款规定中可以看出国有企业经营知情权的对象涵盖了人民政府及其有关部门、机构和社会公众。

保护少数股东的一个关键条件是确保高度透明。国有企业"确保公平对待，同时向所有股东报告信息"的做法，有利于少数股股东做出知情的投资决策。然而，很少有国家设立条款，以避免所有权实体对其作为控股股东获得的信息有任何潜在形式的滥用。"信息是决策的依据，如果把决策看作是一种生产活动的话，那么信息是这种生产活动的主要投入，这种投入品的质量直接决定了其产出的质量。决策在较多时候也是一种选择，而选择是在较多的方案中找出对自身最有利的方案，这也是以信息的充分掌握为前提的"（应飞虎，2002）。[1]

当前我国国有大企业信息披露的对象主要是人民政府及其有关部门和机构，普通的社会公众获得国有企业经营信息的渠道有限。"阳光是最好的防腐剂"，[2] 只

---

[1] 应飞虎：《信息失灵的制度克服研究》，西南政法大学博士学位论文，2002年，第1页。

[2] Louis D. Brandeis. Other People's Money and How the Banker Use it, Frederick A. Stokes Company, March 1914.

有保障了作为最终所有者的社会公众的知情权才能对国有资产实现最广泛和最有效的监督。构建一个完善的国有大企业信息披露制度，为社会公众的知情权提供制度保障对于我国国有资产的保值增值、有效监督是非常重要和有意义的。

二、减少代理问题和"内部人控制"

作为国有企业股东和所有者的国家把监管国有企业的权利委托给了具有国有资产监督管理职能的部门——国务院国有资产监督管理委员会，由其代行股东和所有者职能进行监督。实际上，由于管理的国有企业数量过多，同时又仅作为一个企业外部的行政管理机构，国务院国有资产监督管理委员会很难深入到企业内部去了解企业的经营情况，进行时时事事的监督，因此，国有企业中的代理问题很难避免和监督。

国有企业中"内部人控制"问题也亟待解决。在国有企业委托经营的前提下，作为企业内部人员的经营管理者和职工的利益可能会与作为所有者的国家的利益发生冲突，产生矛盾。作为国有企业所有者的国家的目标是国有资产保值增值的最大化，不断扩大再生产，为国民经济的发展目标服务；而国有企业中的管理人员和职工则有着自身的"自利性"目标，即个人利益的最大化，这主要是通过不断增加工资和福利的方式来体现的。企业内部的管理人员和职工具有这种自利性的目标，他们便会想尽办法在可能的情况下通过不断扩大成本开支范围、低报产量等方法来减少上缴的利润。这些内部人自利行为的后果会造成国有资产和利润被企业的内部人侵蚀，又因为作为企业所有者的国家与企业内部人——企业经营者之间的信息不对称，使对国有企业的监管非常困难或者监管的成本非常高。另外，由于国有企业目标的复杂性，即国有企业不同于一般公司，它是既有经济性目标又有社会性目标的经济组织，正因为其所肩负的一些社会性目标，导致了某些国有企业的经营成果的好坏不能单纯通过经济指标体现，这些类型的国有企业的盈亏不能反映真实的经营水平，这又大大增加了对国有企业的监管难度。

要求国有大企业进行信息披露，迫使公司管理层公开披露与公司经营有关的重大信息和问题，包括财务状况、经营状况、所有权状况和公司治理状况的信息，推行对企业内部审计报表的披露，督促企业内部控制的完善，强化企业内部控制意识，这些举动必然可以在一定程度上遏制由于所有者和经营者目标不一致，所有者监督不到位给国有大企业带来的代理问题和"内部人控制"问题。要求国有大企业参考上市公司的方式对社会公众进行公开透明的信息披露，必将有效地完善和加强国有企业的监管体系，大大降低因为"内部人控制"和信息不对称而对国有资产造成的损害，对于国有资产的安全和保值增值意义重大。

三、保障国有资产运营安全

世界各国的公司制改革和发展一再证明了先进的企业管理体制必然是一个高度公开透明的体制，"阳光下灰尘无处藏身"，公开透明的管理体制中腐败必将得到有效地遏制。将国有企业的信息进行公开披露，将国有企业的经营活动放置于广大投资人、债权人、政府监管部门、工会和合作伙伴的监督之下，一方面可以充分利用"透明公开的阳光"这一最好的"消毒剂"来使企业内部许多见不得阳光的"病菌"减少、消亡；另一方面，企业信息公开披露制度还可以使企业经营管理者加强自律，增强责任心，改善经营管理，防止违法违规，防治腐败。此外，国有大企业信息披露制度的实施还必然使一直困扰国有企业、难以解决的越权管理、短期经营、敷衍工作、逃避责任等问题得到控制、消减。由此可见，国有企业的信息披露制度对于防治腐败，保证国有资产的保值增值具有重要作用和意义。

四、树立良好的企业形象

"力拓间谍案"、"中海油受贿门"等事件再一次把中国国有企业信息透明公开问题置于公众的视野，国有企业没有透明公开的信息披露制度，无法从正规渠道获得信息的公众只能从各种报道和传闻中获得一知半解，不客观、不全面的信息必将损害中国国有企业的形象，影响到世界对中国国有企业形象和中国形象的评价。国有大企业建立透明、公开的信息披露制度必将有利于国有大企业构建自己的信用体系，进行正面的自我宣传，树立良好的声誉和形象。

从国内的角度来说，国有企业公开透明的信息披露制度将有利于全社会对国有资产运营状况的了解，可以取信于民；有利于国家对社会经济运行情况的准确判断，可以制定更加科学合理的宏观调控政策措施。从国际竞争角度来说，国有企业公开透明的信息披露制度必将使中国国有企业顺应国际公开透明的"游戏规则"，改变中国国有企业原有的"神秘、隐晦"的负面形象，更有利于参与国际竞争与合作，有利于中国国有大企业国际形象的提升。透明、公开的信息披露制度是现代公司制发展的优秀成果，已经不仅是上市公司用于保护投资者、帮助投资者监督和决策的"专利产品"，而且也应该成为国有大企业规范治理、加强监督的"有力武器"。作为在国民经济中占有重要地位、具有全民性本质和独立市场经济主体的国有大企业，构建一个适合的信息披露制度，必将对国有资产的安全、国有资产的保值增值大有裨益。

第五节　本章小结

国有企业主要是国家为了解决因为市场机制失灵不能解决的诸多公共性问题而建立的。国有企业是公共产品或服务的提供者，担负着调控国家宏观经济、为公众提供服务、推动和谐社会进程的历史使命，国有大企业不仅具备一般国有企业的职能还具有其特殊的职能，国有大企业的特殊职能主要体现在以下三个方面：①有利于国家经济安全。在一些涉及国计民生、国家安全的重要领域，国有大企业发挥着重要作用。②有利于体现社会主义的优越性。国有大企业在一些领域中的经营可以体现社会主义的优越性，比如自来水、电力等部门，不是通过经济定价，而是通过人民福利定价。③有利于提高国家竞争力。企业的经营水平是一个国家竞争力的体现，国有大企业作为国民经济的重要组成部分，它的经营情况可以体现国家的竞争实力，也是中国参与国际竞争的重要途径和工具。正因为国有大企业具有如此重要的战略地位，其监督机制的研究才愈加重要。当前国有大企业的监督机制中包含两类主要的监督工具：传统监督工具和现代公司治理监督工具。传统监督工具就是现代企业制度建立前在监督机制中处于主体地位的党政监督、审计监督、行政监督、职工监督和工会监督，现代公司治理监督工具的主要代表为独立董事和监事会。本节通过对这些监督工具，特别是具备现代公司治理特征的独立董事和监事会的研究分析，总结出当前国有企业监督机制存在的主要问题，可以概括为：①监督主体性质趋同、独立性弱。②监督内容局限、可比性差。③监督路径内置、监督信息获取困难。根据信息披露制度具备的基本特点和当前国有大企业监督机制中存在的问题，提出了构建信息披露制度创新国有大企业监督机制的必要性。

第四章　上市公司信息披露制度的经验借鉴

上市公司作为一种拥有众多投资者的公司，已经建立了比较完备的信息披露制度，上市公司通过系统的信息披露制度向其投资者披露公司经营的信息，展示公司经营的成果，提升公司的形象和价值。中国的上市公司信息披露制度发展了十余年，已经建立了涵盖信息披露原则、信息披露文件模式、信息披露内容、信息披露渠道和方式在内的一系列规定。本章通过对中国上市公司的信息披露制度全面深入地分析，为中国国有大企业信息披露制度的完善和发展提供可以借鉴的经验和启示。

第一节　上市公司信息披露制度形成和演进

上市公司的治理结构充分体现了企业的控制权和经营权的分离，这种两权分离的委托—代理结构正是公司治理的起点，物质资本所有者把公司的经营权委托给具有经营管理能力的代理人，即经营者。上市公司的股东具有数量多且分散的特点，这些处于不同地理空间上的众多投资者（上市公司的股东）可能无法通过参与公司董事会和监事会来对自己所投资的公司实施有效的监督，而代理人（经营者）作为经济人，有着其谋求自身利益最大化的趋向，如果没有有效的监督机制，代理人的违约成本降低，违约的风险和可能性就会大大提升。如何设置一种方便处于不同地理空间上的投资者对其出资的上市公司进行有效监控的制度成为上市公司能够成功募集资金和有效运营的关键。

一、上市公司信息披露制度的产生原因

1. 保护投资者

投资者购买公司股票，投资公司的目的是使自己的资本得到有效的利用，希望自己的投资能够获得最大的收益。但是公司股票的购买者，即公司的投资者不可能全部成为公司的经营管理者，他们只能通过股东大会选举董事会，再由董事会确定管理人员，在这个典型的现代公司治理结构中，委托—代理关系是不可避免的，而且在资本市场的上市公司拥有众多的中小股东，他们也不能像大股东一样可以通过参与股东大会，"用手投票"来参与公司的经营活动，绝大多数中小股东只能通过阅读公司在资本市场上所披露的信息，利用可以获得的信息对上市公司进行监督，"用脚投票"。因此，在各国资本市场的发展过程中，都离不开信息披露制度的建立和发展，上市公司通过常规性的信息披露（季度报告、半年度报告和年度报告）以及临时报告（重大事项）将上市公司的经营情况、财务指标、治理状况等信息发布在指定的媒体上，从而使投资者充分了解上市公司的信息，为投资者的决策提供依据，广大的中小股东就可以根据充分的信息做出决策，从而对自己的投资做到有效的评价和监管。

2. 监管上市公司

上市公司的经营信息、财务信息、治理信息都会按照相关的规定公布在指定的媒体上，如果上市公司的经营状况或财务指标不尽如人意，令广大的投资者失望的话，就会引起广大投资者的"离开"，那么该上市公司的股票在证券市场上也会遭到挫折。供求理论在资本市场上也同样发挥作用，大量的投资者的离开，必将引起该公司股票的大量抛售，那么供大于求的情况必将引起该股票价格的下跌，这也是上市公司最不愿面对的境遇。因此，各个上市公司都会通过努力经营，提升自己的业绩，力求在信息披露中为广大的投资者提交一份满意的答卷，这也从另一个角度对上市公司起到了监管作用。此外，证券管理部门要求上市公司及时、完整、准确、全面地发布企业的经营信息，并且增加内外部审计的力度，增加审计和会计的连带责任，这同时增加了企业造假的成本，对上市公司管理层的经营活动形成了有效的外部监督。

3. 维护证券市场稳定

证券市场同其他市场一样，具有很多买方和卖方，在信息不对称的情况下，

很容易发生"柠檬市场"效应，为了避免"滥竽充数"、"良莠不分"的情况的出现，公开、公正和透明的信息披露制度的建立是非常重要的。公开透明的信息披露制度可以为买方——投资者提供决策所需的充分信息，减少由于信息不对称造成的逆向选择和道德风险，可以保护证券市场上的优质公司获得公允的价格，有利于维护证券市场的稳定。

4. 增加公司价值

国内外关于信息披露与公司价值相关性的研究很多，大多数的研究都是从实证的角度验证了信息披露与公司价值呈正相关的关系，越来越多的研究表明证券市场的"好"，公司愿意通过自愿信息披露增加信息供给，通过在证券市场上为自己塑造良好的社会形象，不断增加自己的"声誉资本"，从而提升自身的价值。换句话说，众多的研究已经表明上市公司信息披露的程度越高，公司价值越高。因此，越来越多的上市公司认识到了信息披露在增加公司价值上的作用，开始通过在资本市场上积极主动地披露信息来提升自己在股东和潜在投资者心中的声誉资本，从而实现增加公司价值的目的。

二、世界证券市场信息披露制度的产生和发展

上市公司信息披露制度是证券市场发展到一定阶段，相互联系、相互作用的证券市场特性与上市公司特性在证券法律制度上的反映。世界各国证券立法无一例外地将上市公司的各种信息披露作为法律法规的重要内容，信息披露制度已经成为证券市场以及证券立法的基石。正如美国总统罗斯福经常引用的大法官布兰戴斯的名言："公开是医治现代工业社会疾病的良药，就如阳光是最好的防腐剂，灯光是最有效的警察。"[1] 这句话精辟地概括了信息公开对于证券市场的重要作用和意义。

信息披露制度起源于英国，确立于美国。英国的"南海泡沫事件"导致了1720年《诈欺防止法案》的出台，该法案明确禁止"以公共利益为幌子，征求公众认股，使无戒心之人认购而筹得巨款的行为"。[2] 股份公司的出现被认为是一种

---

[1] Louis D. Brandeis, *Other People's Money and How the Banker Use It*, Fredrick A. Stokes Company, 1914 March.

[2] Louis Loss Joel Seligman, *Fundamentals of Securities Regulation*, *Little*, Brown and Company, 3ᵗʰ ed, 1995.

制度上的巨大创新，它能够在极短的时间里聚集大额资金用于投资和生产，正如马克思的评价：它是加速"社会积累的新的强有力的杠杆"，"对国民经济的迅速增长的影响恐怕估计再高也不为过。"① 但是，这种股份公司的形式必然形成和加大所有者和代理者之间由于委托—代理关系而产生的信息不对称，能否有效解决这种信息不对称带来的代理问题和道德风险问题，成为制约股份公司发展的瓶颈。信息披露制度正是国家用立法方式来解决这一问题的重要工具。随着股份有限公司的出现，信息披露的有关规定逐渐出现在公司立法中。

1844 年，英国国会通过的《合股公司法》中关于"招股说明书"的规定，首次确立了强制性信息披露原则，但是，当今世界信息披露制度最完善、最成熟的立法在美国。美国关于信息披露的要求最初源于 1911 年堪萨斯州的《蓝天法》。1929 年，华尔街证券市场的大阵痛以及阵痛前的非法投机、欺诈与操纵行为，促使了美国联邦政府 1933 年的《证券法》和 1934 年的《证券交易法》的颁布。这两部法律分别从静态信息披露和动态连续信息披露两个角度确立了美国的信息披露制度，从而为美国的信息披露制度奠定了基调，极大刺激了美国联邦证券立法。② 其中，1933 年的《证券法》中首次规定实行财务公开制度，这一规定被认为是世界上最早的信息披露制度。此后，由于国际证券市场多以美国证券交易管理委员会的要求为标准，世界各国逐渐开始采纳信息披露制度，并且在本国的证券法中无一例外地确立了信息披露制度，信息披露制度得到了世界范围的确立和发展。

三、中国上市公司信息披露制度的演进历程

任何制度的建立都是一个从无到有、从有到全的过程，中国的资本市场的建立是如此，资本市场中上市公司信息披露制度的建立也不例外。表 4-1 列出了从

---

① 《马克思恩格斯全集》第 12 卷，中共中央马克思恩格斯列宁斯大林著作编译局编译，人民出版社 1972 年版，第 609 页。

② 一般认为，美国联邦证券法主要由 1933~1940 年制定的六部法案和 1970 年制定的一部法案共七部法案以及其后的修订案组成。这些法案分别是《证券法》（1933）、《证券交易法》（1934）、《公用事业控股公司法》（1934）、《信托契约法》（1939）、《投资公司法》（1940）、《投资顾问法》（1940）和《证券投资者保护法》（1970）。这七部既相关又独立的法案中都或多或少规定了信息披露的要求，其中以 1933 年的《证券法》和 1934 年的《证券交易法》尤为重要，两者分别规定了信息披露体系中的两大部分初次发行的披露和持续公开披露，奠定了美国信息披露制度的主要框架，其他几个联邦证券法案对信息披露制度不同程度地有所规定。至此，信息披露制度得以在美国完善并至发达阶段。

1990 年 12 月上海证券交易所和深圳证券交易所成立以来我国发布的与证券市场中上市公司信息披露相关的规定。从表 4–1 可以看出，中国上市公司信息披露制度经历了一个初步建立、不断修正和完善的过程，在这个过程中，国家通过不断地颁布相关的法令法规来指导资本市场上的上市公司信息披露活动，使之规范化，国家对资本市场信息披露制度的法律法规的颁布和推出对于资本市场的信息披露制度的完善和发展起着重要的指导作用。

表 4–1　中国证监会发布的与信息披露相关的规定

时　间	内　容
1990 年 12 月 1 日	上海市政府发布《上海市证券交易管理办法》
1992 年 5 月 15 日	国家体改委会同有关部门制定《股份有限公司规范意见》
1993 年 4 月 22 日	国务院发布《股票发行与交易管理暂行条例》
1993 年 6 月 10 日	中国证监会制定《公开发行股票公司信息披露实施细则》
1993 年 12 月 29 日	第八届全国人民代表大会第五次常务会议通过《公司法》
1998 年 12 月 29 日	第九届全国人大常委会第六次会议审议通过《中华人民共和国证券法》
1999 年 12 月 25 日	第九届全国人民代表大会常务委员会第十三次会议通过了《关于修改〈中华人民共和国公司法的决定〉》，对我国《公司法》做出了第一次修正
2005 年 10 月 27 日	第十届全国人大常委会第十八次会议通过了修订后的《中华人民共和国证券法》
2007 年 2 月 1 日	中国首部全面细化规范上市公司信息披露行为的部门规章《上市公司信息披露管理办法》公布施行

中国上市公司信息披露制度按照其建立、发展、改进完善的发展历程划分为三个阶段。

1. 初步建立阶段：1990~1993 年

1990~1993 年末这段时间是中国上市公司信息披露制度的初步建立时期。1990 年 12 月，上海证券交易所和深圳证券交易所的成立揭开了中国证券市场上市公司信息披露制度建立的序幕。同年发布的《上海市证券交易管理办法》——中国第一部比较完整的有关证券交易的地方性法规的颁布，使我国的证券市场开始逐步走向规范化、制度化；之后的《股份有限公司规范意见》（1992）、《股票发行与交易管理暂行条例》（1993）、《公开发行股票公司信息披露实施细则》（1993）、《公司法》（1993）等法律法规的颁布，为我国的证券市场的信息披露制度的初步构建奠定了一个基本的理论框架基础。这个阶段信息披露制度基本完成了从地方性规范向全国性规范的演变；邓小平同志的南方谈话推动了广大人民群众对证券市场的认识，促进了政府发展证券市场的速度和步伐；全国性证券监督管理委员会的成立为中国证券市场中上市公司信息披露制度的有效运行提供了制度保障；在这一时期发生了一些股票异常波动、黑市交易的情况促使政府、公众对公开透明、统一规范的信息披露的需求更加强烈。

2. 逐步发展阶段：1994~1999 年

1994~1999 年这段时间是中国上市公司信息披露制度的逐步发展阶段。在这个阶段中国上市公司信息披露制度得到了更大的发展。1998 年 12 月 29 日，第九届全国人大常委会第六次会议审议通过《中华人民共和国证券法》（1999 年 7 月 1 日起实施）；1999 年 12 月 25 日第九届全国人民代表大会常务委员会第十三次会议通过了《关于修改〈中华人民共和国公司法的决定〉》，对中国《公司法》做出了第一次修正。此时，中国已经完成了证券市场中上市公司信息披露制度的基本立法，初步形成了以《证券法》为主体，以相关的行政法规、部门规章等规范性文件为补充的全方位、多层次的上市公司信息披露制度体系法律框架。

3. 改进完善阶段：2000 年至今

从 2000 年至今为中国证券市场上市公司信息披露制度的改进完善阶段。这个阶段中，2005 年 10 月 27 日，第十届全国人大常委会第十八次会议通过了修订后的《中华人民共和国证券法》（2006 年 1 月 1 日起实施）；2006 年 2 月 15 日，财政部同时发布新的会计准则和审计准则体系（2007 年 1 月 1 日起开始实施）；2007 年 2 月 1 日，中国首部全面细化规范上市公司信息披露行为的部门规章——《上市公司信息披露管理办法》公布施行。这一系列法令法规的颁布和修订是中国根据现实的经济发展状况，并且在借鉴国际信息披露制度建设经验的基础上对中国现有的证券市场的上市公司信息披露制度进行调整和完善，力求建立一个适合中国证券市场发展、能够充分保护证券市场投资者的公开、透明、科学的信息披露制度。这个阶段的主要特点表现在：信息披露制度中的财务信息生成制度更加完善，先后颁布了《企业会计准则》、《企业会计制度》、《企业财务会计报告条例》等法规；对于上市公司信息披露的内容要求更多、更详细，出台了季度报告、业绩报告制度、公司治理信息披露要求以及股票交易特别处理的上市公司信息披露制度；对上市公司信息披露的程度要求更深，及时性要求更高，制定了关于信息披露手段从指定报刊和指定国际互联网网站相互补充的规定；发行审核环节出台了一系列的审核标准备忘录，对信息审核标准由原来的审核部门内部掌握变为彻底公开。

从上述的信息披露制度发展历程可以看出，中国上市公司信息披露制度的构建是一个不断完善、发展的过程，国家在这个过程中不断地借鉴国外的先进经验，针对中国证券市场发展状况和存在的问题，不断地颁布更加具体、专业和具有可操作性的法律法规，推动中国证券市场信息披露制度基本框架的建立、发展和完善。信息披露制度的不断健全、透明度的不断提升适应了中国经济发展的需要，适应了对上市公司加强监管的需要。任何制度的构建都不是一个静态的过程，制度的均衡是暂时的，制度的变迁却是持续的，当现实中的基本情况发生变化时就要求制度也要发生相对的改变，通过制度调整与现实状况适配最终形成制度均衡。上市公司信息披露制度的构建如此，国有大企业信息披露制度的构建和发展过程也一定如此，不能寄希望建成一劳永逸的制度，而是要首先建立一个基本的框架，再随着现实状况的变化和与时俱进的不断调整，对制度进行不断的完善发展，以求形成最优的制度，发挥最大的作用。

第二节　中国上市公司信息披露制度现状

一、信息披露的制度体系

当前，中国证券市场信息披露规范体系可分为四个层次，即基本法律、行政法规、部门规章和自律规则。[①]

第一层次为基本法律，主要是指《证券法》、《公司法》等需要全国人大或其常委会通过的国家基本法律，还包括《刑法》等法规中的有关规定。

第二层次为行政法规，主要包括：国务院于1993年4月发布的《股票发行与交易管理暂行条例》、《股份有限公司境内上市外资股的规定》、《股份有限公司境外募集股份及上市的特别规定》、《可转换债券管理暂行办法》等。

第三层次为部门规章，主要是指中国证监会制定的适用于上市公司信息披露

---

① 刘勤：《中国上市公司信息披露监管的系统研究》，同济大学博士学位论文，2006年，第90~91页；中国证券业协会：《证券市场基础知识》，中国财政经济出版社2011年版，第353页。

的制度规范，包括《公开发行股票公司信息披露实施细则》、《禁止证券欺诈行为暂行办法》、《证券市场禁入暂行规定》、《股份有限公司境内上市外资股规定的实施细则》、《公开发行股票公司信息披露的内容与格式准则》第1~19号、《公开发行证券的公司信息披露编报规则》第1~19号、《公开发行证券的公司信息披露规范问答》第1~6号、《关于加强对上市公司临时报告审查的通知》、《关于上市公司发布澄清公告若干问题的通知》、《证券交易所管理办法》、《上市公司股东大会规范意见》、《前次募集资金使用情况专项报告指引》等。

第四层次为自律规则，主要是指沪、深证券交易所制定的《股票上市规则》。

中国证券市场已经建立了以《证券法》为主体，相关的行政法规、部门规章等规范性文件为补充的全方位、多层次的上市公司信息披露制度框架。该框架从原则性规范到操作性规范，从信息披露的内容、形式到手段，都作出了较为合理的规定。对上市公司监管的重心，已逐步从行政审批过渡到强制信息披露监管，对上市公司等市场运行主体的监管，也更多地表现为事后责任的追究（郝洁，2004）。目前，由中国证监会、证监会派出机构、证券交易所各司其职、协调监管的信息披露监管体系已初步建立。

二、主板市场和创业板市场信息披露的比较分析

当前中国资本市场按照其所服务的对象的不同可以分成主板市场和创业板市场。本节对中国上市公司信息披露制度现状的描述就是通过对比主板市场和创业板市场有关上市公司信息披露制度安排来完成的，通过对这两个市场中上市公司信息披露制度的比较和分析，可以对中国上市公司信息披露制度的现状做出基本描述。

从2000年10月，深圳证券市场停发新股，筹建创业板市场，到2009年1月17日中国证监会主席尚福林作为监管层首次明确创业板的推出时间为2009年上半年。中国的创业板市场几经沉浮，终于进入实质性的筹备阶段。2009年3月31日，中国证监会正式发布《首次公开发行股票并在创业板上市管理暂行办法》，该办法自2009年5月1日起实施；2009年7月1日，证监会正式发布实施《创业板市场投资者适当性管理暂行规定》，投资者可在2009年7月15日起办理创业板投资资格。这两个规定的出台将创业板市场推出的步伐大大推进，创业板市场的推出指日可待。

目前，中国资本市场按照其所针对的上市公司类型的不同可以分为主板市场和创业板市场。主板市场也称为一板市场，指传统意义上的证券市场（通常指股票市场），是一个国家或地区证券发行、上市及交易的主要场所。主板市场对发行人的营业期限、股本大小、盈利水平、最低市值等方面的要求标准较高，上市企业多为大型成熟企业，具有较大的资本规模以及稳定的盈利能力。创业板市场，也称为二板市场、另类股票市场、增长型股票市场，指专门协助高成长的新兴创新公司特别是高科技公司筹资并进行资本运作的市场。它与大型成熟上市公司的主板市场不同，创业板市场是一个前瞻性市场，注重于公司的发展前景与增长潜力。主板市场先于创业板市场产生，创业板市场的上市标准要低于成熟的主板市场，创业板市场的公司的风险更大，因此，对创业板市场上市公司信息披露制度的要求比主板市场上市公司信息披露制度的要求更严格。

从表4-2可见，主板市场上市公司信息披露制度与创业板市场上市公司信息披露制度的披露原则、信息披露目的、信息披露对象、信息披露文件基本相似，两者在信息披露内容、信息披露渠道、信息披露职责和信息披露方式等方面差别较大。创业板市场和主板市场信息披露的异同主要体现在以下几个方面：

表4-2 主板市场上市公司信息披露与创业板市场上市公司信息披露的比较

	主板市场	创业板市场
披露原则	真实、准确、完整、及时	真实、准确、完整、及时
披露目的	保护投资者，加强对上市公司的监管	保护投资者，加强对上市公司的监管
披露对象	现实的和潜在的投资者及一切利益相关者	现实的和潜在的投资者及一切利益相关者
披露文件和内容	临时公告（拟上市公告；首次公开发行及上市；配股；增发；可转换债券；权证相关公告；其他融资；权益分派及限制出售股份上市；股权变动；交易；股东大会；澄清、风险提示、业绩预告事项；特别处理和退市；补充及更正；中介机构报告；上市公司制度；其他重大事项）、定期公告（年度报告；半年度报告；一季度报告；三季度报告）	临时公告（拟上市公告；首次公开发行及上市；配股；增发；可转换债券；权证相关公告；其他融资；权益分派及限制出售股份上市；股权变动；交易；股东大会；澄清、风险提示、业绩预告事项；特别处理和退市；补充及更正；中介机构报告；上市公司制度；其他重大事项）、定期公告（年度报告；半年度报告；一季度报告；三季度报告）
披露渠道	依法披露信息，公告文稿和相关备查文件报送证券交易所登记，并在中国证券监督管理委员会指定的媒体发布。还应将信息披露公告文稿和相关备查文件报送上市公司注册地证监局，并置备于公司住所供社会公众查阅	依法披露信息，公告文稿和相关备查文件报送证券交易所登记，并在中国证券监督管理委员会指定的媒体发布。还应将信息披露公告文稿和相关备查文件报送上市公司注册地证监局，并置备于公司住所供社会公众查阅
披露职责	帮助投资者及时准确地掌握公司信息，完善资本市场结构	帮助投资者及时准确地掌握公司信息，扶持有创新能力的中小企业的融资和发展，加强资本市场活力，完善资本市场结构

续表

	主板市场	创业板市场
披露的方式	对上市公司的最新动态及时准确地加以披露，帮助投资者准确快速地做出反应，提高资本利用率	创业板企业的创新性、高风险性要求信息披露要更加频繁、及时和准确，进行临时报告实时披露制度

资料来源：根据证监会网站相关内容整理。

1. 信息披露的原则

信息披露的原则相同。不论是主板市场还是创业板市场的信息披露制度都遵循了"真实、准确、完整、及时"的基本原则。

2. 信息披露的目的

信息披露的目的相同。无论是主板市场还是创业板市场的信息披露的根本目的都是保护投资者，加强对上市公司的监管，因此，两个市场的信息披露的目的相同。

3. 信息披露的对象

信息披露的对象相同。两个市场的信息披露对象都是现实的和潜在的投资者以及一切利益相关者。

4. 信息披露的文件和内容

主板市场和创业板市场信息披露文件的类型基本相同，都包含了两种基本类型文件，即临时公告和定期公告。

但是，由于主板市场和创业板市场所服务的企业对象的类型不同，因此其要求披露的信息内容略有不同。相比较主板市场的信息披露文件和内容要求，创业板市场信息披露制度在披露文件和内容上具有以下三个特点：

（1）强化了上市公司首日信息披露要求。针对人们普遍担忧的创业板公司上市会被爆炒的情况，《深圳证券交易所创业股票上市规则》有针对性地强化了上市首日的信息披露要求。一是要求刊登招股说明书后，发行人应持续关注公共传媒（包括报纸、网站、股票论坛等）对公司的相关报道或传闻，及时向有关方面了解真实情况，发现存在虚假记载、误导性陈述或应披露而未披露重大事项等可能对公司股票价格产生较大影响的，应在上市首日刊登风险提示公告，对相关问题进行澄清并提示公司存在的主要风险；二是上市首日公共传媒传播的消息可能或者已经对公司股票价格产生较大影响的，将对公司股票实行临时停牌，并要求公司实时发布澄清公告。

（2）强化了股东增减持股票及时披露要求。《深圳证券交易所创业股票上市规则》还对股东的增减持股票情况做了特殊规定，要求实施增、减持股1%事后披露制度，即要求持股5%以上的股东、实际控制人通过证券交易系统买卖上市公司股份，每增、减公司股份占总数达1%时，相关股东、实际控制人及信息披露义务人应当在事后及时发布公告，以避免大量集中出售股份对二级市场造成巨大冲击。

（3）强化了核心技术相关内容的披露要求。因为创业板主要是服务于自主创新企业及其他成长型创业企业，核心技术等核心竞争能力的变化对公司具有重大影响。为了进一步强化对核心技术等核心竞争能力相关内容的披露要求，在《深圳证券交易所创业股票上市规则》第十一章第十一节增加一条："上市公司出现下列使公司的核心竞争能力面临重大风险情形之一的，应当及时向本所报告并披露：第一，公司在用的商标、专利、专有技术、特许经营权等重要资产或者技术的取得或者使用发生重大不利变化；第二，公司核心技术团队或关键技术人员等对公司核心竞争能力有重大影响的人员辞职或者发生较大变动；第三，公司核心技术、关键设备、经营模式等面临被替代或被淘汰的风险；第四，公司放弃对重要核心技术项目的继续投资或控制权；第五，本所或者公司认定的其他有关核心竞争能力的重大风险情形。"

5. 信息披露的渠道

对于信息披露渠道的选择，主板市场和创业板市场并没有太大的差别。不论是主板市场还是创业板市场，都要求上市公司及其他信息披露义务人依法披露信息，应当将公告文稿和相关备查文件报送证券交易所登记，并在中国证券监督管理委员会指定的媒体发布。信息披露义务人应当将信息披露公告文稿和相关备查文件报送上市公司注册地证监局，并置备于公司住所供社会公众查阅。信息披露义务人在公司网站及其他媒体发布信息的时间不得先于指定媒体，不得以新闻发布会或者答记者问等任何形式代替应当履行的报告、公告义务，不得以定期报告形式代替应当履行的临时报告义务。在不同媒体对同一事件的信息披露必须一致。其股票在境内、境外交易场所均挂牌交易的创业公司，应当同时向境内和境外投资者披露信息。如果境内、境外证券监管部门对信息披露要求不一致，公司应遵循披露内容从多不从少、披露时限从短不从长的原则办理。

6. 信息披露的职责

创业板市场比主板市场对信息披露职责的规定更加"一针见血"，《深圳证券交易所创业板股票上市规则》中对信息披露职责的规定直指信息披露源头，将"相关信息披露义务人"纳入交易所信息披露监管范围，要求交易所要对上市公司股东、实际控制人等相关信息披露义务主体实行有效监督，强化了控股股东、实际控制人信息披露责任意识。《深圳证券交易所创业板股票上市规则》规定控股股东、实际控制人应当在股票上市前签署《控股股东、实际控制人声明及承诺书》，不得滥用股东权利损害上市公司或其他股东的利益等，规范控股股东、实际控制人行为，保护上市公司和中小股东的利益。

7. 信息披露的方式

这里的信息披露的方式主要指信息披露的时效性、及时性。相比较主板市场的信息披露制度，创业板市场的信息披露制度更注重信息披露的及时和迅捷。主要表现在：

（1）年报的披露。相比较主板市场的信息披露，创业板市场的公司年报数据披露更快捷。由于创业板上市公司规模较小，业务也会相对单一，《深圳证券交易所创业板股票上市规则》提高了年报信息披露的及时性。《深圳证券交易所创业板股票上市规则》明确规定，预计不能在会计年度结束之日起两个月内披露年度报告的公司，应当在会计年度结束后两个月内披露相关会计期间的业绩快报。创业板公司年报数据应及时披露，促进创业板上市公司及时披露年度业绩信息，避免业绩泄露。

（2）临时报告的披露。《深圳证券交易所创业板股票上市规则》对临时报告内容的规定"根据创业板上市公司具有平均规模较小、技术变化快的特点，因此必须建立适应创业板上市公司特点的临时公告披露标准：一是合理确定一般交易和关联交易等重大临时报告需予披露及提交股东大会审议的触发指标值；二是对提供财务资助、委托理财等披露要求更充分，只要十二个月内累计发生金额达到100万元，就需要进行公告；三是对创业板公司影响较大的一次性签署重大生产经营合同、关键技术人员的离职及商标、专利、专有技术、特许经营权发生变化造成重大风险等重大事件均要求及时披露"。创业板实行临时报告实时披露制度的情况有两种：一是上市公司可以在中午休市期间或下午3点30分后通过指定网站披露临时报告；二是在公共媒体中传播的信息，可能或者已经对上市公司相关股票及其衍生品种交易价格产生较大影响等紧急情况下，上市公司可以申请股票及其衍生品种临时停牌，并在上午开市前或市场交易期间通过指定网站披露临时报告。

基于以上对创业板市场信息披露制度与主板市场信息披露制度的比较可以看出，主板市场中上市公司信息披露制度与创业板市场中上市公司信息披露制度的披露原则、披露目的、披露对象以及披露渠道基本相似，两者之间只在信息披露的文件和内容、信息披露的职责以及信息披露的方式这几个方面存在差别。出现这种差别的原因主要在于：主板市场和创业板市场所服务的对象不同，从而导致两个市场的风险程度有很大差别。主板市场在20世纪90年代中担当了拯救国有企业的重任，所以在主板市场中存在着以国有企业为主要服务对象的资本市场结构；创业板市场容纳的对象包括成长性强的民营企业、主业突出的创业企业、具有成长潜力与发展前景的传统行业企业、成长性强且发展潜力大的大型企业、核心技术具有独创性、领先性的各类企业以及产品市场潜力大的各类企业，形成了一个层次分明的资本市场体系。此外，创业板市场中上市公司的高风险和高回报以及创业板市场的"严进宽出"的特点，都大大增加了创业板市场的风险因素。因此，对创业板市场来说，及时、透明的信息披露制度具有更加重要的意义和作用。

第三节　上市公司信息披露制度的启示

虽然"中国上市公司在信息披露中仍存在不少违规行为，散布虚假信息、隐匿真实信息或滥用信息操纵市场、欺诈投资者、转嫁风险的现象时有发生，从而干扰了证券市场的完善和有序化，并愈发引起了管理层的关注"（陈甦、吕明瑜，2002）。但是，经过20多年的发展，中国证券市场已初具规范化、法律化，信息披露制度也已建立了较为完整的体系。基于上述对中国证券市场上市公司信息披露制度现状的研究分析，本节将从信息披露主体、信息披露对象、信息披露内容、信息披露渠道和方式以及信息披露监管这五个方面总结中国上市公司信息披露制度的实践经验。

一、信息披露主体：主体明确

证券市场上的信息披露主体为"依法承担公开信息披露义务的信息发源人"，是以证券发行人为主线，由多个主体共同参与的，因此将证券发行人作为信息披露唯一主体是不全面的。大致可分为四类：①证券发行人，是信息披露的主要主体。②证券监管机构和其他政府有关部门，因为这些机构发布的信息往往涉及证券市场的大政方针，这些信息就其重要性而言足以影响投资者的投资决策和一定的证券市场价格。① ③信息披露的特定主体，即在特定情况下履行信息披露义务的证券投资者。② ④证券交易所等证券业自律性组织以及证券中介机构。证券交易所可以依法制定一些市场交易规则，需要发布一些重要的信息如证券市场行情、证券交易实时监控等，因此也是信息披露的主体（梁云生，2005）。

上市公司作为四类信息披露主体中最主要的披露主体，必须按照证监会的相关要求制定严格、系统的信息披露管理制度，明确信息披露制度的负责人，信息披露负责人承担上市公司信息披露的职责和工作，对信息披露的真实、客观负责。通常情况下，上市公司的信息披露工作由公司董事会统一领导和管理。公司董事长为公司信息披露的第一责任人；公司总裁和董事会秘书为公司信息披露的直接责任人；所属子公司负责人为该子公司信息披露责任人。公司的董事、监事、高级管理人员对信息披露内容真实、准确、完整，没有虚假、严重误导性陈述或重大遗漏，并就信息披露内容的真实性、准确性和完整性承担个别及连带责任。

二、信息披露对象：对象广泛

上市公司信息披露中信息披露对象范围比较广泛，主要可以分为以下四类：

1. 证券市场监管机构

它包括各级证券监督委员会，它们对上市公司发行市场信息全权负责，对上

---

① 我国《证券法》第一百七十二条规定："国务院证券监督管理机构依法制定的规章、规则和监督管理工作制度应当公开。"

② 我国《证券法》第四十一条规定："持有一个股份有限公司已发行的股份5%的股东，应当在其持股数额达到该比例之日起三日内向该公司报告，公司必须在接到报告之日起三日内向国务院证券监督管理机构报告；属于上市公司的，应当同时向证券交易所报告。"

市公司的股票发行和交易行为全面监管。因为它们具有监管信息的职能，所以它们是上市公司信息披露中的信息需求者之一。

2. 证券交易所

在中国主要是深圳证券交易所和上海证券交易所。它们对上市公司交易市场信息进行监管、对上市公司进行日常监管。它们同证券市场监管机构一样，因为具有监管上市公司信息的职能，所以也成了上市公司信息披露中的信息需求者之一。

3. 投资者

投资者因为需要通过上市公司所披露的各种信息来对自己的投资行为进行判断，所以成了上市公司信息披露制度中的信息需求者之一，并且是信息需求的"主要力量"。

4. 银行及其他利益相关者

通常是作为公司债权人的银行有动机关注公司披露的信息，从而获知自己贷出去的资金的运作状况，进行风险评估。此外，还有一些其他债权人或一些利益相关者也有了解上市公司信息的需求。

三、信息披露内容：综合规范

原则上说，为了降低投资风险，保证投资决策的质量，上市公司被要求披露的信息，是与公司内在价值、账面价值和公司证券定价相关的信息，是证券价格对之敏感的信息。[①]上市公司信息披露的内容按照其产生机制可以分成两大类：财务信息和非财务信息。两者的具体区别见表4-3。从表4-3中可以看出，财务信息是侧重过去信息反映，也就是过去一段时间内企业资产的经营状况，因此财务信息主要强调的是企业的经营者完成受托责任的状况；非财务信息是侧重未来事项的预测，也就是对未来企业经营状况的分析，主要是为决策提供有用的依据和支持。不论是财务信息还是非财务信息都是作为所有者关注的重要方面，一个为所有者提供了委托给代理人的相关资产被经营的历史结果，另一个为所有者提供委托人未来将如何经营受托资产的可能情况，两者对于所有者全面掌握所拥有资

---

① 上海证券交易所研究中心：《中国公司治理报告（2008）：透明度与信息披露》，复旦大学出版社2008年版，第3页。

产的被管理情况都是不可或缺的（李晓龙，2005）。

表4-3 财务信息与非财务信息的比较

指标分类/评价标准	标准化	量化程度	导向	监管力度	突出性质及披露	改进方向
财务信息	依靠公司财务会计信息系统产生，并且依照一定标准（主要是GAAP）	高	侧重对过去信息反映（强调公司受托责任）	通过证监会等部门进行监管，监管程度高	突出可靠性（稳健性原则的运用），主要通过会计报表进行披露	通过修改准则，优化指标等增强决策有用性
非财务信息	不经过财务会计信息系统产生，暂时没有建立公认的标准	比较低	侧重对未来事项的预测（强调信息的决策作用）	目前不需审计但已出现认证服务	突出相关性（满足决策需要），除了财务报告的披露之外，还有许多其他相关渠道	通过建立标准化框架，发展审计（认证）业务，明确相关责任等来增强可靠性

资料来源：李晓龙：《上市公司非财务信息披露及规范问题探析》，《财务与会计》2005年第3期。

    表4-4是根据证监会、证券交易所的相关规定分类汇总的证券市场信息披露的文件，具体体现了中国上市公司信息披露的全部内容要求。当前，我国上市公司被要求需要公开披露的文件按照公司所处资本市场的性质不同可以分成发行市场的信息披露文件和交易市场的持续信息披露文件。[①]

表4-4 证券市场信息披露的相关文件

	披露文件名称	披露内容
发行信息披露	招股说明书	①重大事项提示 ②本次发行概况 ③发行人的基本情况
	上市公告书	①重要声明与提示 ②股票上市情况 ③发行人、股东和实际控制人情况 ④股票发行情况 ⑤财务会计资料 ⑥其他重要事项 ⑦上市保荐人及其意见
持续信息披露	定期报告 年度报告	①公司基本情况 ②会计数据和业务数据摘要 ③股东变动和股东情况 ④董事、监事、高级管理人员和员工情况 ⑤公司治理结构 ⑥股东大会情况

① 以下关于交易市场发行披露文件和交易市场持续披露文件的内容参考了梁云生：《上市公司信息披露制度的理论基础》，西南政法大学硕士学位论文，2005年，第5~6页。

		披露文件名称	披露内容
持续信息披露	定期报告	年度报告	⑦董事会报告 ⑧监事会报告 ⑨重要事项 ⑩财务报告
		半年度报告	①重要提示、释义及目录 ②公司基本情况 ③股本变动和主要股东持股情况 ④董事、监事、高级管理人员情况 ⑤董事会报告 ⑥重要事项 ⑦财务报告 ⑧备查文件
		季度报告	①重要提示 ②公司基本情况 ③重要事项
	临时报告	会议决议·股东大会决议	①股东大会决议公告文稿、会议记录和全套会议文件 ②股东大会延期或取消的通知 ③股东大会对董事会预案作出修改，或对董事会预案以外的事项作出决议，或会议期间发生突发事件导致会议不能正常召开的公告
		会议决议·董事会决议	①董事会决议和会议纪要 ②董事会决议涉及须经股东大会表决的事项和收购、出售资产，关联交易和其他重大事件的必须公告 ③交易所认为有必要的也应当公告
		会议决议·监事会决议	监事会决议和会议纪要
		关联交易	①上市公司与关联自然人发生的交易金额在 30 万元以上的关联交易，均应当披露 ②上市公司与关联法人发生的交易金额在 300 万元以上，且占公司最近一期经审计净资产绝对值的 0.5%以上的关联交易 ③上市公司与关联人达成的交易总额在 3000 万元以上，且占公司最近一期经审计净资产绝对值的 5%以上的关联交易，除及时披露外，还要聘请中介机构进行审计或评估，并将此项交易提交股东大会审议 ④与该关联交易有利害关系的关联人放弃在股东大会上对该议案的投票权，同时规定了上市公司信息披露的豁免条款
		应披露的交易	交易包括下列事项： ①购买或出售资产 ②对外投资（含委托理财、委托贷款等） ③提供财务资助 ④提供担保 ⑤租入或租出资产 ⑥签订管理方面的合同（含委托经营、受托经营等） ⑦赠与或受赠资产 ⑧债权或债务重组 ⑨研究与开发项目的转移 ⑩签订许可协议 ⑪深圳或上海证券交易所认定的其他交易

续表

	披露文件名称	披露内容
持续信息披露	临时报告 其他重大事件	①重大诉讼和仲裁 ②变更募集资金投资项目 ③业绩预告、业绩快报和盈利预测 ④利润分配和资本公积金转增股本 ⑤股票交易异常波动和澄清 ⑥回购股份 ⑦可转换公司债券涉及的重大事项 ⑧其他

资料来源：根据证监会发布的相关法律法规整理。

　　发行时的信息披露是指证券发行人在首次发行证券时完全公开公司以及与其发行证券有关的所有信息。其最重要的信息披露文件是招募说明书，它是发行人向特定人或非特定人发出的，邀请其认购或购买公司的证券的书面意思表示，宗旨在于让投资者了解发行人的有关情况，使投资者得以对证券的投资价值做出评估。同时，它也是发行人向证券监管机构申报发行证券的重要法律文件，是证券监管机构对发行人的财务、营业状况等进行实质性审查，以确定是否符合发行条件的重要依据。招募说明书主要适用募集设立新公司的股票发行，已成立的股份有限公司发行新股含增资发行，公开募集公司债券及其他证券发行。与债券募集说明书和基金招募说明书相比，招募说明书披露的信息最为全面，它涉及了发行人的财务、管理、营业等各个方面，构成了整个信息披露制度的基础。其他公开文件如定期财务报告、重大事件临时报告、内部人员及交易报告等均以招募说明书为前提和基础，简化了后续过程信息披露的内容，节省了公开费用，提高了工作效率。因此，招募说明书的内容不仅应当依据法律规定的必要记载事项与格式而确定，排除虚假、严重误导性陈述或重大遗漏，而且其披露过程也应当履行特定的准则和备案手续。

　　证券上市后，流通市场的信息公开即持续公开，是指证券在进行交易过程中，发行人或上市公司应定期或不定期公开与其发行证券相关的影响证券交易价格的重大信息，是证券发行信息披露制度的延续、深化和发展。这样有利于防止证券市场的欺诈和操纵行为，便于投资者及时、准确地掌握市场信息，形成公开的市场价格，以保护投资者的交易安全。各国证券法律对上市公司在证券交易市场中的信息持续披露都有相应的规定，主要的信息披露文件有：

　　第一，上市公告书。公开发行证券的公司，除应当编制招募说明书外，如果其股票获准在证券交易所挂牌交易时，还应当编制上市公告书予以公告。上市公告本质上是上市公司对公众投资人做出的事实通知，也是对招募说明书的补充。上市公告书的内容除了概括招募说明书的基本内容外，如果自招募说明书公开以来公司有重大变化的，也应做出详细说明。

第二，定期报告。指上市公司在某个会计期间结束的一定时期内向证券主管机关提交并向社会公开的，反映公司在该会计期间内经营业绩、财务状况等的报告。

第三，临时报告。指当发生了可能对上市公司股票的市场价格产生较大影响，而投资者尚未得知的重大事件时，上市公司应当立即提交证券主管机关，并在必要时间内向社会公开的报告，这样可以有效地弥补定期披露的不足。

每一种信息披露文件的内容都有特定的要求，为上市公司信息披露提供了一个规范的、统一的模板，所有这些信息披露文件的最终目的就是力求在最大限度上满足资本市场上的投资者决策和监督所需的信息。表4-4列示了证券市场中有关上市公司信息披露制度的要求。

四、信息披露渠道和方式：便捷多样

1. 信息披露渠道

上市公司信息披露渠道的设计应该满足一个原则就是可以让上市公司的投资者以最小的成本、最便捷的方式最快速的搜寻和获得其所需要的上市公司的信息，即信息披露渠道应该具有便捷性。上市公司信息披露的渠道选择主要是按照证监会和证券市场有关规定，将按法定义务必须披露的信息公告文稿和相关备查文件报送证券交易所登记，并在中国证券监督管理委员会指定的媒体发布。信息披露义务人应当将信息披露公告文稿和相关备查文件报送上市公司注册地证监局，并置备于公司住所供社会公众查阅。信息披露义务人在公司网站及其他媒体发布信息的时间不得先于指定媒体，不得以新闻发布会或者答记者问等任何形式代替应当履行的报告、公告义务，不得以定期报告形式代替应当履行的临时报告义务。在不同媒体对同一事件的信息披露必须一致。由此可见，股东和潜在投资者可以获得上市公司信息的渠道主要有以下几个：证监会指定的媒体（包含报刊、网站），证券交易所，上市公司住所。这些渠道的设置保证了上市公司的投资者可以以最小的搜寻成本获得自己需要的上市公司的信息。

2. 信息披露方式

图 4-1 归纳了上市公司信息披露的三种方式。[①] 第一种方式是强制披露，主要是指上市公司按照国家制定的法令法规对要求披露的信息进行强制披露，国家的法律法规中对不同类型信息披露的时间和方式都做了明确的规定，强制披露是上市公司信息披露的最低要求；第二种方式是通过中介机构挖掘得到的信息披露，主要是指在资本市场中，非机构性投资者可能没有足够的能力获知一些自己需要的重要信息，可以委托中介机构为其挖掘和搜寻，这也成为信息披露的一种特殊的方式；第三种方式是自愿披露，虽然上市公司对于一些对自身有利的信息是愿意采用自愿披露方式的，但是这些上市公司自愿披露的信息范围非常有限，作为公司所有者的股东如果能够与公司的经营者签订一种以激励经营者进行资源信息披露为导向的契约，就会促使更多的上市公司采用自愿披露方式。

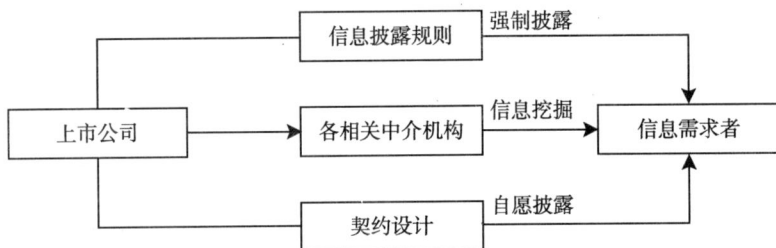

图 4-1　信息披露方式

资料来源：陈汉文、夏文贤、黎代福：《受托责任、信息披露与规则安排——公司治理、受托责任与审计委员会制度（下）》，《财会通讯》2004 年第 1 期；图 4-1 略作修改。

五、信息披露监管：内外兼具

信息披露的监管是为了最大化上市公司管理人员违约披露的成本，减少信息的虚假、延时披露，保障和提高所披露信息的真实性、及时性和准确性，并且对上市公司形成有效的激励和约束，促使其按照相关规定对上市公司进行信息披露。目前，我国上市公司信息披露监管系统可以分成内部和外部两个方面。

1. 上市公司信息披露的内部监管系统

上市公司信息披露的内部监管系统可以分为以下几个部分：

---

① 陈汉文、夏文贤、黎代福：《受托责任、信息披露与规则安排——公司治理、受托责任与审计委员会制度（下）》，《财会通讯》2004 年第 1 期。

（1）现代公司治理结构。科学的公司治理结构是确保公司合规披露信息的主要保障。公司内部的治理结构对于上市公司信息披露的透明、公开和真实起着重要的保障作用。试想在一个没有完善的法人治理结构，管理者的角色和职责不对称，权力制衡机制缺失的公司中，怎么会实现信息的透明和真实披露。缺失现代公司治理结构的公司，一定会因为缺少权力制衡约束机制而为内部人控制造成可乘之机，内部人控制必然造成信息不对称，信息不透明，因而即使公司按照要求进行信息披露，也很难保证所披露信息的真实性。

我国上市公司治理结构的主要特点是双元的治理结构（如图 4-2 所示），既有董事会又有监事会。董事会要对全体股东负责，严格按照法律和公司的规定履行职责，做好决策，加强对公司经理层的激励、监督和约束，董事会的监督、决策职能主要是通过审计委员会、薪酬和考核委员会来发挥作用的；监事会的主要职能就是对董事和经理的监督。有了科学合理治理结构的公司才能从根本上规范自身的行为，才能实现对信息的监管。所以说，完善的法人治理结构是信息披露制度监管系统的一个重要组成部分。

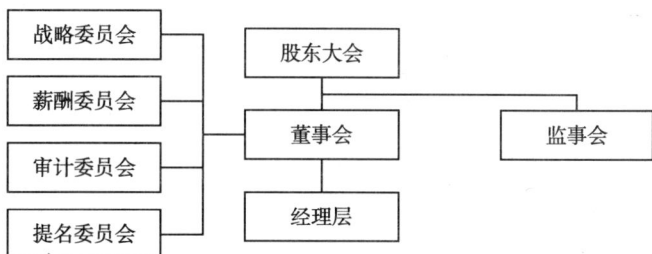

图4-2　中国上市公司信息披露监管系统——上市公司治理结构

（2）独立董事的引入。独立董事是指不在公司内部任职的独立于公司及其主要股东的董事。这一制度最初出现在 20 世纪 70 年代的美国，美国的上市公司具有股东人数众多又极为分散的特征，并且中小股东"理性冷漠"和"搭便车"的行为，致使公司的代理问题突出。为了减少上市公司的代理问题，美国建立了独立董事制度，后来，这一制度又被英国、法国等国家引入并发展。2001 年颁布的《关于在上市公司建立独立董事制度的指导意见》（以下简称《指导意见》）是中国第一次对独立董事的比例、任职资格或条件、提名和选举、职权范围、薪酬等问题做出详细的规定。该《指导意见》要求独立董事对上市公司及全体股东负有诚信与勤勉义务；应独立履行职责，不受上市公司的主要股东、实际控制人及其他与上市公司存在利害关系的单位或个人的影响，维护公司整体利益，尤其要关注中小股东的合法权益不受侵害。《指导意见》被认为是我国上市公司独立董事制度走向成熟的里程碑。中国引入独立董事的原因与美国创立独立董事制度的初衷不同，中国的上市公司中绝大多数都是通过国有企业改制而来的，因此"股权高度集中"和"一股独大"的现象比较明显，在这种情况下"内部人控制"的问题也就凸显出来了，中国在上市公司中引入独立董事制度就是希望借助独立董事客观、独立的身份，提升董事会的独立性，加强董事会对公司管理层的监督与制约作用，减少"内部人控制"。独立董事的引入使原有的内部监督外部化，有利于提升董事会决策的透明化，避免"内部人控制"造成的信息操纵和扭曲，保证信息披露的有效运行。

但是，目前独立董事制度的实行还存在一些亟待解决的问题，比如独立董事的独立性问题、独立董事的薪酬问题以及对独立董事有着极大约束和激励作用的声誉市场的建设的问题。这些问题制约了我国独立董事制度的有效运行，虽然独立董事制度并没有像当初所期望的那样充分发挥其监督作用，但是独立董事在对推动信息透明化、信息披露监管方面的作用还是不容忽视的。

（3）专门委员会——审计委员会的设立。[①] 中国上市公司的内部审计机构是在政府审计的推动下建立和发展起来的。大多数内部审计机构的设置、人员的配备是在政府规定下完成的，从建立之初就受到了政府的行政干预，内部审计缺乏应有的独立性和权威性，难以发挥有效的监督作用。上市公司的内部审计机构一方面代表国家监督公司的合法经营；另一方面它的经济利益又受制于公司本身，处境尴尬。

在上市公司的董事会中设立审计委员会，可以使内部审计一定程度上摆脱受制于公司管理当局的尴尬境地。内部审计机构及其人员可以直接向董事会中的审计委员会负责，其机构的设置、主要负责人的任免和人员的配备、职责范围的确定、报酬等由审计委员会决定，在审计中发现的问题直接向审计委员会报告，这样既有利于内部审计职能的充分发挥，也有利于发现问题并及时解决。

审计委员会制度的建立，能够有效改善注册会计师与上市公司之间的审计关

---

① 专门委员会设立部分参考了蔡志岳：《中国上市公司信息披露违规的动因、市场反应与预警研究》，厦门大学博士学位论文，2007年，第155页。

系，由审计委员会负责决定会计师事务所的聘用、续聘、收费等事项，注册会计师在审计中发现的重大问题可以直接与审计委员会沟通，这既有利于重大事项的及时解决，也有利于保证注册会计师的独立性，有效发挥注册会计师的独立鉴证作用，从而约束和规范上市公司信息披露行为。

科学的公司治理机制、独立董事的引入、专门审计机构的设立构成了上市公司信息披露制度的内部监管体系。这些内部监管机制从公司治理基础、信息披露制度规范、专业人员和机构负责等方面全方位对上市公司信息披露进行监督和管理。除了这一内容丰富的内部监管系统外，上市公司还具有非常具体充实的外部监管系统。

2. 上市公司信息披露的外部监管系统

中国证券市场虽然还处于发展的初期，但是在上市公司信息披露制度建设方面已取得了很大的成绩，一个较为科学合理的制度体系框架已初步建立，实体法规范已基本与国际接轨（何佳等，2001）。当前，上市公司信息披露的外部监管系统中的监管主体主要有证监会、沪深证券交易所、上市公司协会、中国注册会计师协会和律师协会。它们各自的职责和权限见表4-5。

表4-5 我国上市公司信息披露的外部监管系统层次一览表

监管部门	监管职责	监管权限
中国证监会及派出机构	全面监管，主要是对上市公司发行市场信息的全权负责，是最权威的监管者	处罚权和调查取证权
证券交易所	主要是对上市公司交易市场的信息进行监管，并对上市公司进行日常监管	享有部分处罚权，包括警告、公开批评和公开谴责等，没有调查取证权
上市公司协会	各地自律性机构，对上市公司业务培训、日常事务的协调与自律	行业内的自律性约束
中国注册会计师协会	对各地注册会计师和会计师事务所监管，间接监管上市公司信息披露	享有对注册会计师和会计师事务所的处罚权
律师事务所等市场中介	规范和约束上市公司信息披露的违规行为，间接监督作用	道义的谴责与批评
媒体	没有明确的、法定的权力	道义的谴责与批评
公众	没有明确的、法定的权力	道义的谴责与批评
银行等其他利益相关者	没有明确的、法定的权力	根据各自的身份具有不同的权限

资料来源：根据中国证监会网站相关信息以及谢清喜，"我国上市公司信息披露的有效性研究"，复旦大学博士论文，2005年，第181~200页内容经整理补充而得。

表4-5中的上市公司信息披露的外部监管系统中的主体又可以按照功能性质的不同分成四大类。

（1）与证券发行、交易相关的行政监管机构。主要包括中国证监会及派出机构和证券交易所，这类机构的功能为上市公司监管系统的"控制中心"，负责确保公司披露的信息以及经过中介机构验证的信息合乎规范，对投资者所反映的问题进行及时处理。这类机构具有法定的对上市公司信息披露进行监管的权力，是比较权威的监管部门。

（2）行业协会。主要是指上市公司协会，作为一个自律性机构，该协会行使信息披露监管权的主要形式就是通过行业内的自律性约束。

（3）中介机构。主要包括会计审计机构、中国注册会计师协会、财务顾问、律师事务所等中介机构。这些机构的功能是验证公司披露信息的真实、准确、合法、合规，它们对上市公司的信息披露主要起到间接监管的作用。

（4）其他利益相关者。主要包括类似银行、媒体、公众这类利益相关者。这些利益相关者一般不具有法定的监管权力，对上市公司信息披露的监管主要是通过道义的谴责和批评。虽然这类利益相关者没有什么实质性的监管权力，但是作为上市公司信息披露监管网络中重要的组成部分，这类监管主体也是不容忽视的，正因为它们的存在才使得对上市公司信息披露监管的整个网络疏而不漏，增强了信息披露的监管力度，对上市公司信息披露和提升透明度起到了重要的作用。

上市公司信息披露外部监管系统中除了上述数量众多的监管主体外，由上市公司信息披露的法律法规、行政规则组成的信息披露的规范体系也是监管体系中不可忽视的重要部分。我国证券市场信息披露规范体系可分为四个层次，即基本法律、行政法规、部门规章和自律规则。[①] 第一层次为基本法律，主要是指《证券法》、《公司法》等需要全国人大或其常务委员会通过的国家基本法律，还包括《刑法》等法规中的有关规定。第二层次为行政法规，主要包括：国务院于1993年4月发布的《股票发行与交易管理暂行条例》、《股份有限公司境内上市外资股的规定》、《股份有限公司境外募集股份及上市的特别规定》、《可转换债券管理暂行办法》等。第三层次为部门规章，主要是指中国证监会制定的适用于上市公司信息披露的制度规范，包括：《公开发行股票公司信息披露实施细则》、《禁止证券欺诈行为暂行办法》、《证券市场禁入暂行规定》、《股份有限公司境内上市外资股

---

① 证券市场信息披露规范体系四个层次内容部分参考了刘勤：《中国上市公司信息披露监管的系统研究》，同济大学博士学位论文，2006年，第90~91页。

规定的实施细则》、《公开发行股票公司信息披露的内容与格式准则》第1~22号、《公开发行证券的公司信息披露编报规则》第1~19号、《公开发行证券的公司信息披露规范问答》第1~6号、《关于加强对上市公司临时报告审查的通知》、《关于上市公司发布澄清公告若干问题的通知》、《证券交易所管理办法》、《上市公司股东大会规范意见》、《前次募集资金使用情况专项报告指引》等。第四层次为自律规则，主要是指证券交易所制定的《上市规则》。

多样化的信息披露监管主体加上多层次的信息披露规范体系构成了一个"多主体、多规范"纵横交错的全方位的上市公司信息披露的外部监管系统。这种立体的、全覆盖的信息披露外部监管系统涵盖了信息披露的惩罚机制，明确了信息违规者所应承担的法律责任，明确了利益受损者所应得到的赔偿，对于规范上市公司信息披露的行为，维护市场的公平和公正意义重大。

第四节 本章小结

从上述对中国上市公司信息披露制度的现状分析可以看出，中国上市公司信息披露制度经过20多年的发展已经初见成效，基本形成了一个信息披露主体明确、信息披露对象广泛、信息披露内容综合规范、信息披露渠道和方式便捷多样、信息披露监管内外兼具的综合制度体系。虽然当前的上市公司信息披露制度并不能完全杜绝上市公司信息披露活动中的信息披露滞后、虚假信息披露、信息披露不全等诸多问题，但是我们相信只有规范的制度才能为最大化地减少违约行为提供政策依据和指引，没有制度指引的实践活动就如同没有灯塔的航船一样永远到达不了目的地。中国上市公司信息披露制度的演进和发展历程可以为中国国有大企业信息披露制度发展和完善提供有力的实践经验和启示。

第五章 国有企业信息披露制度的
国际比较

相比较信息披露制度在资本市场上得到的广泛认可和运用，近年来，已经有一些国家逐渐认识到信息披露制度可能在国有企业监督机制中发挥作用，并且开始尝试将信息披露制度引入到国有企业监督机制中，其中最具代表性的是 OECD（经济合作与发展组织）成员国和新加坡。本章通过对 OECD 成员国以及新加坡在国有企业信息公开和透明方面的理论和实践内容的比较研究，试图为中国国有大企业信息披露制度的构建提供一些国际经验和启示。

第一节 OECD 国有企业信息披露

在 2005 年 OECD 发布的《国有企业公司治理》中对其 23 个成员国的国有企业的信息披露制度情况进行了调查研究，研究结果见附录二，该调查研究主要从以下四个方面概括了 OECD 成员国家国有企业信息披露的总体实践情况：

第一，国有企业所采用的信息披露标准。调查结果显示，23 个成员国的国有企业信息披露都参照上市公司标准进行信息披露。

第二，信息披露的时间和频率。调查结果显示，只有 1 个国家（荷兰）采用两年披露一次的方式；6 个国家采用单纯年度报告方式；12 个国家采用"年度报告+月度报告或季度报告"组合方式；2 个国家采用单纯的季度报告方式；2 个国家的信息披露时间频率不详。

第三，信息披露和信息报告的对象和内容。在这次调查中，OECD 将国有企业的报告事项分成两类：一般事项和特殊事项。笔者将附录二中 23 个成员国报告事项的现状概括总结成表5-1。从表5-1中可以看出，23个成员国家对特殊事项的报告要求各有不同；对一般事项的报告可以按照报告的对象分成五种类型，分别是：①向议会报告；②向财政部报告；③向政府报告；④向所属的政府部门报告；⑤向公众报告。关于一般事项可以单独对其中的某一个对象报告或者是同时对其中的几个对象报告。

表5-1　OECD成员国家国有企业报告事项

国家	一般事项的报告	特殊事项的报告
奥地利	报告给公众会议	同私有企业
比利时	向部长和公共部门报告，公共服务和商业活动中的科目不同	
捷克共和国	向法定代表和财政机关报告数据和信息	在有效的法律体系内
丹麦	向商务公司署报告重要的事项	不向债权人和供应商提供专门的报告
芬兰	私有企业向作为所有者的政府报告，上市公司向市场公开信息	没有专门要求
法国	向议会报告，作为年度预算草案的附属	
德国	政府可以在与公司和商业法相容的基础上通过其在监事会和公众会议中的代表要求一个详尽的报告	
希腊	董事会向经济财政部、监事部、议会提交年度报告	只针对上市公司的顾客和供应商
匈牙利	向相关的财政部门和非财政部门报告	根据公司法，报告需经作为所有者的政府认可
意大利	非上市公司向财政部报告定性信息和定量信息（财务结果、预算、管理事项），审计部门向议会提供每个国有企业的审计报告	自愿
荷兰	向议会报告利润损益情况	同其他公司
波兰	向财政部报告经监事会认可或者经公众会议年度审核的财务状况	没有
斯洛伐克	向建立者递交财务报告，同监事会讨论向相关政府部门和税务总局提交，根据需求决定是否向公众公布	根据No.111/1990法案，在合法的范围内
西班牙	指导国有企业与政府间的规范关系	
瑞典	议会和普通公众工会收到年度报告，国有企业的季度报告有固定的要求	同私有企业
英国	财务和非财务（包含首席执行官和主席的报告、业务发展回顾、未来战略、公司治理安排）	基本相同，只是在人员相关事务不同
挪威	董事会向议会和公众报告年度公司科目和年度报告，包含财务和非财务	同私有企业
瑞士	联邦制定目标，每年接受固定的年度管理报告	作为年度报告的一部分
土耳其		
澳大利亚	财务和非财务报告	在年度报告中一些关于专门责任和特殊功能的信息

国家	一般事项的报告	特殊事项的报告
加拿大	年度报告包含财务报表和涵盖五年的历史绩效总结，未来五年的公司计划和预算，政府编制一个包含所有国有企业的年度报告	大多数必须向政府提交一个有待政府批准的公司计划和预算
日本	烟草有限公司：商业计划向财政部报告。电信公司：向公共管理部长报告资产负债表和运营报告	
新西兰	董事会向持有其股份的部长递交经过验证的商业计划和年度报告	根据公司法案

资料来源：根据《OECD 国有企业公司治理指引》（2005）中的国有企业透明和披露表格整理。

第四，国有企业汇总报告。调查结果显示，在 23 个被调研成员国中有 10 个国家会发布国有企业的汇总报告，占总数的 43%。

一、信息披露的核心纲领：《OECD 国有企业公司治理指引》

2005 年 5 月，OECD 在北京首次发布了《OECD 国有企业公司治理指引》(以下简称《指引》),[①] 该《指引》中多处涉及国有企业信息透明和披露，可以概括为以下几个方面：

1. OECD 国有企业信息披露内容相关规定

该《指引》第一章中提出"超出普遍接受标准的、以公共服务名义要求国有企业承担的任何义务和责任都需要按照法律和规则明确授权。这些义务和责任还应该向社会公众披露，相关的成本应该以透明的方式支付"。这一规定表明公众有权了解国有企业所承担的任何义务和责任，被普遍接受标准的、以公共服务名义要求的国有企业承担的义务和责任是需要经过法律和规则明确授权的，也就意味着这部分的义务和责任是众所周知的，而超出这部分众所周知的责任和义务是一定要向社会公众披露的，这一条例最大限度地保障了社会公众的知情权。此外，OECD 将国有企业信息披露制度分成物质信息披露和非物质信息披露、财务信息披露和非财务信息披露。

2. OECD 国有企业信息披露渠道相关规定

该《指引》第二章中提出"国家应该作为一个知情的和积极的所有者行事，并应制定出一项清楚和一致的所有权政策，确保国有企业的治理具有必要的专业化程度和有效性，并以透明和问责方式贯彻实施"，并且进一步说明了国家作为

---

① 附录中列示了《OECD 国有企业公司治理指引》中与国有企业信息透明和披露的相关内容。

一个积极的所有者应该按照每个公司的法律框架行使其所有者权利，其中应该包括建立报告制度，允许对国有企业经营绩效进行定期的监督和评估，这一条款的推出将国有企业报告制度正式列为国有企业信息披露的重要形式，并且将国有企业经营绩效的定期监督和评估作为国有企业报告的重要内容。

3. OECD 国有企业信息披露对象和原则相关规定

该《指引》第三章中提出"国家和国有企业应该承认所有股东的权利，确保他们得到公平对待和平等获得公司信息"，这一规定为本书所研究的中国国有大企业信息公开披露提供了理论基础。在中国，国家是代表全体人民行使管理国有资产的权力，人民是国有资产的最终所有者，是国有大企业真正的股东，作为实际股东的人民应该具有同作为股东代表的国家及国家机构相同的知情权来获知国有大企业的经营信息，了解国有资产的经营情况。

表 5-2 列示了上述《OECD 国有企业公司治理指引》中关于国有企业信息披露的主要内容。

表 5-2　OECD 关于国有企业信息披露的规定

内容	OECD 的规定
信息披露主体	一、企业主体 二、所有权实体
信息披露内容	一、国有企业的义务和责任 二、重要信息 1. 向公众提供一个关于公司目标及其实现情况的清晰声明 2. 公司的所有权和选举权结构 3. 任何重大风险因素以及处理这些风险所采取的措施 4. 收到任何来自国家和以国有企业名义承诺的财务扶持，包括担保 5. 与相关实体的任何重大交易
信息披露对象	国家部门、公众
信息披露渠道	网站
信息披露监管	一、内部审计 二、外部审计

资料来源：根据《OECD 国有企业公司治理指引》整理。

该《指引》第五章还重点对国有企业信息披露主体类型以及信息披露监管做了具体说明。根据国有企业信息披露主体的不同，OECD 将国有企业信息披露制度分成两种类型：一种是由合作机构或所有权实体编制的国有企业整体报告，另一种是由国有企业个体编制的报告。从信息披露的监管和质量要求上说，OECD 认为国有企业的信息披露应该遵循与上市公司一样的高质量的会计和审计标准，国有企业所披露的信息应该经过内部审计和外部审计，以保证所披露信息的质量。这些对信息披露主体以及监管的规定和要求可以成为中国国有大企业信息披露制度借鉴的理论基础。

专栏 5-1

《OECD 国有企业公司治理指引》

第五章　透明度和信息披露

按照《经合组织公司治理原则》，国有企业应遵循高标准的透明度。

一、协调主体或所有权实体应就国有企业做出符合实际的合并报告，并且公布关于国有企业的年度合并报告。

二、国有企业应该制定有效的内部审计程序，并且建立由董事会监督和直接向董事会及其审计委员会或相同公司机构报告的内部审计职能。

三、国有企业，尤其是大型国有企业应该经过基于国际标准的年度外部独立审计。现存特殊的国家监控程序不能代替独立的外部审计。

四、国有企业应该像上市公司一样依照高质量的会计和审计标准。大型国有企业或上市的国有企业应按照国际上认可的高质量标准披露财务和非财务方面的信息。

五、国有企业应按照《经合组织公司治理原则》中要求的所有事务披露重要信息，并且重点是明显关系到作为所有者的国家和普遍公众的领域。这些信息的举例包括：

（1）向公众提供一个关于公司目标及其实现情况的清晰声明。

（2）公司的所有权和选举权结构。

（3）任何重大风险因素以及处理这些风险所采取的措施。

（4）收到任何来自国家和以国有企业名义承诺的财务扶持，包括担保。

（5）与相关实体的任何重大交易。

资料来源：《OECD 国有企业公司治理指引》。

二、信息披露的实践

参照上述《指引》的规定，OECD 成员国相继进行了一系列的国有企业信息披露制度方面的实践和探索，并取得了较为理想的效果。本书主要选取其中三个比较有代表性的国家作为国有企业信息披露制度实践的典型案例进行分析。

1. 奥地利

以 OIAG 公司为例，OIAG 公司的全称是奥地利工业股份公司，它是奥地利政府的投资代表。奥地利政府对多数国有企业的市场监督和战略影响都是通过 OIAG 公司来完成的。奥地利国有企业的信息披露主要通过 OIAG 公司每年发布的年度报告来完成，年度报告是比照上市公司要求，向全体股东报告并向公众公开的。

奥地利 OIAG 公司年度报告的内容主要分为三大部分，见表 5-3。第一部分是 OIAG 的基本情况介绍，这部分中包含了四部分内容，即简介——关注投资管理和可持续的价值增加、资产管理、投资—组合—流动性、公司主体；第二部分是投资介绍，这部分分为两部分内容，即投资组合概览、全部控股投资公司的介绍（航空公司等）；第三部分是当年财务年度的情况介绍，这部分中包含了五部分内容，即管理报告、年度财务报表、财务报表的附注、审计师报告和监事会报告。

表 5-3　奥地利 OIAG 公司年度报告内容

年度报告内容	具体项目
OIAG 的基本情况介绍	1. 简介——关注投资管理和可持续的价值增加 2. 资产管理 3. 投资—组合—流动性 4. 公司主体
投资介绍	1. 投资组合概览 2. 全部控股投资公司的介绍
当年财务年度的情况介绍	1. 管理报告 2. 年度财务报表 3. 财务报表的附注 4. 审计师报告 5. 监事会报告

资料来源：根据 OIAG 网站上年报内容整理。

2. 瑞典

目前，瑞典共有 59 家国有企业，这些公司总价值约占全国 GDP 的 7%，并且雇用了大量的员工，国有企业员工人数占总就业人数的 5%。[①]

① 钱岩松：《国有企业公司治理比较研究》，《财贸研究》2009 年第 1 期。

夏炳军《瑞典国有企业调研报告》认为，瑞典国有企业最重要的特点之一就是管理公开透明。这主要体现在对公司的董事会任命、高管任命、审计监督、财务报表等都有具体的规定。国有企业股东大会也充分体现了全民所有，瑞典公民均可参加国有企业股东大会，并有权提出质询。瑞典国有企业的信息披露开始于1982年，瑞典议会决定政府每年须提交国有企业年度报告。从1999年开始，政府开始公布国有企业年度报告。该报告面向公众、国有企业、媒体、工会和其他股东，同时也作为政府向议会提交的官方国有企业年度报告的附件。该报告包括国有企业合并报表和自2000年以来每年的资产负债表。从2000年开始，政府开始在网上发布国有企业季度报告，在2007年的年度报告中，增加了社会责任和可持续发展两部分。瑞典工业部还规定国有企业即使没有上市，其信息公开的程度也不得低于上市公司。政府有关部门保管、接受和起草的有关国有企业的文件、资料，公众有权查阅。如对公司经营活动不利和可能给公司价值带来损失的敏感商业信息，列为机密。对公众利益和个人利益可能造成负面影响的信息，也可能列为机密。公众虽然可以要求查阅这些资料，但政府机构可以根据保密法酌情处置。①

3. 澳大利亚

澳大利亚国有企业采用了双所有权机构模式。国有企业均由财政部和专业部门共同行使所有权，专业部门的部长一般是负责部长，财政部下属的一个咨询机构（GBPFAU）负责向财政部和专业部的部长就国有企业监督提供咨询意见。

澳大利亚的国有企业须提交进程报告和年度报告，进程报告是提交给部长级的秘密文件，可以是1季度1次，也可以是每6个月1次，年度报告向国会提交并向公众披露。换句话说，在澳大利亚国有企业主要提交两类报告，一类是机密的期中报告，另一类是公布于众的年终报告。此外，国有企业还须报告企业计划和企业目标声明，企业计划是企业对未来3~5年的展望，通常是机密的；企业目标声明也叫企业规划声明，汇总了企业计划中可公开的部分，并包含了政府目标、任务和国有企业向议会和公众宣布的业务战略的一般说明，企业的规划进程部分还包括了国有企业制定关键绩效指数。此外，国有企业的年度报告中还包含

_____

① 夏炳军：《瑞典国有企业调研报告》，中华人民共和国商务部网站，http://www.mofcom.gov.cn/aarticle/i/dxfw/jlyd/200703120070304473788.html，2007年3月19日。

了关于公共事业义务的说明（澳大利亚政府有一个关于公共事业义务的报告和成本的详细的政策），澳大利亚的法律规定了国有企业年度报告应该受到独立的审核。

第二节　新加坡国有企业信息披露

一、信息披露的主导机构：公司治理和信息披露委员会

新加坡的公司治理和信息披露委员会成立于 2002 年 8 月，它是在世界各国开始突出强调公司治理和信息披露的重要性的背景下成立的。该委员会的任务是制定新加坡会计准则和公司治理准则、提升现有的信息披露和报告标准和公司治理结构，推动公司治理结构的研究和实践，监督公司持续、真实的披露信息。该委员会的组织人员有官方背景，委员会主席和委员都由新加坡财政部部长指定，委员会由来自商业机构、专业机构、学术团体和政府部门的人员组成。公司治理和信息披露委员会要求组织不断鼓励新加坡公司完善公司治理文化和实践，使越来越多的非上市公司不断主动进行信息披露，对新加坡公司特别是国有企业信息披露起到了重要的推动作用。

二、信息披露的实践

根据现有对新加坡国有企业网站的统计结果，可以发现新加坡国有企业信息披露程度很高，大多数非上市的国有企业都能够在网站上进行年报公开，只有非常少的国有企业不公开年报。

以被称为新加坡的"国务院国有资产监督管理委员会"的淡马锡公司为例，这家成立于 1974 年的公司，是一家新加坡政府的投资公司，新加坡财政部对其拥有 100% 的股权。[①]淡马锡控股公司是新加坡政府全资拥有的几家公司中知名度最高的。它作为隶属新加坡财政部，管理部分国家储备，为财政部全资拥有的豁

---

① 李为民：《国有资产市场化经营的典范——新加坡淡马锡控股公司经营模式初探》，《企业管理》2000 年第 10 期；张婧：《新加坡国有企业公司治理模式研究》，厦门大学硕士学位论文，2009 年，第 14~19 页。

免私人公司，不需要像上市公司一样对外公开业绩或年报，只需将年报交予财政部和董事会成员等少数人。由于自成立以来到 2004 年 9 月为止从未公布过财务报表，曾一度被认为是新加坡最神秘的公司。该公司掌控了包括电信、航空、星展银行、地铁、港口、海皇航运、电力、吉宝集团和莱佛士饭店等几乎所有新加坡最重要、营业额最大的企业，曾有国外媒体估算，淡马锡控股所持有的股票市价占到整个新加坡股票市场的 47%，可以说是几乎主宰了新加坡的经济命脉。淡马锡控股除了投资新加坡本地市场外，也把亚洲市场和发达国家市场视为投资重点，目前大约一半的资产是在新加坡以外的地区。其中主要的投资包括马来西亚电信、印度 ICICI 银行、澳大利亚第二大电信公司 Optus、中国建设银行、中国民生银行。

2004 年 10 月，该公司首次公布了 2003 年度的财务报表，这项举措被认为是为准备首次发行企业债券而做准备。报表显示，在过去的 30 年中，公司的总体投资回报率为 18%，但是过去 10 年的回报率则只有 3%。它的总资产达到 900 亿美元，是新加坡最大的企业，企业规模与美国通用电气、韩国第四大金融服务业者——韩亚金融集团、德国西门子公司相当。在 2003 年的表现中，公司的回报率高达 46%。国际两家评级机构标准普尔与穆迪投资都在 2003 年财务报表发表后给予淡马锡控股公司 3A 的最高信用评级。

淡马锡控股公司所公布的年度报告的内容可以分成十一大类，具体包含：淡马锡概览；年度概要；投资组合摘要；致公司利益相关者；集团财务概要；投资回顾；建设体系；参与世界；扩展道路；淡马锡重点投资；淡马锡的营运版图。

对于淡马锡控股公司公开年度报告，新加坡国内有两种声音：一种声音来自于淡马锡控股内部，公司的发言人曾经宣称作为一家非上市公司，淡马锡控股公司本来没有义务公布其经营业绩，公司年度报告的披露是为了配合 2005 年 9 月首次发售的全球债券而进行的财务公开；此外，淡马锡控股公司年度报告的公开也是它们谋求不断优化成为长期股东和积极投资者所作出的努力。另一种声音来自于批评者，他们认为作为政府财政储备的投资公司，淡马锡控股公司虽然不是上市的私人企业，却还是应该更加透明，除了公布财务报表外，还应遵循上市公司的惯例公布高层人事的薪水情况等。虽然不同的利益主体对新加坡淡马锡控股公司年度报告公开持有不同的态度和言论，但是可以看出，不论是淡马锡控股公司内部还是外部的批评者无疑在一点上已经达成了共识，即淡马锡控股公司年度经营报告的公开，可以使原来一些处于秘密状态的企业经营行为变得公开透明，减少上层管理人发生不当行为的可能性，有利于淡马锡控股公司不断优化。如果更加深入的剖析这些对淡马锡控股公司公开年度报告的不同声音，则进一步印证了本书研究的基本前提假设，即公开透明的信息披露制度是公司治理监督机制中的核心和基础，只有加大信息披露的公开和透明程度，才会增加公司管理人员的违约成本，从而对其形成有力约束，这样对于保护所有者的资产，对于公司资产的保值增值是大有裨益的。新加坡充分利用和发挥社会公共监督的力量的做法也堪称经典，主要表现为除了政府可以作为所有者随时对国有企业进行检查外，任何机构或个人，只须交纳很少费用，都可以在注册局调阅任何一家企业的资料。

专栏 5-2

新加坡淡马锡公司的监督制度体系

一、外部监管：政府对淡马锡的监管

政府对其监管通过四种方式进行：一是直接派人参加董事会。如上所述，由财政部等部门共派出四位司（局）级和副部级官员，直接参加公司董事会。通过他们在董事会活动，影响和监督公司的重大决策，以确保公司经济活动符合政府赋予它的使命。二是通过财务报告和项目审批制度，对公司重大决策进行监管。如规定公司必须定期将财务报表上报财政部，且上报之前必须经国际权威审计公司评审，以便财政部了解和掌握公司经营状况。另外，凡涉及公司及公司下辖子公司的重大投资决策和经营事项，如公开上市、改变经营范围或到海外投资等，均需上报财政部审批或备案。三是不定期派人到公司或其子公司调查了解情况。新加坡是个小国，政府主管经济工作部门的有关官员与淡马锡公司上层负责人一般都比较熟悉，他们经常利用吃早茶或共进午餐等形式，随时向公司询问和了解情况。因此，对公司的重大举措，政府部门（主要是财政部）一般来说都是清楚的。四是通过舆论监督。新加坡实行严格的反腐倡廉法律和法规，除由总统直接负责的反贪局对国家公务员的公务活动进行监督外，政府还鼓励新闻媒体对侵吞国家财产和贪赃枉法行为进行公开曝光。作为一家掌管着400多亿美元国有资产的大公司，无疑是媒体聚焦的对象，而且它下属很多公司的经营业务与普通百姓的

日常生活息息相关，如民航、地铁、电信、港口、码头等，因此，公司的重大举措经常见诸报端或在电视上亮相。这就迫使淡马锡公司在涉及公司重大业务决策时，不能暗箱操作。这种监督，当然也包括对派往公司任董事的政府官员言行的监督。在新加坡，不仅淡马锡，任何一家公司，若干了什么不光彩的勾当，都非常惧怕被媒体曝光。谁要沾上这样的官司，非死即伤。

二、内部监督：从制度上建立防范机制

公司没有专门设立监事会，其内部监督职能由董事会直接承担。董事会内设审计委员会，专门负责公司的财务审计。

公司内部在业务运营（项目投资）制度和程序上，制定相关政策和规定，以确保公正，并接受政府的监管。而对那些特大型的项目，因本公司资金有限而需要政府注入新的资本时，还要报请财政部审批。很显然，采取这样的审批制度，就是为了确保公司所授权经营的国有资产的管理和运营严格处于总公司和政府的监控之下，从而尽量避免发生重大项目投资决策的失误。

三、对子公司（国联企业）的监督

（1）子公司重要领导者的任免由总公司审批。公司规定，子公司的董事长、首席执行官（总裁）和总经理必须报总公司批准，任期不超过六年。董事长与首席执行官（总裁）的职位原则上分设，子公司的董事会规模大小由公司确定（一般设12人左右），并要求每家子公司必须保留一定比例的外部董事，鼓励他们从全球范围内物色优秀的管理经营专家加盟。

（2）实行子公司业务范畴控制制度。淡马锡公司要求所属企业在开拓新的业务时，必须经过充分的论证和总公司的审核批准，否则，将被视为违纪。

（3）建立业绩考核制度。业绩考核指标因行业不同，有所区别。具体某一国联企业的当年指标的高低，则由子公司提出一个基本比率，然后与总公司协商确定。

（4）开展定期业绩分析制度。淡马锡总公司根据企业的财务报告，每年至少进行两次业绩分析，并要实地抽查。对业绩好的企业，对经营者进行奖励；业绩差的，要帮助他们分析原因，提出对策（如集中核心业务、调换高层管理人员或调整业绩考核指标等）。

资料来源：http://baike.baidu.com/view/390644.htm.

第三节 国有企业信息披露国际实践的经验借鉴

根据导论中提出的企业信息披露制度分析框架，对上述 OECD 的三个成员国家和新加坡的国有企业信息披露制度的分析主要是围绕信息披露主体、信息披露对象、信息披露内容、信息披露渠道和方式以及信息披露监管这五个方面展开的。

一、信息披露主体：企业主体和所有权实体

前文所述的国际上国有企业信息披露主体可以划分为两种类型：企业主体和所有权实体。企业主体信息披露就是单个国有企业编制自身经营报告并通过网站等媒体进行公开披露；所有权实体信息披露是由政府投资管理部门或机构将全国国有企业经营情况进行汇总，并将汇总后的国有企业整体报告向社会公开披露。企业主体信息披露可以使公众了解某个企业的经营信息；所有权实体信息披露可以使公众了解国有企业总体运营状况，便于对国有企业整体情况的了解和分析。从表 5-4 对澳大利亚、奥利地、瑞典和新加坡四个国家国有企业信息披露主体的比较可以看出，澳大利亚、奥地利和新加坡采用的是企业主体信息披露模式，瑞典采用的是企业主体和所有权实体同时披露的模式。笔者认为，企业主体和所有权实体同时披露模式更利于国有企业监督和国有资产的保值增值。单独企业主体的信息披露模式不利于对国有企业总体运营情况的了解和分析，而只将国有企业总账公开即只由所有权实体进行信息披露模式则易导致"滥竽充数"的现象，不利于奖勤罚懒以及经营责任的追究。

表 5-4 澳大利亚、奥地利、瑞典和新加坡四国国有企业信息主体比较

国家	澳大利亚	奥地利	瑞典	新加坡
信息披露主体	企业主体	企业主体	1. 企业主体 2. 所有权实体	企业主体

资料来源：根据新加坡、奥地利、瑞典和澳大利亚政府网站的国有企业年报相关资料整理。

二、信息披露对象：由政府部门拓展到社会公众

信息披露对象就是信息的使用者和需求者，对上市公司来说，信息的使用者和需求者包含了上市公司的股东、潜在投资者和其他利益相关者。上市公司股东需要利用上市公司经营信息来判断自己的"去留"；潜在投资者需要利用上市公司经营信息来判断是否要成为该公司的"所有者"即股东。国有企业的信息需求者与上市公司的信息需求者既相似又有所不同。国有企业是国家代表全体人民所有的一种企业组织形式，因此从实际所有者的数量上看，国有企业的所有者数量要大大超过上市公司的股东数量。过去的国有企业信息披露并未将国有企业真正的所有者——公众纳入到信息披露对象中来，近年来，越来越多的国家和组织都已经意识到国有企业信息公开透明的重要意义，国有企业信息披露的对象也渐渐由原来的国家政府部门开始拓展到社会公众。

国有企业信息披露对象向社会公众拓展的这一趋势在前文所分析的 OECD 成员国家和新加坡的国有企业中表现明显。从表 5-5 中对澳大利亚、奥地利、瑞典和新加坡四个国家国有企业信息披露对象的比较可以看出，社会公众成为了共同的披露对象，但又略有不同。澳大利亚针对不同报告选择了不同的披露对象，国有企业进程报告是提交给部长级的秘密文件，披露对象仅限于部长级的政府官员，并不向社会公开披露；而年度报告和企业目标声明中的部分内容是可以同时向国会和公众公开披露的。新加坡、奥地利和瑞典都是将单个国有企业和国有企业汇总报告向政府相关部门和公众同时公开披露。

表 5-5　四个典型国家的国有企业信息披露对象比较

国家	新加坡	奥地利	瑞典	澳大利亚
对象	2004 年首次开始向公众公开财务年度业绩报告	1. 奥地利财政部要求 OIAG 编制年度报告，向财政部报告并向社会披露 2. OIAG 也要求所管理的国有企业报告财务报表并向社会披露	1. 国有企业按照上市公司财务会计准则编制季度、年度报告，向工业部报告并向社会披露 2. 工业部本身也编制国有企业的年度综合报告，向议会报告也向社会披露	1. 进程报告是提交给部长的秘密文件 2. 年度报告向国会提交并向公众披露 3. 企业目标声明汇总了国有企业向议会和公众宣布的业务战略的一般说明

资料来源：根据新加坡、奥地利、瑞典和澳大利亚政府网站的国有企业年报相关资料整理。

三、信息披露内容：比照上市公司，体现国有企业特征

信息披露的目的是决定信息披露内容的依据和基础。国有企业信息披露的根本目的就是使国有企业经营透明和公开，避免由于信息不对称形成的"暗箱"为企业管理者侵蚀所有者利益创造机会。因此，国有企业信息披露内容要充分反映国有企业的经营状况和成果，使作为所有者的社会公众、政府部门以及其他利益相关者能够通过披露内容对国有企业的经营状况做出判断，达到提升国有企业管理者违约成本、保护国有资产的目的。

表 5-6　四个典型国家的国有企业信息披露内容比较

国家	瑞典	澳大利亚	奥地利	新加坡
内容	年度报告： 1. 完整环境分析 2. 财务目标 3. 社会责任目标 4. 机会均等政策 5. 董事会工作总结 6. 红利政策 7. 董事会及高管薪金 8. 社会责任履行和可持续发展	1. 企业计划 2. 企业目标声明汇总了企业计划中可公开的部分，并包含了政府目标、任务和国有企业向议会和公众宣布的业务战略的一般说明	OIAG 年度报告： 一、OIAG 1. OIAG 简介 2. 资产管理 3. 公司主体 二、投资 1. 投资组合概览 2. 全部控股投资公司的介绍 三、当年财务年度 1. 管理报告 2. 年度财务报表 3. 财务报表的附注 4. 审计师报告 5. 监事会报告	淡马锡年度报告： 1. 淡马锡概览 2. 年度概要 3. 投资组合摘要 4. 致公司利益相关者 5. 集团财务概要 6. 投资回顾 7. 建设体系 8. 参与世界 9. 扩展道路 10. 淡马锡的重点投资 11. 淡马锡的营运版图

资料来源：根据新加坡、奥地利、瑞典和澳大利亚政府网站的国有企业年报相关资料整理。

从表 5-6 中对瑞典、澳大利亚、奥地利和新加坡四个国家信息披露内容的比较可以看出，这四个国家国有企业信息披露内容基本上是比照上市公司信息披露内容要求，此外还体现了国有企业兼顾"社会目标和责任"的特点。澳大利亚国有企业目标中关于政府目标和任务的说明以及年度报告中关于特定责任和特别职能的信息，瑞典国有企业信息披露中的"社会责任目标"以及"社会责任履行和可持续发展"的内容都充分反映了国有企业在具有经济目标的同时还具有社会目标，完成经济任务的同时还承担社会责任的特征，这些内容都充分体现了国有企业在国民经济中的重要角色和作用。

四、信息披露渠道和方式：公开透明、方式多样

信息披露渠道主要是指信息披露对象获得信息披露内容的途径。信息披露的途径主要有网络、文件、报纸刊登等，信息披露的频率可以根据所披露信息内容的性质分成年度披露、季度披露、半年度披露以及临时披露。信息披露渠道的选择关系到信息披露对象能否有效获得所需要的信息，这种有效性既包含获得信息成本的最小化，即信息搜寻和获取时间的成本、经济成本的最小化；又包含获得信息的真实、准确和及时。从表 5-7 中对四个国家国有企业信息披露方式的比较分析可以看出，这四个国家的国有企业信息披露方式的选择充分体现了公开透明的特征。所不同的是瑞典和澳大利亚对不同信息披露内容采用了不同的信息渠道披露；奥地利和新加坡则是对所有的信息披露内容采用统一的信息披露渠道。

表 5-7　四个典型国家的国有企业信息披露方式比较

国家	新加坡	奥地利	瑞典	澳大利亚
渠道方式	财务报告：公开	财务报告和年度报告：公开	1. 季度报告、年度报告和经营报告都遵循：公开 2. 政府有关部门保管、接受和起草的有关国有企业的文件、资料，公众有权查阅 3. 列为机密的信息：对公司经营活动不利和可能给公司价值带来损失的敏感商业信息；对公众利益和个人的利益可能造成负面影响的信息 4. 公众虽然可以要求查阅这些列为机密的信息，但政府机构可以根据保密法酌情处置	1. 进程报告：秘密文件 2. 年度报告：公开 3. 企业计划：秘密 4. 企业目标声明：公开

资料来源：根据新加坡、奥地利、瑞典和澳大利亚政府网站的国有企业年报相关资料整理。

五、信息披露监管：内部监管和外部监管同时进行

信息披露制度的有效实施离不开信息披露的有力监管。国际上国有企业信息披露制度同上市公司信息披露制度的监管有许多相似之处，主要是依靠内部监管和外部监管两个方面同时进行。国有企业信息披露制度的外部监管主要依靠国家相关法律法规、行业规定、律师和会计等中介机构、政府部门以及社会公众；国有企业信息披露制度的内部监管主要依靠国有企业的科学公司治理结构、独立董事监督作用的发挥以及内部审计的设立和实施。瑞典在国有企业信息披露监管方面的做法具有代表性，"瑞典对国有企业的信息披露的规定详细并且具有针对性，有效地保证了舆论、股东、公众对国有企业的监督；同时，瑞典还有一整套对国有企业的审计程序和办法，注意利用社会审计咨询机构资源，保证了对国有企业

的有效监管（夏炳军，2007）"。专栏 5-3 对 OECD 成员国家国有企业信息披露质量监督和控制的主要方法进行了系统的分析和比较。

专栏 5-3

OECD 成员国家国有企业信息披露的监管

根据《国有企业公司治理：对 OECD 成员国的调查》研究结果表明，OECD 成员国家国有企业信息披露质量的监督和控制主要通过三种方式：会计、外部审计和特殊的国家控制。

1. 会计

在绝大多数情况下，国有企业使用与公众公司相同的会计和审计准则。总的来说，在一般会计准则中并没有特别规定或豁免条款。例如，在英国，国有企业必须按照本国的会计准则进行报告。在欧盟国家中唯一例外的是，当一个国有企业被委托提供事关公共经济利益的服务和为了提供该项服务而接受任何形式的国家援助时，它需要分立分离的账户。各国仍在讨论的一个突出问题是是否按照 2005 年实施的国际会计标准或国际财务报告准则进行合并报表。很多情况下，只有大型国有企业才被要求采用国际会计标准或国际财务报告准则，其他企业仍然沿用国内标准。

2. 外部审计

在大多数 OECD 成员国中，国有企业同样要接受外部审计人员的审计。来自外部的专家可以确保企业的财务结果和业绩指标是否合理并且是正确的，而不是错误或虚报的。外部审计也是一个重要的激励手段，使国有企业管理层和董事会正确地向所有权实体和公众负责。在英国，国有企业每年年末公布的财务报告都需要有审计人员的签名，并且审计人员的意见依据要包含在年度报表里面。各国外部审计人员的特点和选择方式是不同的。

有一些国家，由独立的注册外部审计人员负责对国有企业进行审计。这些审计人员是由公司自己选择的，更准确地说，是由公司的审计委员会选择的。法国、挪威、波兰和斯洛伐克共和国就采取这种做法。在英国，除了运营基金外，所有国有企业都要接受独立审计人员的审计。在比利时，每个国有企业的审计工作都由四个外部审计人员进行，其中两人由国家控制机构任命。意大利也是如此，在没有具体法律规定的情况下（对非上市国有企业），经济和财政部要求国有企业接受独立的注册外部审计人员的审计。

在另外一些国家，国有企业由官方"审计总署"进行审计。审计总署负责澳大利亚联邦政府机构和公司的财务报表以及英国运营基金的审计工作。审计总署是国家特殊的审计实体，它们在获取有关文件、进入办公场所和接触国有企业职工等方面拥有很大的权力。

在一些国家，某些特定的国有企业可以从私营部门挑选审计人员，但同时要求审计长提交一份有关公司财务报表的审计报告。这种情况的例子是澳大利亚的国家电信公司。

人们越来越多地关注外部审计人员的选择和他们的独立性。当由公司自己选择审计人员时，其审计委员会负责决定通过竞争性机制选择人员的程序，而且他们越来越看重质量而不仅仅是价格竞争。例如，在波兰，国有企业监督董事会在选择外部审计人员的时候会考虑其相关经验、薪酬和独立性。被选中的外部审计人员不能在同一年内向该国有企业提供过其他服务，且其服务期不能超过三年。

3. 特殊的国家控制

在绝大多数的OECD成员国中，国有企业除了与普通公众公司一样要提交报告之外，在信息披露和透明度方面最明显的特征是，它们还需要向国家的特别控制实体提交报告。这些特殊的控制措施是由专业的国家审计实体实施的，一般负责控制公共资金的使用。这些特殊的国家审计机构在日本被称为审计委员会；在澳大利亚、芬兰、新西兰、英国和挪威被称为国家审计署；在加拿大被称为审计长公署；在意大利、比利时、法国和奥地利被称为审计法院；在波兰被称为最高检察院；在韩国被称为审计监察委员会；在德国被称为联邦审计法院；在西班牙被称为行政稽查机构；在土耳其被称为高等审计委员会；在瑞典被称为国家审计局（参考表5-8）。

在意大利，审计法院的代表可以以无表决权观察员的身份列席董事会会议和法定审计理事会会议。他们就每一家国有企业向议会提交一份年度报告。

在韩国，必要时审计监察委员会有权检查政府投资的公司。

在瑞典，国家审计局在业绩审计的范围内可以检查国家以有限公司的形

表 5-8 外部审计和特殊的国家控制机构

国家	外部审计人员	国家审计人员	特别审计规定
澳大利亚		有：国家审计署	
奥地利	有	有：如果是国家控股公司，由奥地利审计法院负责	
比利时	有 4 个	有：包括两名外部审计人员由国家控制机关任命	
捷克	有	有：最高审计署	要求比其他公司更严格：商业（国有）企业必须接受独立审计
芬兰		有：国家审计署	无：与其他公司一样
法国	有	有：审计法院	
德国		建议联邦审计法院对国有控股公司享有特殊权力	无：与其他公司一样
希腊			
意大利	有：外部私人审计人员		根据在意大利实施的欧盟 2000/52 规定，提供涉及公共经济利益服务的国有企业要拥有的独立的账户
日本		有：审计委员会	
韩国	有：审计监察委员会	有	
荷兰			无：与其他公司一样
新西兰		有：审计长	有：只针对选择委员会控制的非上市公司
挪威	有	有：国家审计署	无：与其他公司一样
波兰	有：国有企业监督董事会选择外部审计人员	有：最高监察院，私有化过程中的国家审计程序	要求比其他公司严格，要进行独立审计
斯洛伐克		有	国有企业有责任请审计人员核实其财务报表
西班牙	有：会计法院	有：行政稽查机构	要求比其他公司严格
瑞典	有	有：国家审计局	
瑞士	有：联邦财务控制机构（因各国有企业的法令而定）	有：联邦财务控制机构（因各国有企业的法令而定）	
土耳其		有：高等审计委员会	无：与其他公司一样
英国	有	有：运营基金	无

式从事的各种活动。这种检查的对象是法律规定的活动、其他法定条款规定的活动或国家在其中有重大利益的活动。国家审计局也可以任命一个或多个审计人员参与年度审计，这意味着国家审计局和其他审计人员共同根据《公

司法》中的审计条款对公司进行审计。

在土耳其，高等审计委员会在总理府的授权下，要对国有企业及其子公司和关联公司进行定期的审计或监控。国有企业的年度财务报表由土耳其共和国国民大会审计并批准。

各具特色的国家审计机构之间的重要区别在于其报告流程的不同。在法国等国家，审计机构向执行机关提交报告。在上面列举的其他国家中，审计机构，比如，英国和澳大利亚的国家审计署（审计长）、奥地利的审计法院和挪威的国家审计署等直接向议会提交报告。

国家审计署似乎更具独立性且拥有更多的资源。审计长有任期保障，其独立性也来自于自己组织工作的能力、对多种事务进行业绩审计的权力和向议会提交审计过程中发现的任何问题的自由。此外，部长也可以建议将某些领域纳入审计长的工作范围之内。审计长有时也可能将一些财务审计工作外包，外包的标准是，只要保证一个领域中 35% 的审计量还掌握在审计长手中即可。[①]

如果国有资产得到恰当、诚实且慎重的管理，那么这些特殊的审计机构只会进行一些总体控制。它们既要检查国有企业，也要检查负责国有企业的所有权实体。有时候，当审计长向议会报告时，审计机构还要承担国有企业的业绩评估工作，并对国营部门的全面业绩作总体报告。业绩评估工作的范围比通常的财务审计工作要广泛得多，业绩审计的目标是使审计人员能够表达自己对于一个（或多个）机构在实施其全部（或部分）活动时的经济性、效率和（或）效果等全方位的意见。评估人员必须评价政策的执行情况，而非评价政府政策本身，尽管两者之间往往无法清晰地区分。

一些国家已经开始使用另外一些加强对国有企业活动控制的方法。例如，在比利时，政府特派员代表部长参加每个国有企业的董事会和管理委员会，以监督其公共服务的业绩和对法律、公司章程和经营合同等遵守情况。虽然政府特派员不是董事会的正式成员，而只是扮演咨询角色，但是他反对

---

① 澳大利亚政府生产力委员会研究报告：《政府贸易企业 1998~1999 年和 2002~2003 年的财务绩效》,2004年，第38~39页。

任何违反相关法律、法规条文和经营合同的决策。政府特派员也可以将任何事项列入议事日程，以保证上述条文得到遵循。法国也有类似的政府特派员制度。但是，这种多重控制机制并存的状况有时也会产生不好的结果。

资料来源：经济合作与发展组织：《国有企业公司治理：对 OECD 成员国的调查》，李兆熙、谢晖译，中国财政经济出版社 2008 年版，第 116~121 页。

第四节　本章小结

　　虽然不同国家因其国情不同、国有企业目标不同以及国有企业治理模式不同，导致各国的国有企业信息披露制度略有差别，但是通过对国有企业信息披露的国际比较分析可以看出，世界各国国有企业信息披露不断走向公开、透明的趋势是一致的。作为拥有最众多所有者的国有企业获得更有效的监督的途径之一就是向其真正的所有者——公众进行信息披露。国有企业的信息披露问题已经得到了众多国家和国际组织的重视，并且已经在相关领域进行了尝试。本章通过对 OECD 成员国家和新加坡国有企业信息披露制度的比较分析，试图为中国国有大企业信息披露制度寻找适合的可资借鉴的国际经验。

第六章 中国国有大企业信息披露制度的演进和现状

在传统的计划经济体制下，国有企业主要依靠报告制度来解决信息披露问题。这里的国有企业报告制度相对于今天我们探讨的信息披露制度具有更大的行政色彩、更狭隘的信息披露渠道和更有限的信息披露对象，因其具有鲜明的行政性、强制性特征，可以将其视为国有企业强制性信息披露制度的雏形。

国有企业的报告制度是国有企业向所属行政部门提交的企业经营信息报告，政府之外的其他部门很难获得国有企业经营情况的信息；1990年，中国建立了证券市场，一部分国有企业开始走向了证券市场，成为了上市公司，这部分国有企业经营的神秘面纱被褪去，公众可以通过证券市场的正常渠道获得上市的国有企业经营的信息，但是对于非上市的国有企业的经营情况信息仍然是无法获知；2004年，作为国有大企业的中国诚通集团首次发布了比照上市公司做出的年度报告，并将其放置于企业网站供社会公众查阅，成为了中国第一个公开向社会披露经营信息的非上市的国有大企业。近年来，要求国有企业信息披露的呼声不断，国有企业信息披露也开始逐步覆盖了产权交易、资产运营、社会责任等更多领域。

在国有大企业信息披露制度的演进历程中，2003年成立的国务院国有资产监督管理委员会对其产生了非常重要的推动作用，国务院国有资产监督管理委员会成立至今共颁布了27条法令，有近半数的法令涉及中央企业的信息披露和信息报告，这些法令从多个方面不断推进了国有大企业信息报告和披露制度的完善和发展。本章梳理了改革开放30余年国有大企业信息披露的发展和演进历程，针对国有大企业信息披露的情况进行分析和评价，为第七章中国国有大企业的信息披露制度的设计奠定了基础。

第一节　中国国有大企业信息披露制度的演进历程

行政隶属关系中的下级——企业内部人作为被监督者，总是拥有相对于上级——企业外部人、监管者的信息优势。为便于指挥和监督，上级单位会对下级企业提出种种信息报告要求。这类信息报告要求，即属于强制性信息披露的范畴（余菁，2009）。

这些年来，国有企业在推进公司制股份制改革以及自身治理体制转变的过程中，也在变革传统的信息披露制度。变化集中体现为两点：第一，国有出资企业面向出资人的信息报告制度的性质发生了变化——行政性的一面在逐步弱化，而基于市场合约关系的经济性的另一面在逐步强化。第二，国资委及国有企业信息披露的受众有所拓宽，而且，伴随受众群体的拓宽，除信息报告这类强制性的信息披露内容外，又新增了自愿性的、选择性的信息披露内容。本节中对国有企业信息披露制度演进梳理的重点放在了 1978 年改革开放以后，按照国有企业信息披露的渠道、对象、公开程度的变化，将国有企业信息披露制度的演进分成两个阶段。

一、以报告制度为主的强制性信息披露阶段：1978~2002 年

从 1978 年到 2002 年，是国有大企业信息披露制度的第一个阶段。在传统的国有企业治理体制中，接受企业信息报告的一方，是以政府主管部门的角色出现的，它与提供信息报告的企业之间的关系，是政企关系。在这种行政性的治理体制下，信息披露制度的基本特点是，信息披露要求非常严格，强调控制力，不计成本。在这一阶段，国有企业信息披露的表现形式主要就是行政报告制度；国有企业披露内容主要是根据国家颁布的各种法令法规的要求进行报告；国有企业信息披露的对象主要是政府部门和企业内部员工，除作为单一的国家出资人代表的政府部门和员工外，国有企业并不需要向企业的其他利益相关者作特别的信息披露。这里将这个阶段称为以信息报告制度为主的强制性信息披露制度阶段。

1978 年 12 月召开的中国共产党十一届三中全会指出，我国传统经济管理体

制的一个严重缺点就是权力过于集中，应该让地方和企业在国家统一计划的指导下享有更大的自主权。中共十一届三中全会后，中央政府颁布了一系列扩大企业自主权的文件，"放权让利"成为了这一阶段国企改革最主要的特点。但是，缺乏配套的资源配置机制和宏观政策环境，没有可以充分反映企业经营业绩的信息指标体系，扩大了自主权的国有企业的信息不对称问题被放大了。由于国有企业常常承担着不同形式的政策性负担，这就为企业管理者的经营不善或亏损提供了借口（刘海泉、马建堂，2000）。[1] 为了保证国家利益不被过分侵蚀，中央政府开始了新一轮的国有企业改革。从 1986 年开始，国有企业的改革开始从经营权向所有权层面过渡。从 1987 年起，国有企业经历了两轮承包制改革。承包经营责任制有多种形式，主要是"两保一挂"承包制，具体内容是：一保上缴利税，二保企业的技术改造，实行职工工资总额与企业经济效益挂钩。承包制中，国有企业经营者继续处于信息优势地位，而国家无法对企业承包者的生产经营行为实施有效的监督。

在传统的国有企业治理体制中，各政府部门作为国有企业出资人的不同管理职能的代表，都可以向国有企业提出各式各样的信息报告要求。在这种治理体制中，除注重保障国家作为出资人的权益外，还有专门针对员工这类利益相关者的披露安排。表 6-1 列示了 1978~2002 年将企业的内部员工作为信息披露对象的几个重要的法律法规。

表 6-1　将员工列为信息披露对象的相关法律法规

年份	法令法规	披露内容	披露形式
1988	《全民所有制企业法》	职工要听取和审议厂长关于企业经营事项的报告	听取报告
1995	《关于国有企业实行业务招待费使用情况向职代会报告制度的规定》	业务招待费支出项目、金额，开支是否符合制度、使用是否合理、手续是否完备以及其他需要说明的情况	每半年一次向职代会据实报告，由职代会向职工传达
1998	《关于国有企业实行业务招待费使用情况等重要事项向职代会报告制度的规定》	1. 报告业务招待费使用情况应当包括：业务招待费全年核定额和实际支出额以及主要开支项目，开支是否符合制度、手续是否完备以及其他需要说明的情况	

---

[1] Louis D. Brandeis, Other People's Money and How the Banker Use It, Frederick A. Stokes Company, 1914 March.

年份	法令法规	披露内容	披露形式
1998	《关于国有企业实行业务招待费使用情况等重要事项向职代会报告制度的规定》	2. 报告个人廉洁自律情况应当包括：本人收入，住房、购房、装修住房，电话费开支，使用公车，出差出国（境）费用支出，购买本企业内部职工股以及为配偶、子女经商办企业提供便利条件等情况 3. 报告与职工切身利益直接有关的事项应当包括：企业兼并、出租、破产、拍卖、用工、裁员、职工下岗分流和再就业、工资分配、住房分配、保险福利、劳动保护等事项	每年向职代会报告一次上述重要事项。需要及时向职代会报告的，在职代会闭会期间可以向职工代表团（组）长和专门小组负责人联席会议报告，由联席会议协商处理
2002	《关于在国有企业、集体企业及其控股企业深入实行厂务公开制度的通知》	1. 企业重大决策问题 2. 企业生产经营管理方面的重要问题 3. 涉及职工切身利益方面的问题 4. 与企业领导班子建设和党风廉政建设密切相关的问题	厂务公开的主要载体是职工代表大会 厂务公开的日常形式还应包括班组会议、厂务公开栏、厂情发布会、党政工联席会议和企业内部信息网络、广播、电视、厂报、墙报等

资料来源：根据表中各相关法律法规具体内容整理。

早在 1988 年颁布的《全民所有制企业法》中已有规定，职工代表大会的职权之一是要听取和审议厂长关于企业经营事项的报告。

1995 年，监察部、国家经贸委、全国总工会下发了《关于国有企业实行业务招待费使用情况向职代会报告制度的规定》，这一规定对于国有企业信息的公开透明化起到了巨大的推动作用。颁布这一规定的根本目的是"为保障企业改革、开放和经济发展，加强企业管理和民主监督，保持企业领导干部清正廉洁"。在该规定中，对需要披露的信息和披露形式做了明确的规定，"报告内容主要包括：业务招待费支出项目、金额，开支是否符合制度、使用是否合理、手续是否完备以及其他需要说明的情况"，"企业厂长（经理）应当每半年一次向职代会据实报告业务招待费使用情况，并由职代会向职工传达"。

1998 年监察部、国家经贸委、全国总工会下发的《关于国有企业实行业务招待费使用情况等重要事项向职代会报告制度的规定》（以下简称《规定》），较 1995 年的《关于国有企业实行业务招待费使用情况向职代会报告制度的规定》的内容有所发展。1998 年下发的《规定》将其目的界定为"为完善国有企业的民主管理制度，加强民主监督，促进国有企业的改革和发展，维护企业和职工的合法权益"。为了达到这一目的，在该《规定》中明确指出公开的内容包含三个方面，即"国有企业领导人员应当向职代会报告三大类事项：①业务招待费使用情况；②个人廉洁自律情况；③与职工切身利益直接有关的事项。其中业务招待费使用情况应当包括：业务招待费全年核定额和实际支出额以及主要开支项目，开支是否符合制度、手续是否完备以及其他需要说明的情况。个人廉洁自律情况应当包括：本人收入，住房、购房、装修住房，电话费开支，使用公车，出差出国（境）费用支出，购买本企业内部职工股以及为配偶、子女经商办企业提供便利条件等情况。与职工切身利益直接有关的事项应当包括：企业兼并、出租、破产、拍卖、用工、裁员、职工下岗分流和再就业、工资分配、住房分配、保险福利、劳动保护等事项"。公开的形式为"国有企业领导人员应当每年向职代会报告一次上述重要事项。需要及时向职代会报告的，在职代会闭会期间可以向职工代表团（组）长和专门小组负责人联席会议报告，由联席会议协商处理"。

2002 年中共中央办公厅和国务院办公厅联合下发了《关于在国有企业、集体企业及其控股企业深入实行厂务公开制度的通知》（以下简称《通知》），该《通知》指出厂务公开的目的是"为了更好地扩大基层民主，保证人民群众直接行使民主权利，实践江泽民同志'三个代表'重要思想，落实全心全意依靠工人阶级的指导方针，巩固、深化和规范厂务公开工作，促进企业的改革、发展和稳定"。同时，该《通知》明确了厂务公开的内容和厂务公开的形式。厂务公开的内容可以概括为四个方面：①企业重大决策问题。②企业生产经营管理方面的重要问题。③涉及职工切身利益方面的问题。④与企业领导班子建设和党风廉政建设密切相关的问题。厂务公开的形式分为主要载体和日常形式，"厂务公开的主要载体是职工代表大会。在职代会闭会期间，要发挥职工代表团（组）长联席会议的作用。车间、班组的内部事务也要实行公开。应依照厂务公开的规定，制定车间、班组内部事务公开的实施办法。厂务公开的日常形式还应包括厂务公开栏、厂情发布会、党政工联席会和企业内部信息网络、广播、电视、厂报、墙报等，并可根据实际情况不断创新。同时，在公开后应注意通过意见箱、接待日、职工座谈会、举报电话等形式，了解职工的反映，不断改进工作"。

这一阶段中具有里程碑意义的事件是 1990 年 12 月上海证券交易所和深圳证券交易所的先后成立，宣告了中国资本市场的正式诞生，资本市场最重要的特征就是信息透明和公开，为了便于对上市公司的监管和保护广大投资者的利益，国际上的资本市场都对上市公司的信息披露做了详尽的制度安排，我国也在两个证券交易所成立之后陆续推出了一系列的法令法规，指导上市公司信息披露行为。深圳证券交易所、上海证券交易所相继推出的上市公司信息披露的相关文件开启了中国国有企业信息披露公开透明的"阀门"，之后的一系列法律法规的颁布都将国有企业信息披露公开透明的进程向前大大推进。"神秘"了几十年、"沉默"了几十年的国有企业开始向公众渐渐揭去"面纱"、"展露面容"。国有企业信息披露的公开、透明在国有企业监管中的作用也开始渐渐显现，逐渐被认可和接受。一些国有上市公司按照证券市场和证监会的要求披露信息，国有企业神秘的面纱开始在世人面前渐渐隐去，但是这只是限于上市的国有企业，并不是所有国有企业的信息都可以被公众获知和了解。

二、强制性信息披露和自愿性信息披露并存阶段：2003 年至今

2003 年至今为国有大企业信息披露发展的第二个阶段。伴随着经济体制的转型以及微观企业制度形式、治理结构的转变，从企业层面看，国有出资企业面向出资人的信息报告制度的性质已经发生变化。国有企业出于构建自身企业声誉和良好形象的动机开始选择主动、自愿的对企业经营中的一些情况进行披露（余菁，2009）。国有企业信息披露制度开始进入到自愿性信息披露与强制性信息披露共存阶段。

2003 年，国务院国有资产监督管理委员会的成立，解决了在国有企业改革过程中理论界争论多年的国有资产出资人缺位的问题，国务院国有资产监督管理委员会成立后先后颁布了 27 条法令，见表 6-2，这些法令的推出使国有企业经营信息主要通过行政报告获知的状况有了很大的改进。特别是国务院国有资产监督管理委员会成立后，以财务监督和风险控制为重点，强化出资人监管，将财务监督作为国务院国有资产监督管理委员会履行出资人职责的重要手段。此外，国务院国有资产监督管理委员会还组织开展了清产核资工作，基本摸清了国有大企业的"家底"，并且在核实企业账本、提高会计信息质量、加强重大财务事项管控等方面做了大量工作。同时，积极探索和不断完善监事会制度，将监事会监督从事后监督转变为当期监督，不断提高监督水平。在大量调查研究、总结企业风险控制经验与教训的基础上，印发了《中央企业全面风险管理指引》，引导和组织企业清理高风险业务，加强了风险监控。在国务院国有资产监督管理委员会所

表6-2 国资委成立后颁布的27条法令

国资委令	时 间	名 称
1号令	2003.9.9	《国有企业清产核资办法》
2号令	2003.11.25	《中央企业负责人经营业绩考核暂行办法》
3号令	2003.12.31	《企业国有产权转让管理暂行办法》
4号令	2004.2.12	《企业国有资产统计报告办法》
5号令	2004.2.12	《中央企业财务决算报告管理办法》
6号令	2004.5.21	《国有企业法律顾问管理办法》
7号令	2004.8.23	《中央企业经济责任审计管理暂行办法》
8号令	2004.8.23	《中央企业内部审计管理暂行办法》
9号令	2004.8.25	《企业国有资本保值增值结果确认暂行办法》
10号令	2004.11.26	《中央企业发展战略和规划管理办法(试行)》
11号令	2005.1.20	《中央企业重大法律纠纷案件管理暂行办法》
12号令	2005.8.25	《企业国有资产评估管理暂行办法》
13号令	2006.4.14	《中央企业总会计师工作职责管理暂行办法》
14号令	2006.4.7	《中央企业综合绩效评价管理暂行办法》
15号令	2006.4.7	《地方国有资产监管工作指导监督暂行办法》
16号令	2006.6.28	《中央企业投资监督管理暂行办法》
17号令	2006.12.30	《中央企业负责人经营业绩考核暂行办法》
18号令	2007.5.25	《中央企业财务预算管理暂行办法》
19号令	2007.6.30	《国有股东转让所持上市公司股份管理暂行办法》
20号令	2008.8.18	《中央企业资产损失责任追究暂行办法》
21号令	2008.8.18	《中央企业安全生产监督管理暂行办法》
22号令	2009.12.28	《中央企业负责人经营业绩考核暂行办法》
23号令	2010.3.26	《中央企业节能减排监督管理暂行办法》
24号令	2010.12.24	《中央企业安全生产禁令》
25号令	2011.3.21	《地方国有资产监管工作指导监督办法》
26号令	2011.6.14	《中央企业境外国有资产监督管理暂行办法》
27号令	2011.6.14	《中央企业境外国有产权管理暂行办法》

资料来源：根据国资委网站发布的信息整理。

发布的27条法令中，有近半数的法令与国有企业信息报告制度相关，且照所要求披露和报告信息的性质，可以将这些法令分为经营活动事前的信息披露、经营活动事中的信息披露以及经营活动事后的信息披露三类（余菁，2009），详见第二节中的表6-5。国务院国有资产监督管理委员会成立以来所颁布的法令法规为推动国有企业信息披露的公开和透明提供了制度基础和支撑。

这一阶段中，在国有大企业信息披露走向公开透明的实践中发生了一个标志性、具有划时代意义的重大事件——诚通集团年度报告的公开。2004年，中国诚通集团对外公开了比照上市公司年报格式的企业经营年度报告，任何人都可以在诚通集团的网站获取诚通集团的年度报告，了解诚通集团的经营状况，诚通集团成为中国首家公开经营年度报告的非上市的国有大企业。作为首家自愿进行信息披露的国有大企业，诚通集团开启了国有大企业信息披露的新阶段。

在诚通集团公开年度报告之后，2006年3月，首份中央企业社会责任报告《国家电网公司2005年社会责任报告》对外发布，中远集团、中海油、中铝公司等中央企业在同年陆续发布了社会责任报告。2006年以来，受企业社会责任意识兴起的影响，有数十家大型国有企业（集团）先后发布国有企业社会责任报告。此后，越来越多的企业开始对外公开发布企业社会责任报告、环境报告、雇员报告以及年度报告，国有大企业信息披露由原来的以信息报告为主的强制性报告阶段逐渐进入到强制性信息披露和自愿性信息披露共存阶段。

发展到这个阶段的国有大企业，其信息披露制度发生了巨大变化，信息披露的形式、信息披露对象和信息披露内容较前一阶段都有了很大变化。纵观国有大企业信息披露演进和发展历程可以看出其信息披露制度发展具有以下趋势和特点：信息披露不再仅以强制性的信息报告形式为主，而是增添了自愿性的、选择性的信息披露形式；信息披露对象开始从最初的仅限于政府部门和职工拓展到消费者、媒体、其他机构以及社会公众；信息披露的内容也从原来的经营信息开始向产权交易、资产经营、高级管理人员的收入水平、社会责任等更广泛领域拓展。

专栏6-1

中国诚通控股集团首开大型国有企业信息披露先河

中国诚通控股集团有限公司（简称诚通集团）是国务院国有资产监督管理委员会监管的大型企业集团，总资产200亿元。诚通集团是国务院国有资产监督管理委员会首批大型国有企业建立和完善大型国有企业董事会试点企业和国有资产经营公司试点企业。列2008年中国企业500强企业第197名，2008年中国服务业企业500强企业第64名，中国物流、仓储、运输、配送服务业第3名。

诚通集团是1992年由原物资部直属物资流通企业合并组建的。在计划经济时期，担负着国家重要生产资料指令性计划的收购、调拨、仓储、配送任务，在国民经济中发挥了重要的流通主渠道和"蓄水池"作用。1998年，诚通集团与成员企业建立了以产权为纽带的母子公司体制。1999年，诚通集团进行了整改、重组，2000年，上划大型国有企业工委管理。2006年，诚通集团全方位实施了公司制改造，更名为"中国诚通控股集团有限公司"。

2005年5月25日，国务院国有资产监督管理委员会直管央企中国诚通集团董事长马正武表示，2004年，诚通集团比照上市公司的要求，第一次公布了集团的汇总年报。"国有企业的最终所有权是全民，因此，国有企业提高透明度、增加信息披露，将有助于全民对国有企业的监督。"马正武这样阐释自己的初衷。诚通集团的年报就放在诚通集团网站上，任何人都可以通过登录诚通集团的网站下载和查阅该集团的年报。本书附录三中列示了诚通集团2006年年度报告的内容目录。笔者仔细查阅了诚通集团的2006年年度报告，并且与一般上市公司的年度报告进行了比较，比较结果如表6-3。

表6-3　诚通集团年报与上市公司年报的主要项目比较

诚通年报的主要项目	上市公司年报的主要项目
公司基本情况	公司基本情况
会计数据和业务数据摘要	会计数据和业务数据摘要
实收资本变动及控股子公司情况	股东变动和股东情况
董事、高级管理人员和员工情况	董事、监事、高级管理人员和员工情况
公司治理报告	公司治理结构、股东大会情况、董事会报告、监事会报告
年度重要事项	重要事项
财务报告	财务报告

资料来源：根据诚通集团控股有限公司2006年年报和上市公司年报的资料整理。

从表6-3可以看出，诚通集团的年报基本上是比照上市公司年报的要求来做，只是因为大型国有企业的特殊性，在一些具体项目上诚通集团的年报与上市公司的年报略有不同。这些不同主要体现在：①在诚通年报中并没有股东变化和股东大会的情况说明。②在公司治理报告中没有就公司的经营环境进行分析，也没有对公司的经营进行预测、提出现存风险因素的分析和防范措施。③将董事会和监事会报告放到了公司治理报告中，不像一般上市公司那样单独列出说明。

笔者认为，诚通集团的年度报告的内容基本可以满足公众和其他利益相关者对大型国有企业中国有资产经营状况了解的需要，但是在治理报告中不应该缺少关于公司经营环境的分析说明，因为作为国有资产的受托人的大型国有企业的经营者们具有对国有资产保值增值的信托责任，因此他们有义务让国有资产的最终所有者即公众了解到国有资产所处的状况，国有资产经营有着什么样的机遇和风险，以及作为受托者的经营者们将采取何种措施和方法来防范风险，确保国有资产的安全，确保国有资产的保值增值。

资料来源：根据诚通集团控股有限公司网站及相关报道整理。

第二节　中国国有大企业信息披露现状

一、强制性信息披露现状

在传统的国有企业治理体制中，接受企业信息报告的一方，是以政府主管部门的角色出现的，它与提供信息报告的企业之间的关系是政企关系。在这种行政

表6-4　1988~2002年涉及信息报告制度的主要法令法规

年份	法令法规	关于信息报告的相关规定
1988	《全民所有制企业法》	职工要听取和审议厂长关于企业经营事项的报告
1995	《关于国有企业实行业务招待费使用情况向职代会报告制度的规定》	1. 企业厂长（经理）应当向职代会据实报告业务招待费使用情况，并由职代会向职工传达 2. 报告内容主要包括：业务招待费支出项目、金额，开支是否符合制度，使用是否合理，手续是否完备以及其他需要说明的情况
1997	《关于加强国有企业财务监督若干问题的规定》	1. 企业各项消费资金的使用应报经职工代表大会或董事会审批，并据实向职代会或董事会报告执行情况 2. 企业年度财务报告必须在规定时间内上报主管财政机关审批
1998	《关于国有企业实行业务招待费使用情况等重要事项向职代会报告制度的规定》	国有企业领导人员应当向职代会报告下列重要事项： 1. 业务招待费使用情况 2. 个人廉洁自律情况 3. 与职工切身利益直接有关的事项
1998	《国务院向国有重点大型企业派出稽察特派员的方案》	企业要建立规范的现代会计制度，定期书面向稽察特派员办事处报告财务情况，提供有关资料
2002	《关于在国有企业、集体企业及其控股企业深入实行厂务公开制度的通知》	1. 企业重大决策问题 2. 企业生产经营管理方面的重要问题 3. 涉及职工切身利益方面的问题 4. 与企业领导班子建设和党风廉政建设密切相关的问题

性的治理体制下，信息披露制度的基本特点是，信息披露要求非常严格，强调控制力，不计成本。

现行的要求国有出资企业向出资人进行强制性信息披露的制度，主要是部门规章。表6-4列示了20世纪80年代到国资委成立前，涉及强制性信息报告内容的主要法令法规。表6-5列示了在国资委成立后所颁布的27项国资委法令中，涉及信息报告内容的12条法令。这些面向出资人的信息报告制度，大体上都要求国有企业就三类信息进行报告：第一类是经营计划，属于经营活动事前的信息披露，如企业发展战略和规划、年度投资计划、企业财务预算等。第二类是重大经营事项，属于经营活动事中的信息披露，如国有产权转让情况报告、重大法律纠纷案件备案文件、重大投资事项报告等。第三类是财务会计与业绩评价类的信息报告，属于经营活动事后的信息披露，如国有资产年度统计报告、财务决算报告、综合绩效评价报告、重大资产损失报告、安全生产工作报告和重大安全事故报告等。

表6-5　中央企业信息报告规定分类表

信息披露类型	相关政策法规	信息披露主要内容
经营活动事前的信息披露制度	《中央企业发展战略和规划管理办法》（试行）	多是经营活动计划的相关规定
	《中央企业投资监督管理暂行办法》	
	《中央企业财务预算管理暂行办法》	
经营活动事中的信息披露制度	《企业国有产权转让管理暂行办法》	多是重大事项的相关规定
	《中央企业重大法律纠纷案件管理暂行办法》	
	《中央企业投资监督管理暂行办法》	
经营活动事后的信息披露	《企业国有资产统计报告办法》	多是财务会计与业绩评价类的信息报告
	《中央企业财务决算报告管理办法》	
	《中央企业综合绩效评价管理暂行办法》	
	《中央企业负责人经营业绩考核暂行办法》	
	《中央企业资产损失责任追究暂行办法》	
	《中央企业安全生产监督管理暂行办法》	

资料来源：根据国资委网站相关内容整理。

表6-6、表6-7、表6-8列示了国资委所颁布的与信息报告相关的三类不同法令的具体内容。

第一类：经营计划即经营活动事前的信息披露。

表6-6 经营活动事前的信息披露要求

制度名称	类别	要求报告内容
《中央企业发展战略和规划管理办法》（试行）	企业发展战略和规划	企业发展战略和规划应当包括下列主要内容： （一）现状与发展环境。包括企业基本情况、发展环境分析和竞争力分析等 （二）发展战略与指导思想 （三）发展目标 （四）三年发展、调整重点与实施计划 （五）规划实施的保障措施 （六）需要包括的其他内容
《中央企业投资监督管理暂行办法》	年度投资计划	企业年度投资计划应当主要包括下列内容 （一）总投资规模、资金来源与构成 （二）主业与非主业投资规模 （三）投资项目基本情况（包括项目内容、投资额、资金构成、投资预期收益、实施年限等） 企业年度投资计划中的投资项目是指按照企业投资管理制度规定由董事会或总经理办公会议研究决定的投资项目（包括子企业投资项目）。企业对以下重大投资事项应当及时向国资委报告： （一）按国家现行投资管理规定，需由国务院批准的投资项目，或者需由国务院有关部门批（核）准的投资项目，企业应当在上报国务院或国务院有关部门的同时，将其有关文件抄送国资委 （二）企业投资项目实施过程中出现下列情形的，应当重新履行投资决策程序，并将决策意见及时书面报告国资委： 1.对投资额、资金来源及构成进行重大调整，致使企业负债过高，超出企业承受能力或影响企业正常发展的 2.股权结构发生重大变化，导致企业控制权转移的 3.投资合作方严重违约，损害出资人权益的 （三）需报告国资委的其他重大投资事项
《中央企业财务预算管理暂行办法》	财务预算	企业年度财务预算报告由以下部分构成： （一）年度财务预算报表 （二）年度财务预算编制说明 （三）其他相关材料 企业年度财务预算报表重点反映以下内容： （一）企业预算年度内预计资产、负债及所有者权益规模、质量及结构 （二）企业预算年度内预计实现经营成果及利润分配情况 （三）企业预算年度内为组织经营、投资、筹资活动预计发生的现金流入和流出情况 （四）企业预算年度内预计达到的生产、销售或者营业规模及其带来的各项收入、发生的各项成本和费用 （五）企业预算年度内预计发生的产权并购、长短期投资以及固定资产投资的规模及资金来源 （六）企业预算年度内预计对外筹资总体规模与分布结构

资料来源：根据国资委网站相关内容整理。

第二类：重大经营事项即经营活动事中的信息披露。

表 6-7　经营活动事中的信息披露要求

名称	类别	报告内容
《企业国有产权转让管理暂行办法》	国有产权转让情况报告	转让方披露的企业国有产权转让信息应当包括下列内容： （一）转让标的的基本情况 （二）转让标的企业的产权构成情况 （三）产权转让行为的内部决策及批准情况 （四）转让标的企业近期经审计的主要财务指标数据 （五）转让标的企业资产评估核准或者备案情况 （六）受让方应当具备的基本条件 （七）其他需披露的事项
《中央企业重大法律纠纷案件管理暂行办法》	重大法律纠纷案件备案文件	中央企业报国务院国资委备案的文件应当包括以下内容： （一）基本案情，包括案由、当事人各方、涉案金额、主要事实陈述、争议焦点等 （二）处理措施和效果 （三）案件结果分析预测 （四）企业法律事务机构出具的法律意见书 中央企业报请国务院国资委协调重大法律纠纷案件的文件，除包括本办法第十五条规定的内容外，还应当包括以下内容： （一）案件发生后企业的处理、备案情况 （二）案件对企业的影响分析 （三）案件代理人的工作情况 （四）案件涉及的主要证据和法律文书 （五）需要国务院国资委协调处理的重点问题
《中央企业投资监督管理暂行办法》	重大投资事项报告	企业年度投资计划应当主要包括下列内容： （一）总投资规模、资金来源与构成 （二）主业与非主业投资规模 （三）投资项目基本情况（包括项目内容、投资额、资金构成、投资预期收益、实施年限等）。企业年度投资计划中的投资项目是指按照企业投资管理制度规定由董事会或总经理办公会议研究决定的投资项目（包括子企业投资项目）。 企业对以下重大投资事项应当及时向国资委报告： （一）按国家现行投资管理规定，需由国务院批准的投资项目，或者需由国务院有关部门批（核）准的投资项目，企业应当在上报国务院或国务院有关部门的同时，将其有关文件抄送国资委 （二）企业投资项目实施过程中出现下列情形的，应当重新履行投资决策程序，并将决策意见及时书面报告国资委 1. 对投资额、资金来源及构成进行重大调整，致使企业负债过高，超出企业承受能力或影响企业正常发展的 2. 股权结构发生重大变化，导致企业控制权转移的 3. 投资合作方严重违约，损害出资人权益的 （三）需报告国资委的其他重大投资事项

资料来源：根据国资委网站相关内容整理。

第三类：财务会计与业绩评价即经营活动事后的信息披露。

表 6-8　经营活动事后的信息披露要求

名称	类别	报告内容
《企业国有资产统计报告办法》	国有资产年度统计报告	国有资产年度统计报告由企业会计报表和国有资产营运分析报告两部分构成 企业会计报表按照国家财务会计统一规定由资产负债表、利润及利润分配表、现金流量表、所有者权益变动表、资产减值准备计提情况表及相关附表构成 国有资产营运分析报告具体包括： （一）国有资产总量与分布结构 （二）企业资产质量、财务状况及经营成果分析 （三）国有资产增减变动情况及其原因分析 （四）国有资产保值增值结果及其影响因素分析 （五）其他需说明的事项
《中央企业财务决算报告管理办法》	财务决算报告	企业财务决算报告由年度财务决算报表、年度报表附注和年度财务情况说明书，以及国资委规定上报的其他相关生产经营及管理资料构成。企业应当在报表附注和财务情况说明书中，对企业财务决算报表和财务决算合并报表的重要内容进行详尽说明和披露 企业财务决算的报表附注应当重点披露以下内容： （一）企业报告期内采用的主要会计政策、会计估计和合并财务决算报表的编制方法；报告期内会计政策、会计估计变更的内容、理由、影响数额 （二）财务决算报表合并的范围及其依据，将未纳入合并财务决算报表范围的子企业资产、负债、销售收入、实现利润、税后利润以及对企业合并财务决算报告的影响分户列示 （三）企业年内各种税项缴纳的有关情况 （四）控股子企业及合营企业的情况 （五）财务决算报表项目注释。企业在财务决算合并报表附注中，除对财务决算合并报表项目注释外，还应当对企业总部财务决算报表的主要项目注释 （六）子企业与企业总部会计政策不一致时对财务决算合并报表的影响 （七）关联方关系及其交易的披露 （八）或有事项、承诺事项及其资产负债表日后事项 （九）重大会计差错的调整 （十）按照规定应当披露的有助于理解和分析报表的其他重要财务会计事项，以及国资委要求披露的其他专门事项 第二十三条　企业财务情况说明书应当重点说明下列内容： （一）企业生产经营的基本情况 （二）企业预算执行情况及实现利润、利润分配和企业盈亏情况 （三）企业重大投融资及资金变动、周转情况 （四）企业重大改制、改组情况 （五）重大产权变动情况 （六）对企业财务状况、经营成果和现金流量、资本保全等有重大影响的其他事项 （七）上一会计年度企业经营管理、财务管理中存在的问题及整改情况 （八）本年度企业经营管理、财务管理中存在的问题，拟采取的整改措施 （九）其他情况
《中央企业综合绩效评价管理暂行办法》	综合绩效评价报告	年度经营业绩责任书包括下列内容： （一）双方的单位名称、职务和姓名 （二）考核内容及指标 （三）考核与奖惩 （四）责任书的变更、解除和终止 （五）其他需要规定的事项 任期经营业绩责任书包括下列内容：

名称	类别	报告内容
《中央企业综合绩效评价管理暂行办法》	综合绩效评价报告	（一）双方的单位名称、职务和姓名 （二）考核内容及指标 （三）考核与奖惩 （四）责任书的变更、解除和终止 （五）其他需要规定的事项
《中央企业资产损失责任追究暂行办法》	重大资产损失报告	企业发生资产损失，应当及时采取有效措施，减少或者挽回损失；发生重大或者特别重大资产损失的，应当及时向国资委报告
《中央企业安全生产监督管理暂行办法》	安全生产工作报告和重大安全事故报告	中央企业发生生产安全事故或者因生产安全事故引发突发事件后，应当按以下要求报告国资委： （一）境内发生较大及以上生产安全事故，中央企业应当编制生产安全事故快报（见附件4），按本办法规定的报告流程（见附件5）迅速报告。事故现场负责人应当立即向本单位负责人报告，单位负责人接到报告后，应当于1小时内向上一级单位负责人报告；以后逐级报告至国资委，且每级时间间隔不得超过2小时 （二）境内由于生产安全事故引发的特别重大、重大突发公共事件，中央企业接到报告后应当立即向国资委报告 （三）境外发生生产安全死亡事故，中央企业接到报告后应当立即向国资委报告 （四）在中央企业管理的区域内发生生产安全事故，中央企业作为业主、总承包商或者分包商应当按本条第（一）款规定报告

二、自愿性信息披露现状

企业社会责任报告作为企业披露社会责任信息的重要方式，定期发布社会责任报告已经成为企业推进利益相关方沟通、接受社会监督、持续改进社会责任工作的重要工具。当前，国有企业发布社会责任报告是一种典型的自愿性信息披露形式。

从起源看，与全球社会责任报告的发展相一致，中央企业社会责任报告也起源于雇员报告、环境报告等专项责任报告，比如，中国石油股份公司从2000年开始发布健康安全环境报告，宝钢股份公司也在2003年、2004年发布环境报告。2006年3月，首份中央企业社会责任报告《国家电网公司2005年社会责任报告》对外发布，中远集团、中海油、中铝公司等中央企业在同年陆续发布了社会责任报告。2006年以来，受企业社会责任意识兴起的影响，有数十家大型国有企业（集团）先后发布国有企业社会责任。2008年1月，在国务院国有资产监督管理委员会发布了《关于中央企业履行社会责任的指导意见》之后，发布社会责任报告的中央企业数量迅速增加，报告质量不断提高。中国中钢集团、中国石油天然气集团公司还积极创新，先后发布了国别报告，树立中央企业在海外运营中履行社会责任的良好形象。根据有关统计，截至 2009 年 10 月，发布企业社会责任报告的中央企业达到 35 家，[①] 社会责任报告数量已超过 70 份。目前，发布社会责任报告或可持续发展报告，已经成为国有企业面向社会公众，进行自愿性的、选择性的信息披露的重要途径。[②]

表 6-9 是中央企业发布的《企业社会责任报告》数量变化趋势表，从该表可以看出，2003 年国务院国有资产管理委员会成立时中央企业的数量是 196 家，到 2010 年中央企业的数量变成了 120 家。[③] 虽然中央企业的数量大幅度减少，但是发布《企业社会责任报告》的数量却有剧增的趋势，从 2003 年近 1/200 的比例增加到 2010 年近 1/2 的比例。这一比例的巨大变化充分说明了当前中央企业在自愿性信息披露方面的重大进展。

表 6-9　中央企业发布《企业社会责任报告》的数量变化趋势表

年度（年末）	2003	2004	2005	2006	2007	2008	2009	2010
中央企业总数（家）	196	189	169	161	145	135	129	120
发布报告数（份）	1	1	6	11	24	33	40	57

资料来源：国务院国有资产监督管理委员会研究局 2010 年 3 月发布的《关于中央企业社会责任报告专题分析报告》以及 120 家央企网站相关内容。

社会责任报告只能作为评价国有大企业社会责任履行情况的信息，并不能替代作为评价和监督国有大企业经营管理情况的全部经营信息，其他能够充分反映国有企业经营管理情况的信息，诸如财务信息、治理信息以及组织人员信息等也应通过一定渠道向社会公开。当前，已经有一些国有企业开始尝试公开社会责任领域之外的信息，比如前文讲到的中国诚通集团在 2004 年发布的企业年度报告，但是这些主动对外披露年度经营情况的国有企业的数量非常有限，而且其所披露的信息也因为缺少规范指引而具有较大的随机性，缺少可比性。

[①] 其中 5 家是中央企业整体上市公司或主要上市公司。

[②] 数据主要来自于国务院国有资产监督管理委员会研究局 2010 年 3 月发布的《关于中央企业社会责任报告专题分析报告》。

[③] 中央企业是中国国资委监管的国有大型企业，大多分布在关系国家安全和国家经济命脉的重要行业和关键领域。为了调整国有经济布局和结构，促进企业资源优化配置，国资委从 2003 年起开始对国有企业进行重组。

第三节　中国国有大企业信息披露存在的主要问题

一、信息披露主体：披露主体的意识模糊

当前中国国有大企业主动进行信息披露的意识还很淡漠，在没有强制性制度要求的情况下，只有少数国有大企业进行自愿信息披露，即使披露也只是集中在一些诸如社会责任报告、公司基本信息等非财务、非核心的信息，这一点从表6-10中可以看出。国有大企业在信息披露中的主体意识模糊和缺位，是有着深层次的原因的。当前对国有大企业的考核权利全部掌握在国有资产管理部门手中，因此，国有大企业更愿意通过向上报告来展现自己的经营成果，缺乏向手中没有任何行政权力的公众进行信息披露的动力，导致作为最终所有者的公众能够获得的知情权甚少，监督权的行使就更无从谈起了。

作为国有企业出资人代表的国务院国有资产监督管理委员会虽然已经意识到向社会公开国有资产账本的重要性，也曾在2006年、2008年两度公开表示要进行账本公开，但源于此举必将牵动多方利益，是个复杂的系统工程，所以一直没有实质性的举动和进展。

二、信息披露对象：公众的知情权缺乏保障

根据国有大企业信息披露制度的演进历程和现有的国有大企业信息披露的制度安排，笔者将国有大企业报告和信息披露中信息披露对象的基本情况归纳总结成表6-10，从表中可以看出在传统的国有企业治理体制中，除作为单一的国家出资人代表的政府部门①和员工外，国有企业并不需要向企业的其他利益相关者

---

① 国务院国有资产监督管理委员会成立前的信息报告制度中，国有大企业信息披露的对象就是上级主管政府部门；国务院国有资产监督管理委员会成立后，国有大企业每年要向国务院国有资产监督管理委员会递交年度经营报告。

表 6-10　国有企业相关法令法规与信息披露对象

信息披露对象	信息报告和披露的相关规定
将上级主管部门作为国有企业信息披露对象	《向国有重点大型企业派出稽察特派员方案》（1998 年）
	《企业财务会计报告条例》（2001 年）
	国资委成立以来发布的 12 条与信息报告相关的法令（2003 年至今）
将国有企业员工作为国有企业信息披露对象	《全民所有制企业法》（1988 年）
	《关于国有企业实行业务招待费使用情况向职代会报告制度的规定》（1995 年）
	《关于国有企业实行业务招待费使用情况等重要事项向职代会报告制度的规定》（1998 年）
	《企业财务会计报告条例》（2001 年）
	《关于在国有企业、集体企业及其控股企业深入实行厂务公开制度的通知》（2002 年）
将社会全体成员作为国有企业信息披露对象	2000 年起，陆续有国有企业自愿将《企业社会责任报告》、《企业年度报告》对外公布
	《国有资产监督管理信息公开实施办法》（2009 年）

作特别的信息披露，作为最广泛的实际所有者的公众对国有大企业的经营状况不得而知，对国有资产的保值增值情况也没有获知的渠道。

随着国有企业的公司制股份制改革以及社会主义市场经济体制改革的不断深化，国有企业正逐步摆脱传统的行政性的治理体制的约束，转入市场化的公司治理体制运行轨道。在这个过程中，国有企业除了要改造面向国有出资人和员工的信息披露的形式与内容外，还面对来自社会各方面对国有企业提出的更高的信息披露期望与要求，国有企业从构建自身企业声誉和良好形象的动机出发开始选择主动、自愿的对企业经营中的一些情况进行披露。2000 年起，陆续有国有企业自愿、选择性地将《社会责任报告》、《企业年度报告》对外公布，社会公众逐渐被纳入到国有企业信息披露对象范畴中，社会公众的知情权或者说社会公众能否被纳入到国有企业信息披露对象的范畴主要依赖于国有企业自愿和选择行为，缺乏制度和法律保障。

公众缺少被纳入到国有企业信息披露对象范畴的制度和法律保障，其结果必将导致国有企业信息披露对象的狭隘和单一。当前的国有企业信息披露对象主要还是政府部门和各级国资委（企业职工虽然具有一定的信息获取渠道，可以获得一定的知情权，但因为其内部人的性质，导致其作为信息披露对象的监督权很难实施）。狭隘、单一的信息披露对象，会为国有大企业的高级管理人员造成因信息不对称而形成的"暗箱"，从而为一些具有信息优势的人出于"自利"动机损害国有资产造就了可乘之机。信息披露对象类别单一导致了国有资产监管中博弈主体的数量有限，因此，也为在国有大企业的高级经营管理者和他们的监管部门的国有资产的管理者之间的"串谋"提供了可能性，这些都不利于对国有资产的监督，不利于国有资产得到最有效的经营，不利于国有资产的保值增值。

因此，笔者认为建立合理有效的国有大企业信息披露制度的关键就是在确保国有资产经营信息安全的前提下，根据国有资产经营信息的保密程度来拓宽国有企业信息披露对象，这必将有利于增加国有资产监管博弈中博弈主体的数量，减少"串谋"形成的可能性，减少国有大企业高级经营管理人员由于信息优势造成的"暗箱"操作的可能，增加国有资产监督者群体的数量，提升国有大企业经营管理者违约成本，最终实现有力保护国有资产，促进其保值增值的目的。

三、信息披露内容：缺乏规范和可比性

当前，国有大企业虽然已经开始尝试自愿性、选择性的信息披露，但其信息披露的内容多集中于一般性的公司治理信息。笔者对截至 2011 年 9 月 10 日国务院国有资产监督管理委员会公布的其下属的 120 家国有大企业网站上公开披露的信息内容进行了统计分析，结果见表 6-11。从表 6-11 可以看出，这些国有大企业对于一般性的公司治理信息披露较多，占到各类披露信息的首位，在 120 家大型国有企业中有 117 家披露了公司治理信息；而最能说明国有资产安全和盈利情况的财务信息的披露非常缺乏，占各类披露信息的最后一位，在 120 家大型国有企业中仅有 17 家披露了财务信息。此外，对于董事会及高级管理人员薪酬信息的披露非常罕见，120 家国有大企业没有一家披露高管的薪酬状况。通过这个统计分析还可以看出，相比较政府根据信息报告制度获得信息，社会公众、市场、媒体和舆论可以获得的企业相关经营信息的数量和内容都非常单薄。可以说，作为国有大企业的最重要的监督主体，国家相关部门（对于国有大企业主要是国务院国有资产监督管理委员会）和公众所能获得的国有大企业的信息的数量和质量都具有很大的差别，这种差别从传统的计划经济体制一直延续至今。

表 6-11　120 家国资委直属央企信息披露情况

公司基本情况	公司数量 x1	可顺利进入 x2	项目反映数量 x3	x3/x2（%）
一、有董事会	120	118	69	58
董事、监事、高管人员	120	118	117	99
名单/职务	120	118	117	99

续表

公司基本情况	公司数量 x1	可顺利进入 x2	项目反映数量 x3	x3/x2（%）
高管简介	120	118	117	99
高管薪酬	120	118	0	0
二、员工情况	120	118	92	78
员工人数	120	118	91	77
教育、岗位情况	120	118	92	78
三、组织机构	120	118	108	92
下属投资单位	120	118	108	92
机构设置	120	118	108	92
四、财务报表	120	118	17	14
审计报告	120	118	17	14
资产负债表	120	118	17	14
利润表	120	118	17	14
现金流量表	120	118	17	14
附注	120	118	17	14
历年报表	120	118	17	14
五、社会责任及影响	120	118	113	96

资料来源：根据120家企业网站相关信息整理。

综上所述，国有大企业信息披露内容可以分为两种类型：一种是根据国务院国有资产监督管理委员会、上级主管部门所发布的法令法规的要求进行的强制性信息披露；另一种是企业自身为了提升企业声誉、塑造企业形象而选择有利于企业的信息进行自愿性披露。国有大企业缺乏专门的信息披露法律法规指导，没有一个统一的信息披露内容框架，这必然导致国有大企业信息披露内容缺乏规范性，不具可比性。这种缺乏规范性和可比性的信息披露必然造成各个国有大企业信息披露内容的混乱，信息披露的详略程度不一，这又将导致同行业的不同国有企业之间的难以比较，增加了对国有企业监督和评价的难度。狭隘的、不全面的信息披露内容无法满足公众、市场和利益相关者对国有资产价值的知情权，这些没有知情权的监督主体无法对国有资产经营作出判断，其监督权的行使更加无从谈起。根据资本市场发展的经验来看，公众、媒体和市场对于上市公司的监督具有至关重要的作用，是整个上市公司外部监督机制的重要组成部分，公众、市场和利益相关者也完全可以培育成为国有大企业外部监督机制乃至整个国有资产监督机制中的重要监督主体，但是这些监督主体行使监督权的重要前提之一的知情权必须得到保障。所以，规划一套系统完整的国有大企业信息披露内容框架是非常必要的。

四、信息披露渠道：缺乏有效和便捷的渠道

上市公司信息披露渠道具有形式多样的特点，除了要求必须在指定的报刊、网站进行披露外，还被要求将披露的信息报送到证券交易管理机构备案，并且所披露的信息还必须备案在公司驻地供公众获知。相比较上市公司的多种信息披露渠道，国有大企业信息披露渠道更显得狭窄、有限，并且缺乏有效性和便捷性。

首先，国有大企业不具备指定的刊登信息的报刊、网站；其次，由于传统计划经济体制下的国有大企业的信息披露只限于对上级国有资产管理部门及相关行政部门的信息报告这一形式，国有大企业信息披露的渠道非常狭窄，作为国有大企业实际股东的公众没有获知国有大企业经营信息的渠道。表6-12中概括了当前国有大企业信息披露渠道的构成情况。从表6-12可以看到，绝大多数的国有企业信息披露渠道都是置于企业内部的，主要是针对某一特定信息披露对象——企业内部成员的报告渠道，作为国有企业所有者的公众无法在企业外部获得有效和便捷的信息披露渠道。

表6-12　国有企业信息披露渠道构成

信息披露内容和相关规定	信息披露渠道
《全民所有制企业法》（1988年）	职工听取报告
《关于国有企业实行业务招待费使用情况向职代会报告制度的规定》（1995年）	向职代会据实报告，由职代会向职工传达
《关于国有企业实行业务招待费使用情况等重要事项向职代会报告制度的规定》（1998年）	向职代会报告重要事项
《向国有重点大型企业派出稽察特派员方案》（1998年）	稽查特派员通过查账、听取企业报告等方式获得国有企业经营信息，再向有关国家机构汇报稽察结论
2000年起，陆续有国有企业自愿将《企业社会责任报告》、《企业年度报告》对外公布	公开发布在企业网站上
《企业财务会计报告条例》（2001年）	派出监事会的国有企业，应依法定期向监事会提供财务会计报告，向本企业职工代表大会公布财务会计报告
《关于在国有企业、集体企业及其控股企业深入实行厂务公开制度的通知》（2002年）	厂务公开的主要载体是职工代表大会 厂务公开的日常形式还应包括班组会议、厂务公开栏、厂情发布会、党政工联席会和企业内部信息网络、广播、电视、厂报、墙报等
国资委成立以来发布的12条与信息披露相关的法令（2003年至今）	中央企业每年要向国务院国有资产监督管理委员会递交财务决算报告、年度经营报告等各类报告

信息披露内容和相关规定	信息披露渠道
《国有资产监督管理信息公开实施办法》（2009 年）	1.《国务院国有资产监督管理委员会公告》 2. 国资委网站 3. 新闻媒体 4. 国有资产监督管理政策法规汇编 5. 国资委规定的其他公开方式

随着经济体制改革深化和现代公司治理结构的构建，国有大企业仅仅将信息披露对象锁定为上级行政部门和内部员工的情况有了很大改变，越来越多的国有大企业开始将社会公众纳入到信息披露对象的范畴中。2004 年，中国诚通集团首次在本企业的网站上向公众披露了企业经营年度报告，国有大企业信息披露渠道从原来只有政府可以触及的行政通道拓展到了普通公众可以获知的互联网。随着国务院国有资产监督管理委员会成立后与国有资产经营信息密切相关的一系列的法令法规的颁布，公民从一些政府部门的网站上也可以获得一些国有大企业经营信息，但是所获知的信息内容还是很有限。当前的国有大企业的信息披露渠道总体上还是狭窄的，亟待拓展。

信息披露渠道是股东获得信息的途径，没有有效便捷的信息披露渠道，信息披露制度难以发挥作用。但是，国有大企业的特殊性决定了其信息披露渠道的选择必须做到兼顾保密和公开。"阳光是最好的防腐剂"，[①] 缺少了"阳光"的国有资产的经营难免会遇到腐败和损害国有资产的状况，信息披露渠道就是引入"阳光"的通道，因此拓宽当前国有大企业狭窄的信息披露渠道，增加信息的透明度，对于提升国有资产的监管水平，促进我国国有资产的保值增值意义重大。

五、信息披露监管：监管主体缺失、责任追究机制欠缺

上市公司信息披露的监管主要依靠社会上的中介机构以及证券交易管理机构。从国务院国有资产监督管理委员会成立后颁布的 27 条法令可以看出，当前的中国国有大企业向上一级的政府部门提交信息报告、披露信息的审核工作主要由相对应的国有资产监督管理部门或政府部门来负责，相比较上市公司信息披露存在的多种监管主体，国有大企业存在着信息披露监管主体缺失、监管力度不够

---

① Louis D. Brandeis. *Other People's Money and How the BankerUse It.* 1914R. Abramsed，1967.

的问题。根据博弈理论，作为国有资产监管博弈中的两个主体——国有大企业和国有资产监督管理部门，在没有第三方参与的博弈中很容易形成"串谋"，很难保证国有大企业所报告和披露信息的真实性、客观性和准确性，不利于国有资产安全和保值增值目标的实现。如何仿效上市公司的信息披露监管机制，如何在国有大企业信息披露监管中引入更多具有监管资质的监督主体，对国有资产的信息披露形成多主体、多方位的监督，降低国有大企业信息披露违约行为的可能性、提升国有大企业信息披露违约成本，这是一个亟待研究和解决的问题。

第四节　本章小结

国有大企业信息披露制度较之过去单纯依靠行政强制的信息报告制度已经有了很大的进步，一些国有大企业已经开始尝试主动、自愿的向社会公开自己在某些领域的信息，关于构建国有大企业信息披露制度的呼声也不绝于耳。本章中通过对中国国有大企业信息披露制度的"追古溯今"，可以看出虽然中国国有大企业信息披露正在逐步走向透明、公开，信息披露对象正在逐步拓宽，信息披露内容正逐步规范，但是中国现有的国有大企业信息披露制度还存在着信息披露主体意识模糊，信息披露对象的知情权缺乏保障，信息披露内容缺乏规范、可比性差，信息披露渠道有效性和便捷性较弱，信息披露监管机制欠缺等问题。现有的国有大企业信息披露制度中存在的诸多问题不利于国有大企业的真正所有者——公众的监督权的行使，不利于调动诸如媒体、市场以及其他利益相关者等监督主体的积极性，不利于国有资产监督机制的创新和加强。

第七章　国有大企业信息披露制度设计

信息披露制度作为创新和完善国有大企业监督机制的途径有重要的理论意义和实践意义。前几章中对上市公司信息披露制度的分析以及对国有企业信息披露制度实践的分析为中国国有大企业信息披露制度的构建和完善提供了可以借鉴的经验，针对中国国有大企业信息披露制度的现状和存在的问题，第七章将提出中国国有大企业信息披露制度设计的原则、框架和内容。

第一节　国有大企业的特性及其信息披露制度的特性

一、国有大企业的特性

国有大企业是国家为解决因市场机制失灵不能解决的诸多公共性问题而产生的，是公共产品或服务的提供者，担负着调控国家宏观经济、为公众提供服务、推动和谐社会进程的历史使命。国有大企业除了具备一般国有企业的特殊性，还因其在国民经济中的重要地位和作用，有自身的特殊性。总体来说，国有大企业的特殊性主要体现在三个方面，即目标体系的复杂性、治理制度的特殊性和对国民经济的特殊作用。

1. 国有大企业目标的复杂性

国有大企业作为国家投资的企业，它既具备一般经济组织的特征，即将组织的经济利益最大化作为目标，又具备国有企业特殊的社会性目标，即在关系国计民生的行业中、在关系国家安全的行业中应该占据主导地位，应该将社会性目标放在重要位置。

现有国有大企业共分为三类：第一类是涉及国家机密和国家安全的行业，比如军工产业、国防设施，这类企业的目标就是保障国家安全，其信息具有很强的保密性，因此在进行信息披露时对其披露对象和披露内容的选择具有非常重要的意义；第二类是完全公益性行业，比如，公交、地铁、环卫、公共卫生保健、义务教育等，这类国有大企业只具有强制性社会公共目标，没有经济目标，换句话说，就是不以盈利为目的，其作用是直接提供公共服务，以社会和谐和稳定为唯一目标；第三类是关系国计民生的自然垄断行业和部分资源性行业，比如，输电、管道燃气、自来水、铁路、水利等，这类行业主要是以社会公共目标为主，经济目标居次，通过收支平衡来保证公众福利的极大化。

2. 国有大企业的公司治理特征

国有大企业的公司治理特征主要体现在公司的产权制度和法人治理制度两个方面。[①]

产权制度方面主要是指公司与投资人（股东）之间的财产权利义务及责任关系。国有企业与其股东——国家之间具有清晰的财产关系，根据《全民所有制工业企业法》，企业对国家授予其经营管理的财产享有占有、使用和依法处分的权利，但其性质并未改变，企业不能独立支配企业的财产，各级政府和行业主管部门对国有企业行使直接控制的权力。例如，批准企业重大固定资产的处置，决定企业财产收益的分配方式，决定或批准企业的生产型建设项目等。传统的国有企业制度中，国家以政府管理者和企业资产所有者的双重身份管理国有企业，政企职能不分；而建立了现代公司治理制度的国有大企业则拥有了公司法人财产权，可以按照法律规定行使支配公司的财产。具有现代公司治理制度的国有大企业的股权所有人是明确而具体的，作为股东的国家，可以按照法律和公司章程的规定来行使股权，可以参与公司的重大事项的决策，但国家不能直接干涉公司董事会的经营自主权，财产上的独立性为国有大企业成为独立的法人提供了前提条件和物质基础。现代公司治理结构的主要特征是形成了董事会、股东会和监事会三权分立的治理结构，经过现代公司治理制度改革的国有企业已经改变了传统的国有企业的厂长（经理）负责的一元化组织结构，已经基本建立了董事会、监事会的治理结构。

---

① 李建伟：《国有独资公司前沿问题研究》，法律出版社 2002 年版，第 56~59 页。

国有企业最突出的治理特征就是作为企业的所有权人的国家因其向企业进行了永久性的投资，从而与国有企业之间形成了投资人与公司法人之间既相互独立又相互制衡的关系。正如中共中央十四届三中全会《关于建立社会主义市场经济体制若干问题的决定》所指出的，在所有权人向企业进行永久性投资行为的基础上，企业拥有由此形成的全部财产权，依法独立经营、自负盈亏，成为享有民事权利，承担民事义务的法人实体，对出资人承担资产保值增值责任，而出资者按投入企业的资本额，依法定范围及方式享有资产收益、重大决策和选择管理者等权利。作为所有权主体的国家因为向国有企业进行永久性的投资从而成为其股东，国家对于国有企业的所有权演化为股权和公司法人权利。股权又可以包含自益权和公益权，公司法人权利包含对股东投资形成的公司财产享有占有、使用、收益和处分的权利，换句话说就是公司独立拥有了由股东永久性投资形成的全部财产权。在国有企业中，国家股权与国有企业法人权利的相互制衡贯穿于国有企业的产生和发展的全过程，这主要体现在国家作为国有企业的股东在国有企业的运行过程中对国有企业经营运作的制约。另外，作为一个独立公司法人的国有企业因为其具有的公司法人权利希望同非正常的股东干预相抗衡从而维护自身独立权益，但是作为独立法人的公司只能按照法律法规来行使自身的权利，否则，必将损害公司的利益，最终也必将导致国家利益受到损害。

既然国有企业作为具有依法独立经营、自负盈亏、具有民事权利和承担民事义务的法人，它对出资人的资产保值增值负有责任，依法定范围及方式享有资产收益、重大决策和选择管理者的权利。而国有企业的股东实际上是全体人民，因此，作为实际所有者的公众有权了解国有企业经营状况和信息，国有企业的信息披露制度的建立是十分必要和有意义的。

3. 国有大企业对于国民经济的特殊作用

国有企业主要是国家为了解决因为市场机制失灵不能解决的诸多的公共性问题而产生的。国有企业是公共产品或服务的提供者，担负着调控国家宏观经济、为公众提供服务、推动和谐社会进程的历史使命，国有企业的社会功能主要表现在五个方面：①为宏观经济服务，实现全社会范围内资源的优化配置；②促进技术进步，实现战略开发，推动产业结构升级，服务国民经济发展；③推动地区经济平衡发展，实现经济合理布局；④保持对国民经济命脉及其他重要领域的控制，为国民经济、政治和军事安全提供有力保障；⑤帮助政府实现其他的重要的政策目标。国有大企业不仅具备一般国有企业的职能还具有其特殊的职能，国有大企业的特殊职能主要体现在三个方面：①有利于国家经济安全。在一些涉及国计民生、国家安全的重要领域，国有大企业发挥着重要作用。②有利于体现社会主义的优越性。国有大企业在一些领域中的经营可以体现社会主义的优越性，比如自来水、电力等部门，不是通过经济定价，而是人民福利定价。③有利于提高国家竞争力。企业的经营水平是一个国家竞争力的体现，大型国有企业作为国民经济的重要组成部分，它的经营情况可以体现国家的竞争实力，也是中国参与国际竞争的重要途径和工具，一些发展中国家的后发优势多是源于国有大企业在经济职能方面的突出优点，为其带来的竞争力。

二、国有大企业信息披露制度的特殊性

根据国有大企业的特殊性，国有大企业信息披露制度安排和内容的设计也要具备与之相对应的特征。

1. 信息披露内容的复杂性

国有大企业作为由国家所有、国务院国有资产监督管理委员会监督管理的企业，与一般企业只具有经济目标不同，国有企业的目标体系具有多重性的特征。国有企业的目标既具备一般经济组织的特征，即将组织的经济利益最大化作为目标；又具备国有企业特殊的社会性目标，即在关系国计民生的行业中、在关系国家安全的行业中应该占据主导地位。

在设计国有大企业的信息披露制度内容框架时应该既考虑到凸显其经济性目标，即像上市公司那样设计出能够显示其经营情况的各项财务经营指标，比如资产运营信息等；又要设计出能体现国有企业社会性特征的指标，比如履行社会责任的情况。国有大企业目标多重性的特征决定了其在进行信息披露时具有内容的复杂性特征，既要披露经济性指标又要披露社会性指标，只有设计出能够充分反映国有企业多重性目标的信息披露内容，才能真实、客观、全面地反映出国有大企业经营的情况。此外，在设计信息披露内容时还应该对不同行业的国有大企业有所区别，处于保密要求较高行业的国有大企业的信息披露设计和处于一般竞争性行业的国有大企业的信息披露设计应该有所不同。

2. 信息披露对象的广泛性

国有大企业最突出的治理特征就是作为企业所有权人的国家因其向企业进行

了永久性的投资，从而与国有大企业之间形成了投资人与公司法人之间既相互独立又相互制衡的关系。作为所有权主体的国家因为向国有企业进行永久性的投资从而成为其股东，国家对于国有大企业的所有权演化为股权和公司法人权利。股权又可以包含自益权和公益权；公司法人权利包含对股东投资形成的公司财产享有占有、使用、收益和处分的权利。在国有大企业中，国家股权与国有大企业法人权利的相互制衡贯穿于国有企业的产生和发展的全过程，这主要体现在国家作为国有大企业的股东在其运行过程中对其经营运作的制约；另外，作为独立公司法人的国有大企业因为其具有的公司法人权利希望同非正常的股东干预相抗衡从而维护自身独立权益，但是作为独立法人的公司只能按照法律法规来行使自身的权利，否则，必将损害公司的利益，最终也必将导致国家利益受到损害。

既然国有大企业作为具有依法独立经营、自负盈亏、具有民事权利和承担民事义务的法人，它对出资人的资产保值增值负有责任，依法定范围及方式享有资产收益、重大决策和选择管理者的权利。而国有企业的最终股东是公众，按照所有权的含义，作为最终所有者的公众对国有企业的经营信息应该具有了解、监督和决策的权利，因此，公众应该而且也必须成为国有大企业信息披露的对象。国有大企业的国家投资、国家所有的治理特征决定了国有企业具有最广泛的信息披露对象——公众。

3. 信息披露制度的战略意义

国有大企业作为一种特殊形式的国有企业，对于国民经济既具有一般国有企业的作用，又具有其特殊的不可替代的作用。国有大企业的经营成败事关国民经济增长、国家经济安全、国家竞争力和在国际上的形象声誉，其监督问题具有非常重要的理论和现实意义，已经成为学界和实务界关注的重点课题。国有大企业信息披露制度的建立将促使国有企业经营从"暗"到"明"，信息公开透明的国有企业，其管理者以权谋私、侵害国有资产的违约成本和违约难度必将大大提升。因此，建立国有大企业信息披露制度，可以使公众通过知情权的获得来行使其监督权，形成一个广泛社会监控体系，最大限度地减少企业内部人控制的危害，为国有资产的保值增值提供有力保障。

第二节　国有大企业信息披露制度设计的原则

一、一般原则

信息披露的原则是信息披露制度的基石，信息披露的原则决定了信息披露的方式和信息披露的效果。因此，在设计国有大企业信息披露制度基本内容之前，对于国有大企业信息披露原则的确定是非常有意义的，这一原则的确定对于国有大企业信息披露制度起到了导向性的作用。

国有大企业不仅具有不同于上市公司的治理结构和所有权性质，而且国有大企业的信息披露目的比较于上市公司的保护投资者、监督公司，还具有保护国有资产、履行对国有资产监督的多重职能，国有大企业的这些特征决定了国有大企业信息披露原则同上市公司的信息披露原则既有共同点又有所不同。

根据深圳证券市场交易所和上海证券市场交易所的相关规定，以及国家的《证券法》等相关法令法规，上市公司最基本的信息披露原则可以被概括为以下四条：[①]

1. 真实性原则

真实性原则是信息披露最重要、最根本的原则。此原则要求披露的信息应当以客观事实或具有事实基础的判断与意见为基础，以没有扭曲和不加粉饰的方式再现或反映事实状态。信息披露作为企业的责任，真实和公允应是企业对所有公司利益相关者和所有关注公司成长的潜在利益相关者的承诺。

2. 完整性原则

要求所有可能影响投资者决策的信息均应得到披露，不能有所遗漏。这就要求上市公司应当把公司完整的形象呈现在投资者面前，如果上市公司在公开披露时有所侧重、有所隐瞒、有所遗漏、有所片面，导致投资者无法获得有关投资决策的全面信息，那么，即使已经公开的各个信息具有个别的真实性，也会在已公

---

① 齐斌：《证券市场信息披露法律监管》，法律出版社 2000 年版，第 110~120 页。

开信息中造成整体的虚假性。披露信息不仅限于已发生的事实，也包括对未来经营、财务状况的预测、分析，可形成财务报告和治理报告，而且应加强非财务的披露内容。

3. 准确性原则

准确性原则要求上市公司披露信息时必须用精确不含糊的语言表达其含义，在内容与表达方式上不得使人误解。

4. 及时性原则

及时性原则有两层含义：一是公司应当以最快的速度公开其信息，即一旦公司经营和财务状况发生变化，应当立即向社会公众公开其变化细节；二是公司应当保证公开披露的公司信息的最新状态，不能给社会公众以过时的和陈旧的信息。

二、特殊原则

鉴于国有大企业的特殊性质以及在国计民生、国家经济安全体系中的特殊作用和地位，国有大企业的信息披露原则除了应具备上述的真实性原则、完整性原则、准确性原则和及时性原则之外，还应该具备以下三个原则：[①]

1. 公平披露与安全披露兼顾的原则

在证券市场上的公平披露原则主要是针对上市公司的选择性披露问题提出的，所谓选择性披露是指上市公司将重大的未公开的信息仅向证券分析师、机构性投资者或其他人披露，并不是向所有市场上的投资者披露，选择性披露违反了平等公开披露的原则，会造成信息获得的不平等，为内幕交易提供机会。但是，对于国有大企业来说，因为涉及国有资产的安全和保密的因素，国有大企业的公平披露并不能意味着对全体的利益相关者同时披露全部的内容，应该注重在保证国有资产安全的前提下实现有利于国有资产监督的披露最大化的公平披露。因此，国有大企业在进行信息披露中应注重公平披露与安全披露兼顾的原则，既保证有利于国有大企业监督的、有利于国有资产保值增值的信息可以获得公开披露，又充分保证不会泄露国有资产经营的秘密、不会为国有资产经营带来危险，有利于国有资产经营的安全。

---

① 齐斌：《证券市场信息披露法律监管》，法律出版社 2000 年版，第 110~120 页。

2. 有限披露与保密安全兼顾的原则

中国《公司法》第34条和第98条规定了股东查阅文件的范围，除了在《公司法》、《证券法》相关规定中明确列举的事项和文件以外，公司原则上无须承担公开其他公司信息（如经营信息和技术信息等）的法定义务。《公司法》中的这一规定就体现了公司的有限公开的原则，换句话说，有限公开就是凡属于法律规定应当公开的事项，公司即其他报告义务人有义务向公司利益相关者披露或公开。公司信息报告是建立在公司信息保密基础上的特别制度，对公司和董事应当公开的信息范围应由法律作出特别规定，而不能认为公司股东有权了解全部公司信息。这些规定虽然主要是针对上市公司做出的，但是针对关系到国计民生和国家经济安全的国有大企业也应适用有限披露原则，应该在信息披露过程中兼顾有限披露与保密安全的原则。

3. 分类披露与平等公开兼顾的原则

根据《证券法》规定，上市公司要承担初始信息披露义务和持续信息披露义务。这两种基本的信息披露方式，都是建立在公开、公正和公平原则的基础上，都包含对所披露信息的全面性、真实性、最新性和适法性的披露要求。但对于非上市公司（含有限责任公司）来说，法律法规并未要求公司遵循上述严格的信息公开义务。由此可见，分类披露的本意是指针对不同的公司形式采用不同的信息披露方式。

笔者根据信息披露的主体、信息披露内容、信息披露对象的不同将国有大企业信息披露中的分类披露赋予了三层含义：第一层含义是针对不同国有大企业的性质采取不同的信息披露方式，即根据国有大企业在国家经济安全和国计民生中承担的作用的不同采取不同的信息披露方式，比如，军工企业关系到国家安全，因此这类企业的信息披露是绝对不可以公开的；第二层含义是针对同一个企业的不同信息的内容和性质采取不同的披露方式，比如，有些关系重大的、涉及商业机密的信息是不能公开披露的，而有些不涉及商业机密、又有利于对国有资产监督的财务信息是可以向社会公开披露的；第三层含义就是针对不同类型的信息披露对象所披露的信息内容有所不同。在对国有大企业信息进行分类公开时，必须要兼顾平等公开的原则。所谓平等公开，是指在同类型公司成员或利益相关者范围有权获得相同的信息，换句话说，就是对于同一类型的信息披露对象有权利获得相同的信息内容。在上市公司中，这一平等公开原则的体现是董事会成员有权从公司管理机关获得内容相同的信息，公司监事会成员有权从董事会以及管理机关获得相同的公司信息，公司股东无论持股多寡，无论是否参与经营管理，都有权从董事及公司获得内容相同的公司信息。但是，作为不同权利群体的公司董事、监事、股东以及相关者能够有权利接触的公司信息范围却是有所不同的。原则上说，按照公司管理者、董事会成员、监事会成员、股东和相关者的顺序，各类成员或者相关者接触公司信息的范围逐渐缩小。那么，将平等公开原则和分类公开原则相结合应用于国有大企业，也就是说，对于同一类型的信息披露对象来说他们有权获得同等的信息披露内容，但是不同类型的信息披露对象获得信息披露内容的权利却是根据信息性质和信息披露对象不同而不同。国有大企业在进行信息披露时应该做到既能充分体现按照不同信息披露对象披露不同内容的分类披露原则，又要保证同一类型的信息披露对象可以具有同等权利获得相同披露信息的平等公开原则。

第三节　国有大企业信息披露制度设计的框架

笔者在借鉴了信号传递模型、上市公司信息披露制度中的信号传递和规范体系、国际的国有企业信息披露经验和中国国有大企业现有的信息披露状况的基础上，对中国国有大企业的信息披露制度的基本框架设计如图 7-1 所示。

从图 7-1 中可以看出，一个完整的国有大企业信息披露制度框架应该分成两个部分：信息的形成机制和信息的传递机制。

一、信息的形成机制

图 7-1 的上半部分为国有大企业所要披露的信息的形成机制，从图中可以看到信息形成的过程包含了三个环节和三个主体。

三个环节：①信息的生成环节，就是国有大企业按照相关规定为利益相关者——信息的需求者提供信息的过程；②信息的鉴证、确认和分析的环节，就是国有大企业聘请相关的专业中介机构为其所提供的各种信息进行鉴证、确认和分析；③信息的接受环节，就是国有大企业按照相关规定为信息的需求者提供不同

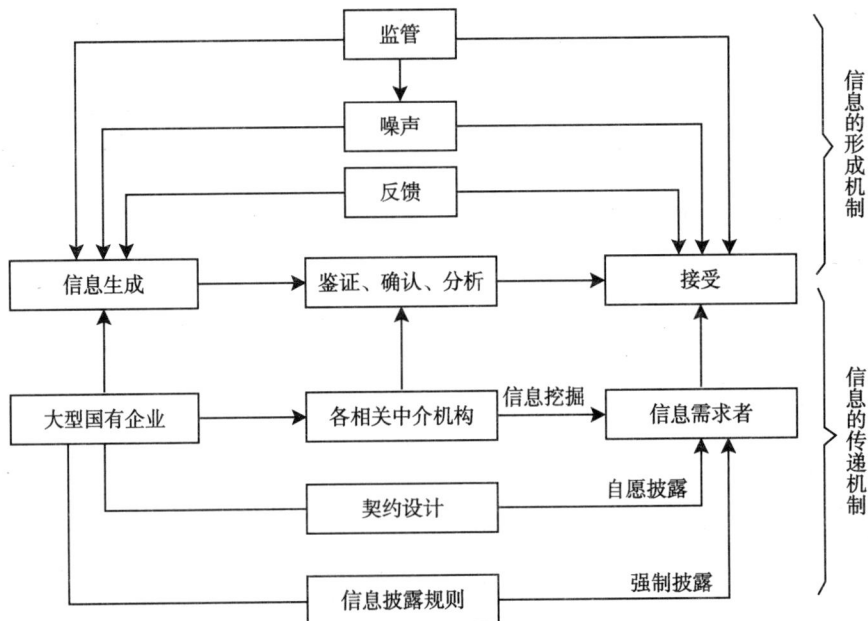

图7-1 国有大企业信息披露制度框架

范围和不同透明度信息的过程。当然，在这三个环节中监管活动是始终存在的，信息监管的工作主要由国有资产管理部门和中介服务机构来完成，其作用就是消除在信息传播过程中由于噪声带来的信息扭曲和延时，对信息披露的监管贯穿于各个环节的始终。这三大环节在国有大企业信息披露制度中环环相扣、缺一不可。

三个主体：①信息披露的主体，也就是信息的提供者，可以是国有大企业，也可以是国有资产管理部门；②信息披露的对象，也就是信息接受者，对于国有大企业来说主要是国有大企业的全部利益相关者，这些利益相关者是国有大企业信息的需求者，出于保密和安全的原因，在对这些不同的利益相关者进行信息披露时应遵循针对不同的对象进行不同范围和不同透明度的披露原则；③信息披露的监管者，这些监管者可以是专门审查、核实、鉴证和确认国有大企业各种信息的中介机构，诸如会计师事务所、审计师事务所、评估师事务所等专业的服务机构；也可以是制定信息披露规章制度的政府部门。不论是哪种类型监管者，他们的作用都是为了消除在信息传递过程中影响信息真实准确的噪声，因此，信息监管者对于保障信息披露制度的有效运行意义重大，是不可或缺的。

二、信息的传递机制

图 7-1 的下半部分描绘了国有大企业所披露信息的传递机制。本书对国有大企业信息披露方式的设计借鉴了上市公司现有的信息披露方式（详见第三章），分为三种不同的信息披露方式：第一种是中介机构挖掘方式，这种信息披露的方式主要是依靠社会中介，通过为一些信息的需求者提供专业服务，通过各种方式充分发掘国有大企业的信息；第二种是通过制定有利于经营者自愿披露的契约，来激励国有大企业的经营者自愿信息披露；第三种是通过国家制定专门的规章制度来要求国有大企业进行强制信息披露。笔者认为，为了更好地达到国有大企业信息披露制度的目的，更好地保护国有资产，应该将这三种信息披露的方式结合起来，重点放在第二种和第三种方式上，通过契约的优化激励经营者的自愿披露和国家专门法律出台要求经营者强制披露相结合。

第四节　国有大企业信息披露制度设计的对策

根据前文中的中国国有大企业信息披露制度存在的问题以及国有大企业信息披露制度框架中信息生成机制和信息传递机制的内容，对构建国有大企业信息披露制度提出以下实施对策：

一、明确信息披露主体

仿效国际上国有企业信息披露制度的做法，中国国有大企业信息披露的主体可以分成两类：企业主体和所有权主体，在本书中就是指国有大企业个体和国务院国有资产监督管理委员会。这两个主体的信息披露对于国有资产监督机制都是缺一不可的。

企业主体的信息披露可以充分反映单个企业的经营情况，有利于监督博弈中的各个主体对其经营情况进行判断、行使监督权；从声誉角度来看，单个企业信息披露也会对企业的经营者形成有效的激励和约束，从另一个途径达到保护和监督国有资产的目的。

所有权主体的信息披露就是国务院国有资产监督管理委员会对其管辖的全部国有大企业经营情况的汇总和公开，也就是近年来呼声很高的"国有账本"的公开。"国有账本"的公开可以使公众对国有资产的整体情况有个清晰的认识，有利于对国有资产运行情况形成整体判断，获得了知情权的公众、传媒和其他利益相关者才能有效地行使监督权。

企业主体信息披露和所有权主体信息披露方式应该同时进行，缺一不可。只采用所有权主体进行信息披露的方式，只能反映国有资产运营的整体状况，无法反映单个企业的经营信息，因此，很难起到对单个企业经营实施监督的作用。如果只采用单个企业信息披露，不易获得国有资产经营整体情况的信息，不利于对宏观形势的判断和把握。因此，可以采用企业主体信息披露和所有权主体信息披露相结合的方式，但是在具体披露的方式和频率上可以有所区别，最大化地节省信息披露成本，提升信息披露效率。

二、拓展信息披露对象

信息披露对象就是所披露信息的需求者。国际上进行国有企业信息披露的典型国家的披露对象多分为两类：一类是国有企业的主管政府部门。在奥地利，OIAG 公司每年都要编制年度报告向财政部报告；瑞典的国有企业也要按照上市公司财务会计准则编制季度、年度报告，向工业部门报告；澳大利亚的国有企业年度报告是要求向国会提交的。另一类是公众。不论是在奥地利、瑞典、澳大利亚还是新加坡，它们的国有企业在按照相关规定向政府的主管部门提交年度报告后都要向社会公众披露。

信息披露制度的根源在于企业股东、债权人与公司的经营管理者，因为企业的财务资本控制权发生转移以后，在股东、债权人和受托的管理者之间形成了不同需求和内容的信托关系，为了更好的对自己所有但并不参与经营的财产进行监督而设立了这样一个信息披露制度。旨在通过信息公开透明，减少由于信息不对称带来的委托—代理风险和委托—代理问题，最大化受托管理者的违约成本，最大化的获取企业财产经营状况，从而实现对自己财产的监督和保护。因此，最需要进行信息披露的一定是拥有企业资产而又由于种种原因不能参与企业经营的所有者，除了这一最重要的信息需求者之外，还有一些与企业的生产经营状况密切相关的群体，比如，企业的债权人、企业的员工等一些利益相关者，企业经营情况直接关系到他们的切身利益，因此，他们也希望通过获得企业所披露的信息对企业的经营状况有所了解，使自己不处于信息劣势地位，可以更科学、客观地作出与企业相关的决策。

不同性质的企业具有不同的利益相关者，因此，不同性质企业的信息披露对象有所不同，表 7-1 针对不同性质企业的信息披露服务对象和信息披露内容进行了比较。

表 7-1　不同性质企业的信息披露比较

经济性质	信息披露对象	重点披露内容
国家所有制或全民所有制	国家	提供国家管理所需信息
业主制和合伙制	企业内部利益相关者	更多注重管理信息的披露
有限责任公司制	权益所有者、债主、非控制所有者	更多注重受托责任信息的披露
股份公司（上市环境）	利益相关方	注重信息的决策有用性

资料来源：王健：《财务信息披露差异的影响因素分析》，《价值工程》2008 年第 5 期。

从表 7-1 可以看出，对于国家所有制或全民所有制企业来说，由于国有企业或全民所有制企业在国民经济和国计民生中的重要作用，国有企业或全民所有制企业的主要职能是为国家的宏观经济计划服务，所以，当前的国有企业或全民所有制企业的信息披露对象主要是国家，采用的报告模式主要是政府管理导向的报告，披露的重点在于向国家提供国家进行经济管理所需的信息。对于业主制和合伙制的企业，由于企业的所有制形式比较简单，所有者数量较少，因信息不对称而导致的矛盾主要产生在企业内部利益相关者之间，因此，这种企业主要是承担因企业内部利益冲突及分工协作关系引致的相关管理职能，企业信息披露的对象主要是企业内部利益相关者，采用的报告模式多是企业管理导向模式，信息披露的重点更多的关注企业管理信息的披露。有限责任公司制的企业相比较业主制和合伙制企业具有更多的利益相关者，在公司制的委托—代理中的矛盾也多来源于信息不对称，这种公司制企业比较业主制和合伙制简单的企业管理形式具备了更复杂和现代的公司治理结构，因此，采用公司治理报告模式，信息披露更注重信托责任信息的披露。股份公司，主要是以上市公司为例，是所有企业形式中拥有最多利益相关者的经济组织，它的信息报告更具综合性和复杂性，而且目前已经形成了一个比较成熟的报告模式，信息披露的重点放在了为股东和潜在投资者提供决策的信息上。

《中华人民共和国企业国有资产法》（以下简称《国有资产法》）中第十七条规定"国家出资企业从事经营活动，应当遵守法律、行政法规，加强经营管理，提高经济效益，接受人民政府及其有关部门、机构依法实施的管理和监督，接受社会公众的监督，承担社会责任，对出资人负责。"国有大企业作为国有企业的一种，也是由国家出资的企业，因此也应该按照《国有资产法》的规定接受作为其最终所有者的社会公众的监督。国有大企业的信息需求者按照性质的不同可以分为：企业的员工、各级国有资产监督管理部门及相关政府部门、债权人、公众及其他一切利益相关者。

（1）员工。作为企业内部的员工，他们有权利了解自己为之工作的企业的真实状况，这既是工会法、职代会等相关法律维护职工权利的规定；也是一些诸如市场人员的员工正常工作的需要。此外，员工对企业相关信息的了解，可以在某种程度上提升员工的主人翁感，增加员工的凝聚力和向心力，有利于公司运营效率的提升。

（2）各级国有资产监督管理部门及相关政府部门。作为全体人民利益的代表、国有资产直接出资人代表的各级国有资产监督管理部门，有权利也有义务掌握企业的经营状况、利润分配、资本结构、资本保值增值以及其他一些重要事项。政府既是国有大企业的直接出资人，但同时又承担了对国有大企业的资产运行进行监管的职责。政府监管部门主要包括财政机关、税务机关、金融监管机关、保险监管机关、工商机关、质量安全机关等，这些机关因为要履行对企业的监管职能，所以对企业财务信息和相关事项信息也具有需求，成为了国有大企业的信息披露对象之一。

（3）债权人。这部分披露对象是指包括供应商、债务担保人、债券持有人、金融机构在内的一切借贷给国有大企业的机构和组织。作为债权人的他们有权力对国有大企业的运营情况进行了解和监督。

（4）公众。作为公共资产的国有大企业，它应该对作为国家全部财产的实际所有者的公众负责，公众作为最终意义上的投资人是国有大企业的事实股东，公众应该具有对其出资的国有大企业进行监督的权利和义务，因此，全体国民无疑应该成为国有大企业信息披露的对象。

（5）其他利益相关者。除了上述4类人员之外的诸如消费者、媒体、竞争对手等其他一切企业的利益相关者都应该成为国有大企业信息披露的对象，他们的存在对于形成一个国有资产的全面监督体系具有非常重要的意义。

三、规范信息披露内容

不同的主体（所有者、债权人）与公司的代理人（经营管理者）之间因为企业财务资本控制的转移而形成了不同的受托责任关系，从而产生了对企业信息的需求。

受托责任概念源于财产权。财产权包括所有权和使用权，其中使用权源于所有权。所有者将使用权委托给代理人，代理人就承担了受托责任。即当委托—代理关系建立以后，作为受托人，就要以最大的善意、最有效的办法、最严格地按照当事人的意志完成委托人所托付的义务；受托人在完成受托任务以后，向委托人提出报告，经过托付人同意后，受托责任才能解除（杨时展，1990）。受托责任可以细分为受托财务责任和受托管理责任。前者要求受托人尽一个最大善良管理人的责任，诚实经营，保护受托资财的安全性、完整性，同时要求其行动符合法律、道德、技术与社会的要求；后者要求受托人不仅要合法经营，而且应有效经营、公平经营，也就是说，受托人要按照经济性、效率性、效果性、公平性、环保性来使用和管理受托资源。这些内容都具有可计量性，因此而产生的计量指标既有财务指标，也有非财务指标；既有定量指标，也有非定量指标；既有经济指标，也有社会指标。受托人（经营者）的经营绩效，又可以由独立的审计活动加以鉴证，进而可以帮助委托人有效地进行受托责任解除抑或继续的决策（王光远，1999）。

同现代公司治理的安排一样，国有大企业也是国家作为财务资本的所有者将自己具有所有权的财务资本的经营权委托给国有大企业的高级经营管理者们，在国家和国有大企业经营管理者之间，由于财务资本所有权和经营权的分离形成了两者之间的受托责任关系。国家是代表全体人民作为财务资本的所有者代表的，因此，国有大企业实际上体现了全体公众作为所有者与公司的经营管理者之间的受托责任关系。作为接受国有资产经营权的公司的经营管理人员应该以最大的善意、最大的努力经营国有资产。同其他公司的经营管理者一样，这些国有资产经营者的经营结果主要受到三方面因素的影响，即经营者的经营能力水平、经营者的经营努力状况、内外部环境因素（比如政策、市场等因素）。国有资产的经营者的经营成果主要是通过国有资产的经营情况来体现的，作为所有者的公众和国家也只能通过国有企业的经营信息来判断经营者的努力和能力状况，以及国有资产的保值增值情况。信息披露制度作为消除因为所有权和经营权分离造成的所有者和经营者之间的信息不对称起到了非常重要的作用。债权人通过为企业提供借款形成了财务资本控制权的转移，最终在债权人和公司经营者之间形成了受托责任关系。债权人不能获得企业的剩余索取权，却具有到期收取本金和相应利益的权利。如果公司的经营者经营不当，导致公司亏损甚至破产，债权人就无法收回自己的本金和利息，因此，债权人从自己的利益出发，强调稳健性并要求经营者披露有关公司偿债能力的信息。

国有大企业的信息披露制度同上市公司的信息披露制度一样，要求遵循及时、完整、准确、客观的原则，但是，国有大企业的信息披露又具有不同于上市公司信息披露制度的特征，上市公司的信息披露是为了保护所有投资者的利益，要求所有信息的披露必须在同一时间向所有的投资者进行披露。而国有大企业因为其经营目标的复杂性——具有公共目标和经济目标的双重复杂目标体系，并且涉及国民经济的不同行业，因此，国有大企业的信息披露不能像上市公司那样对所有对象披露同样的内容，而应该针对不同对象进行分层次的信息披露。具体来说，对于一些涉及国家安全需要保密的信息，必须要关注其应该保密的范围、保密的对象和保密的程度，因此，在研究和设计国有大企业信息披露制度时必须对所披露信息内容的类别有清楚的界定，针对不同类别的信息采取不同方式、不同渠道的披露。

表7-2是自2004年国有企业信息公开首次被提出后，社会各界各种观点的汇总。从表7-2可以看出，不同代表人物提出了关于国有企业信息披露制度的不同构想和观点，这些内容大致可以概括为三部分：①国有企业的经营信息，利润的分配情况；②国有企业领导人的收入情况；③比照上市公司信息披露标准，国有企业其他一切不涉及国家机密、国家安全和商业机密的信息。

理论上，为不同的信息需求者按照他们的需求个性化，披露他们所需要的信息自然是个不错的选择，但是，这必将增加国有大企业的信息披露成本。信息披露成本收益原则的要求是尽可能的减少信息披露的成本，从而使信息披露的收益最大化。根据这一成本收益的原则，对于国有大企业的信息披露制度的设计也应该参照上市公司信息披露制度，由具有权威性和协调能力的国家制定一个统一的信息披露准则，让所有的国有大企业可以参照这一准则来进行公开的信息披露。

表 7-2　国有企业信息披露的观点汇总

代表人物或规定	主要观点
马正武 （2004）	2004 年，向社会公众发布了首家参照上市公司标准的中国大型国有企业非上市公司年报——中国诚通集团年报，他认为国有企业信息披露是应该承担的社会责任
马蔚华 （2005）	制定《国有企业信息公开法》，包含以下内容： 国有企业高级管理人员及其配偶的收入和家庭资产变动情况 国企主要负责人、财务负责人和负责对企业进行审计的会计师事务所，应对信息披露的真实性、及时性、准确性负责 定期对外公开进行信息披露 向全体员工进行更为详尽的信息披露 设立专门部门负责处理虚假信息举报，对于实名举报或社会影响较大的举报，应予查实 国家保护企业职工、社会公民对国有企业虚假信息披露进行监督并实行奖励 信息披露不实或未及时进行信息披露，应由国有资产监管部门对企业进行处罚，并追究个人责任
《OECD 国有企业公司治理准则》 （2005）	OECD 在准则中列举了在信息披露中必须包含的项目： 1. 向公众提供公司目标和实现情况的详细的描述 2. 公司的所有权情况 3. 现存的风险因素和采取的防范措施 4. 任何来自于政府的财务帮助，包括担保 5. 关联交易
李荣融 （2006、2008）	分别在 2006 年和 2008 年，两度提出要尽快建立相应制度，将国务院国有资产监督管理委员会账本公开
《政府信息公开条例》 （2007）	《政府信息公开条例》早已将公共企事业单位的信息公开纳入制度范畴，信息公开的部门涵盖"教育、医疗卫生、计划生育、供水、供电、供气、供热、环保、公共交通等与人民群众利益密切相关的公共企事业单位"
汪玉凯 （2009）	国有企业每年的经营情况应该部分对外公开，利润中多少用于收入分配、多少用于再生产、多少用于上缴利税，都应该让公众明白白白。这些不涉及商业机密，而且由于国有企业的性质是国有的，这些内容更多地涉及公共利益，应该公开
《国有资产监督管理信息公开实施办法》 （2009）	公开的范围： 1. 国资委主要职责、内设机构、办事程序 2. 国资委制定的规章和规范性文件 3. 国资委拟发布需征求意见的规章和规范性文件 4. 国资委指导推进国有企业改革重组、建立现代企业制度和所出资企业董事会试点、法制建设、履行社会责任、节能减排、安全生产等有关工作情况 5. 国资委代表国务院向所出资企业派出监事会有关情况 6. 所出资企业生产经营总体情况 7. 所出资企业国有资产有关统计信息 8. 所出资企业国有资产保值增值、经营业绩考核总体情况 9. 所出资企业负责人职务变动及公开招聘有关情况 10. 突发性事件的处置情况 11. 国资委公务员考试录用的条件、程序、结果

代表人物或规定	主要观点
《国有资产监督管理信息公开实施办法》(2009)	12. 国资委工作人员廉洁自律有关规定 13. 国资委办公地址、总机电话 14. 投诉、举报、信访途径 15. 国资委职责范围内的其他应当依法主动向公民、法人和其他组织公开的信息。国资委不得公开涉及国家秘密、商业秘密、个人隐私的信息。已经解密的国资监管信息，属于主动公开范围的，应当及时公开
台盟中央(2009)	2009年3月12日，台盟中央向即将召开的全国政协十一届二次会议递交提案，建议由国务院国有资产监督管理委员会牵头，会同财政部、税务总局等部门，共同编制年度国有企业白皮书，并鼓励各级地方政府也发布所属重点国有企业年度白皮书。提案进一步说明，白皮书应主要包括宏观和微观两方面内容。宏观方面应阐述国有企业现状与趋势、国有企业发展战略、国有企业生产经营领域、国有企业总体盈亏等情况；微观方面即各个国有企业年度报告，包括企业业务性质变更、股权变更、高管薪酬、董事变更、财务报告、经营状况、企业捐赠等

涉及一些比较重要和需要保密的数据可以在公开信息披露时不予披露，而在对上级国有资产监督管理部门的信息披露中，关系到国有资产经营的重大事项的一些数据却必须如实报告和披露。上市公司所应披露的信息是指可以对证券市场的股票价格、投资者的决策产生重大影响的信息。国有大企业因为并不涉及公司股票上市交易的问题，因此，国有大企业所披露的信息主要是指能够反映国有大企业经营状况、国有资产保值增值情况的信息。根据前面对受托责任内涵的论述，委托人对受托人的考核内容可以分为五个指标：经济性指标、效率性指标、效果性指标、环保性指标和公平性指标。按照这些信息的性质可以将其分为企业的经营信息、财务信息、公司治理信息、经营环境预测和分析等。

表7-3是本书设计的国有大企业信息披露内容的基本框架。国有大企业对外披露的信息，应该包含企业的生产经营情况、资产运营情况以及其他对国有资产出资人权益有重大影响的事项，其中应以财务信息为主。通过财务指标，可以了解企业的全部重要经济活动，发现企业经营、管理中存在的多数问题，便于社会和政府监督。

（1）公司的基本情况。主要是关于公司的名称、公司的资本结构、公司的组织结构、公司的所在地等相关的基本情况的介绍。

（2）公司的治理情况。公司董事会的构成情况、董事的基本信息介绍、外部董事所占比例以及外部董事的信息介绍、高管人员的基本信息。参考上市公司关

表 7-3　国有大企业信息披露的内容

类　别	具体内容
公司基本情况	公司名称、公司资本结构、公司组织结构以及相关事项
公司治理	1. 董事的名单 2. 董事的权利范围如何？董事是如何免职或任命的 3. 董事的责任是什么 4. 高管人员的情况 5. 外部董事情况
财务信息	会计数据、财务指标以及财务会计报告
重大决定	管理层讨论的对公司经营有重大影响的决定
经营信息	公司所经营业务的完整描述
社会责任信息	对社会环境的影响、是否有社会问题、承担的社会责任
员工	员工的构成以及其他基本情况
竞争环境	国内和国际竞争法对公司经营的影响，目前经营的 SWOT 分析
其他	合并、分立、改制、解散、申请破产

于公司治理情况信息披露的规定，可以将内容设计为：①董事会、监事会的人员及构成；②董事会、监事会的工作及评价；③独立董事工作情况及评价，包括独立董事出席董事会的情况、发表独立意见的情况及对关联交易、董事及高级管理人员的任免等事项的意见；④各专门委员会的组成及工作情况；⑤公司治理的实际状况，以及与本准则存在的差异及其原因；⑥改进公司治理的具体计划和措施。

（3）财务信息。在充分竞争的市场环境中，企业之间的竞争会形成一种平均利润或平均成本。企业经营的实际利润和成本的水平与这种平均利润或平均成本的比较，可以初步判断企业的经营状况。由此可以推断，在充分竞争的市场环境中，企业的经营利润水平为判断企业经营状况提供了信息。因此，在企业信息披露制度中，财务信息披露对于判断企业的经营状况至关重要，财务信息的披露，特别是与利润和成本相关信息的披露，可以使企业的所有者或其他利益相关者对企业的经营状况做出判断，同时对企业的经营者也会形成约束和激励作用。目前的问题是缺少一个可以用来考察和监督国有企业经营的充分信息指标，但是，这种状况随着国有企业改革的不断深入，国有企业同市场上其他企业竞争的不断充分，会得到改善，从而逐步降低所有者和利益相关者对国有企业经营信息获取和判断的成本。与公司生产经营相关的财务信息，主要包含：①资产负债表；②损益表或利润表；③现金流量表；④股东权益增减变动表；⑤财务情况说明书；⑥财务会计报告附注；⑦各种会计政策运用的说明；⑧合并会计报表；⑨审计报告；⑩其他财务会计信息。

（4）重大决定。公司的董事会所作出的对公司的经营有重大影响的重大决定。根据上市公司信息披露规则中的相关规定，可以将国有大企业信息披露的重大决定内容设计为：披露持有公司股份比例较大的股东以及一致行动时可以实际控制公司的股东或实际控制人的详细资料；披露公司股份变动的情况以及其他可能引起股份变动的重要事项；当上市公司控股股东增持、减持或质押公司股份，或上市公司控制权发生转移时，上市公司及其控股股东应及时、准确地向全体股东披露有关信息。

（5）经营信息的描述和预测。对公司现在经营业务情况的介绍以及对公司未来经营状况的预测。

（6）社会责任状况。主要是关于企业所履行的社会责任情况，公司目前的经营对社会是否有影响，承担了什么样的社会责任，是否有不良的社会问题。

（7）员工。公司的员工构成状况。

（8）竞争环境。公司现在所处的竞争环境以及未来将要面对的竞争环境，公司的 SWOT 分析。

（9）其他。其他一些合并、分立、改制、解散、申请破产等需要进一步说明的问题。

四、增加信息披露渠道

信息披露的渠道主要是指信息披露对象获得信息的途径，信息披露渠道的选择应该考虑到信息披露对象获取信息的成本问题，选择对于信息披露对象最便捷的渠道发布信息。当前的中国上市公司信息披露渠道可以分成四类：一是通过纸质的报刊来披露，这在现代信息技术还没有得到迅速发展之前是一种常见的、主流的信息披露渠道；二是在指定场所供公开查阅，上市公司的年报等公开披露的信息在上市公司驻地、所属的证券监管机构都可以获得；三是通过基于互联网的电子信息披露系统，在上市公司网站和证券交易所的网站上都可以获得；四是向特定的对象寄送或报送，比如，上市公司会向投资人、债权人等信息需求者寄送公司所披露的信息材料，向政府监管机构报送材料。这四种方式在现实中是同时被使用的。

信息披露方式的含义主要有两层：第一层含义是企业所采取的信息披露是自

愿披露还是强制披露。以上市公司的信息披露为例，当前的上市公司的信息披露制度是以强制披露为主，自愿披露为辅，证券管理部门就一些重要的内容做出了强制披露的规定，企业可以有选择的进行自愿披露规定外的其他内容。第二层含义是信息披露的时间规定。上市公司的财务信息和其他重要事项都具有很强的时效性，及时公开这些重要的财务信息，才能便于投资者、主管部门对上市公司进行有效监督、管理和做出决策。上市公司的信息披露制度中对常规事项的信息采用的是定期披露的方式，尤其是财务信息因其本身具有明显的会计期间（每半年一次或一年一次），所以，上市公司的定期披露为年度披露、半年度披露。对于一些临时重大事项则采用临时披露的方式。国际上的国有企业信息披露制度的披露方式也多是参照上市公司，采取披露年报或半年报的定期披露方法，目前，还没有相关的临时披露情况的文献研究。

对于我国国有大企业信息披露制度的披露渠道和披露方式的设计上，可以借鉴上市公司信息披露制度的做法。在信息披露渠道的设计上可以采用报刊、指定场所供公开查阅、电子信息披露系统以及向特定的对象寄送或报送相结合的办法。这些渠道的具体设计要考虑到国有大企业所在行业的特征以及信息本身的保密性特征，选择成本最低、效率最高的信息披露渠道。应注意一点，本书中的信息披露制度研究主要适用于普通行业的国有大企业。对于不参与一般市场竞争的、涉及国家机密的国有大企业，如高科技研发企业和军工企业等，可以不对外披露其信息，只须向出资人和相关部门报送资料即可。信息披露的方式应该采用"强制披露和自愿披露相结合"的模式，规定强制披露的信息内容，其他内容企业可以自行选择自愿披露。对于财务信息和一些重要事项披露可以实施中期报告和年度报告公告制度。年度报告应当在每个会计年度结束之日起4个月内，中期报告应当在每个会计年度的上半年结束之日起2个月内对外披露。对重大事项信息，采用临时披露的方式，有相关事件发生后5日内对外披露。

五、加强信息披露监管

根据对信息生成机制和信息传递机制的分析，任何信号在传递过程中，都会出现各种原因产生的噪声对信号的干扰，这种噪声的干扰使信号的真实性、准确性和及时性受到影响，如果要保证信息传递的安全可靠，那么噪声的消除机制是必不可少的。信息披露监管就是信息披露制度中消除噪声最有效的机制，它所起的作用就是消除信息披露过程中噪声对信号的干扰，保障信息披露的真实、客观、及时。因此，信息披露监管机制是决定信息披露制度能否有效的关键因素。国有大企业信息披露监管可以参照上市公司信息披露制度监管中比较成熟的做法，通过加强会计师事务所、审计师事务所等中介机构对信息的审核作用，制定相关的法律法规，规范信息披露的质量和流程，追究违反信息披露规定的人员和企业的责任等方式来加强监管，保障国有大企业信息披露制度的顺利实施。

第五节　国有大企业信息披露制度的支撑要素

国有企业信息披露制度作为国有企业和国有资产监督机制的重要组成部分，是一个系统的工程，它的有效运作离不开一些必要的支撑要素，这些支撑要素既能起到对国有大企业信息披露的监管作用，又能起到辅助国有大企业信息披露制度有效运行的作用。国有大企业信息披露制度的支撑要素是中国国有大企业信息披露制度有效运作，达到保护国有资产、监督国有资产预期目标的重要保障，在国有大企业信息披露制度中居于非常重要的地位。国有大企业信息披露制度的支撑要素可以分为内部支撑要素和外部支撑要素，本节对国有大企业的信息披露制度的内、外部支撑要素进行了具体设计。

一、国有大企业信息披露制度的内部支撑要素

国有企业信息披露制度的内部支撑要素可以分为两部分：国有大企业的内部治理环境和国有大企业的信息披露流程。国有大企业的内部治理环境是国有大企业信息披露制度顺利实施的基础和支撑。现代公司治理结构为国有大企业信息披露制度提供了治理基础，外部董事的引入为国有大企业的信息披露制度提供了重要的监督力量，内部审计机构的设立为国有大企业的信息披露制度提供了质量保障。此外，任何一个制度的有效实施都离不开规范的流程设计和明确的责任机制，国有大企业的信息披露制度的有效运行同样也需要一个清晰、规范的管理制度，从程序上为国有大企业的信息披露监督提供依据和支撑。所有这些内部支撑要素都不是孤立存在的，是相互影响、互为补充的，它们共同为国有大企业信息

披露制度提供监管和支撑。

1. 公司内部治理环境

（1）完善的国有大企业治理结构是国有大企业信息披露制度的基础。完善的国有大企业的治理结构对于其信息披露制度的有效实施具有重要作用，这同前面论述上市公司治理结构对信息披露作用的机理是基本相似的。国有大企业同一般公司相同也具有股东大会、董事会和监事会。国务院国有资产监督管理委员会代表国家对国有大企业行使所有权，目前由国务院国有资产监督管理委员会管理的大型国有企业共有120家。由于国务院国有资产监督管理委员会管理的国有大企业范围广、事务繁杂，因此，不可能要求国务院国有资产监督管理委员会像一个普通的所有者那样时刻关注企业全部的经营活动，又由于其处在企业外部，处于信息不对称中的信息劣势，国有大企业实际处于一种"所有者缺位"的情况中。因此，健全和完善国有大企业的治理结构，形成充分的权力制衡和约束具有重要的意义。当前的国有大企业深化公司制改革是帮助国有大企业不断规范和建立现代公司治理结构的有效途径，通过构建科学的现代公司治理结构，形成董事会、监事会和股东大会三权分立，可以为国有大企业信息披露制度的顺利运行提供坚实的治理基础；同时，完善的公司治理结构可以最大化地避免内部人控制的出现，大大提升国有大企业信息披露的透明和公开，这必将有利于国有大企业信息披露制度的有效运行和实施。

（2）引入外部董事，提升国有大企业董事会的独立性。国有大企业董事会的试点改革开始于2004年，当时国务院国有资产监督管理委员会选定了以宝钢为首的7家大型央企作为董事会试点改革的对象，后来又扩展到11家。在对国有大企业的董事会试点改革的过程中，国务院国有资产监督管理委员会借鉴新加坡"淡马锡模式"的经验，在国有大企业的董事会中引入了外部董事。引入这些外部董事的目的就是想借助外部董事的独立性、客观性来监督国有大企业的经营情况，避免"内部人控制"，提升董事会的独立性。国有大企业可以效仿上市公司给予独立董事的法定特权，赋予其外部董事特定的法定权利，比如，国有大企业的重大关联交易应由外部董事认可，外部董事可以聘请中介机构出具独立财务顾问报告，外部董事可以针对有关事项发表独立意见等。国有大企业的外部董事可以和监事会一起负责信息披露事务管理制度的监督。现有的关于上市公司的研究表明，公司的独立董事的数量与信息披露呈正相关关系，独立董事会促进上市公司透明度的提升和信息披露。对于国有大企业来说，外部董事的引入必将增加国有大企业信息披露的透明和公开，让广大的实际股东更多地享有对公司各项经营行为的知情权，从而更好地为国有大企业信息披露提供一个有力的内部监督力量。

（3）设立专门的审计委员会。谢德仁（1997）认为，在上市公司的信息披露实施过程中，政府制定的会计信息披露规则不可能做到事无巨细，这给公司经营者操纵会计信息披露留下了空间。又因为大型国有企业中也存在委托—代理关系，委托人和代理人之间的目标不一致、激励不相容，导致了企业的代理人——经营者为了自身利益最大化，在会计信息披露过程中进行操纵或扭曲。因此，必须在国有大企业外部引入外部审计、在公司董事会内部引入审计委员会制度，监控经营者对会计信息披露规则的选择与遵循，促使国有大企业的信息披露更真实有效。设立专门的审计委员会可以最大限度地避免上述问题的出现，为国有大企业信息披露的顺利实施提供有力保障。

2. 信息披露管理制度

国有大企业应该效仿上市公司建立符合国有大企业特征的信息披露事务管理制度。根据对上市公司信息披露事务管理制度的研究，针对国有大企业信息披露管理制度的内容设计如下：

（1）国有大企业应该认真分析本公司的性质特征，按照前述的国有大企业信息披露原则，确定公司信息披露的标准，明确公司应该披露的信息内容。

（2）根据国有大企业所处行业性质的不同，对于有些应该分层次、有限制披露的信息，应该注意信息公开披露与信息保密的关系，针对不同的信息选择适合的信息披露渠道，并且制定出未公开信息的传递、审核、披露流程。

（3）公司应该确立自己专门的信息披露事务管理部门及其人员的构成，并且对信息披露事务管理部门及其负责人的职责进行明确的规定。

（4）确定公司的董事和董事会、监事和监事会、高级管理人员等的报告、审议和披露的职责。

（5）建立董事、监事以及企业的高级管理人员履行职责的情况记录以及相关记录的保管制度。

（6）针对未公开的信息，应该制定出翔实的保密措施，并且规定内幕信息知情人的范围和保密责任。

（7）建立财务管理和会计核算的内部控制及监督机制。

（8）对外发布信息的申请、审核、发布流程，与公众、中介机构、媒体及一切利益相关者之间的信息沟通、关系管理的制度和规定。

（9）一切与公司的信息披露相关的文件、资料的档案管理。

（10）涉及子公司的信息披露事务管理和报告制度。

（11）未按规定披露信息的责任追究机制，对违反规定人员的处理措施。

国有大企业信息披露事务管理制度应该经过公司董事会审议通过，报送国务院国有资产监督管理委员会备案。国有大企业的信息披露事务管理制度是指导本公司进行信息披露相关事务的行事方针和方法指南，各公司可以根据上述的基本规则针对本公司的特点研究制定。国有大企业的信息披露管理制度只是国有大企业推行信息披露制度的一个重要内容，各个国有大企业还应根据本公司的特点制定本公司的信息披露规范流程以确保国有大企业信息披露的有效和正常运行。

二、国有大企业信息披露制度的外部支撑要素

作为公司的监控机制和决策机制之一的信息披露制度，同公司治理机制的其他要素一样，它的有效运作离不开适宜的外部环境，构成国有大企业外部治理环境的主要内容是各级国务院国有资产监督管理委员会、社会公众、中介和媒体。只有充分发挥这些外部治理因素的作用，才能为国有大企业信息披露制度的运行提供一个良好的环境和氛围。

国有大企业信息披露的外部监管系统主要由以下几部分构成：①国有资产监督管理机构。它是国有大企业信息披露监管的核心部门和最具权威的部门，担负着规范国有大企业信息披露的职责，制定相关规定来指导和规范国有大企业的信息披露，建立国有大企业信息披露规范体系。②与国有大企业信息披露相关的法律法规。这是国有大企业信息披露有效运行的重要外部法律支撑，严格的法律规定可以最大化地提高国有大企业信息披露的违约成本，有效降低违约行为的发生。③中介机构。中介机构在国有大企业信息披露中具有重要作用，它负责认证国有大企业需要披露的各项信息的真实有效，中介机构的勤勉、诚信和负责对于国有大企业信息披露制度监管具有重要的意义和价值。④媒体和公众。媒体和公众主要起到舆论监督的作用，作为国有大企业实际所有者的公众可以通过自己对国有大企业的关注和监督，促使其经营更加科学、透明和规范。这四部分交织在一起为国有大企业的信息披露制度构建了一个多层次、多角度的监管体系，提升

了国有大企业信息披露制度的质量和透明度，促使信息披露制度起到有效的监督作用，最终达到健全和完善国有大企业监督机制的目的。

1. 国有资产监督管理委员会的监管作用

国有资产监督管理机构作为监督国有资产运营情况的主要责任人，应该成为国有大企业信息披露监管系统中最权威的监管者，对国有大企业的信息披露起主要的外部监管作用，可以参照证券监督委员会对上市公司信息披露监管的职责，成立专门机构对国有大企业乃至国有控股非上市公司发布的市场信息实施全面监管，并且实行全权负责。国有资产监督管理委员会应该具备对不履行信息披露、不按规定履行信息披露或对信息扭曲造假的企业的处罚权和调查取证权。

2. 完善相关法律法规

相比较上市公司信息披露制度监管具有的完备的法律法规制度，现有的关于国有大企业、国有企业信息披露违约责任追究的相关法律法规还很少，缺少规章制度约束的信息披露制度的有效性很难保证。政府应该在相关的法律法规中加强和细化对国有大企业、国有企业负责人违法披露企业信息、故意隐瞒或歪曲重要信息等行为的规定，建立和完善与此相关的诉讼机制，明确有关信息披露的法律责任追究和惩戒机制。对于中介机构在国有大企业信息披露过程中的违法行为也要明确规定、严厉惩处。此外，对于国有大企业信息披露违法行为的惩处要学习上市公司的惩罚机制，即将处罚不仅落实到上市公司，还要追溯到违约、违法责任人，真正的明确信息披露的责任追究，加大违法、违约人的造假成本，最大限度地形成有力的约束和威慑作用。

3. 各类中介机构的监督作用

这里的中介机构主要是指注册会计师事务所、审计师事务所、律师事务所等，它们在国有大企业信息披露过程中起到了重要的外部监管作用。这些中介机构的人员具有丰富的专业知识和实践经验，可以对国有大企业的信息进行专业的鉴定和审核，对于保障国有大企业信息披露的真实、有效起着非常重要的作用。但是，有些中介机构因为激烈的市场竞争或自身利益，可能会做出一些违背职业道德的事情，这就需要制定相关的制度来保障这些专业中介机构的独立性，这可以借鉴上市公司的信息披露制度中要求法律和会计机构对所审核企业发布的信息的真实性承担连带责任的做法，确保这些监管者独立、客观，保障国有大企业信息披露的真实、有效。此外，还应该制定一些与国有大企业信息披露的相关法律法规来约束国有大企业的信息披露行为，换句话说，对于国有大企业信息披露监管，和信息披露的法律责任相关的法律法规、规章制度的建立也是非常重要的一个环节。"没有约束的权利必定走向腐败"，没有法律法规制约的信息披露也难以保证其真实、有效。可以模仿上市公司规范体系的建立，从法律、行政法规、部门规章和规范性文件、自律规则等几个层次来设计适合国有大企业信息披露的规定，从而加大对信息披露违规的惩处力度，同时也加大了对信息披露违规的威慑力，增强对国有大企业信息披露的监管，达到提高国有大企业透明度和有效信息披露的目的。

4. 媒体和社会公众的监督作用

银广夏造假案中，新闻媒体的追踪报道起到了至关重要的作用；蓝田神话的破灭中，作为普通公众的刘姝威功不可没。类似的例子还有很多，媒体和公众的社会舆论监督，整个社会的诚实守信的社会氛围对于规范和监督公司信息披露行为有着法律层次无法达到的作用。各个发达国家的资本市场发展的历史经验表明，对于信息披露，必须建立一个多层次、多机构共同把关、监管的体系，才能真正有效地保证上市公司信息披露的真实、充分、及时，才能预防、消除上市公司信息披露的虚假、遗漏和滞后的现象（蔡志岳，2007）。同样，对于国有大企业信息披露的监管也要形成一个多层次的监管体系，在这个体系中，新闻媒体是监督信息披露、揭露虚假信息的"生力军"，有着丰富的专业知识和强烈责任感和使命感的新闻媒体，能够在发现国有企业的信息披露违规行为后，对其进行大胆地披露和强烈谴责，这不仅弥补了相关行政机构监管的不足，也对造假者形成了一种威慑力。公众作为国家的主人，国有资产的实际拥有者，应该更有动力对国有大企业的信息披露进行关注和监管，国家要不断培养公众的这种社会责任感和主人翁意识，引导公众对国有大企业信息披露进行监督和关注，从而对国有大企业中潜在的信息扭曲和信息造假行为形成公众威慑力，提升国有大企业信息披露的有效性和真实性，最终达到规范国有大企业的经营行为，促进国有资产的保值和增值。

第六节　本章小结

　　本章在前文对国有企业信息披露制度的国际比较分析和上市公司信息披露实践的基础上，结合信息披露制度的相关理论，提出了一个国有大企业信息披露制度的框架，并针对中国国有大企业信息披露的现状提出了一些信息披露制度设计内容的具体对策。

　　任何制度的构建和运行都是一个系统的工程，离不开相关环境的支撑和配合。国有大企业信息披露制度也不例外，为了使国有大企业信息披露制度能够达到预期的健全和创新国有大企业监督机制的目标，使其真正在国有大企业监督机制乃至国有资产监督机制中发挥作用，肯定离不开企业内外部要素的支撑。国有大企业信息披露制度内外部支撑要素既是保障信息披露制度有效发挥监督作用的基础，又是监管所披露信息真实、客观的重要工具。本章中提出的内外部支撑要素的构想还是一个初步建议，还需要在实践中不断检验和完善。

第八章 结束语

　　将信息披露制度这一证券市场上公认的监督工具应用到国有资产监督机制中，特别是国有大企业监督机制中，是对现有监督机制的重大创新。信息披露制度通过公开透明的信息，赋予更多利益相关者知情权，从而实现了监督主体数量的增加、监督力量的扩充，这也使得信息披露制度具备了现有董事会监督机制和监事会监督机制所不具备的特点和功能，信息披露制度作为上市公司有效监督的重要工具，其作用和意义已经得到了广泛的认可。

　　世界上一些国家已经将信息披露制度引入国有企业的监督机制中，"上市公司要进行信息披露，国有企业因为其公众所有的性质，更应该进行信息披露"的观点已经得到了很多国家的认可。在国有企业信息披露制度中最具代表性和前瞻性的国家当属 OECD 成员国家和新加坡，这些国家已经基本形成了一套比较完整的信息披露制度，而且其运行也取得了一定的成果。就中国国有大企业而言，国务院国有资产监督管理委员会只是出资人的代表，公众才是国有大企业的最终所有者，所有权的归属决定了监督权的归属，因此，公众有权了解国有资产的运营情况，行使自己的监督权。当前的中国国有大企业信息披露制度虽然有了很大的进展，但是其信息披露对象、信息披露内容、信息披露渠道和监管还存在很多问题，这些问题的存在制约了信息披露在国有企业监督机制中应发挥的重要作用。

　　本书在深入剖析信息披露相关理论的基础上，借鉴了上市公司信息披露制度的经验以及具有代表性的国家和地区的国有企业信息披露制度经验，基于中国国有企业信息披露制度演进和发展状况，提出了一个适合中国国有大企业信息披露制度的框架，并且针对这一框架提出了一些设计对策和建议，旨在为中国国有大企业信息披露制度的构建、完善乃至国有资产监督机制的创新提供一些借鉴和启示。

　　因时间和能力的局限性，本书还有很多待完善之处。书中提出的国有大企业信息披露制度的框架侧重方向性的探讨，在操作性上有所欠缺；同时，书中所提出的国有大企业信息披露制度的运行对策也还处在理论探讨阶段，缺乏实践的检验。希望本书对国有大企业信息披露制度的研究能起到"抛砖引玉"的作用，"路漫漫其修远兮，吾将上下而求索"，笔者也将在这一研究道路上继续奋力前行。

附 录

附录一 《OECD 国有企业公司治理指引》
——与国有企业信息披露相关的条例和注释

第一章 确保对国有企业有效的法律和监管框架

对国有企业的法律和监管框架应当确保国有企业和私营公司在市场上公平竞争，以避免市场扭曲。这个框架应建立在《经合组织公司治理原则》上，并与之充分相容。

第一章中共包含六条内容，其中第三条为：超出普遍接受标准的、以公共服务名义要求国有企业承担的任何义务和责任都需要按照法律和规则明确授权。这些义务和责任还应该向社会公众披露，相关的成本应该以透明的方式支付。

注释：在一些事例中，国有企业常被期待要为社会和公共政策目标履行特别的责任和义务。在一些国家中包括了国有企业必须按照价格调控的规定销售他们的产品和服务。这些特殊的责任和义务可能超出了一般可以接受的商业活动标准，而应该清楚地按照法律和规定进行授权和推动。这些规定还适合写入公司章程。

市场和普通大众应该清楚地了解这些义务的性质和范围，以及这些义务对国有企业资源和经济表现的全面影响。

同样重要的是，相关的成本应能被清楚地识别、披露，并且基于特殊法律规定和/或通过契约机制（例如管理或服务合同）由国家财政预算予以适当补助。

补助的构成应采取避免市场扭曲的方法，尤其当有关企业在经济体系中处于竞争领域的情况下，更要这么做。

第二章　国家作为一个所有者行事

国家应该作为一个知情的和积极的所有者行事，并应制定出一项清楚和一致的所有权政策，确保国有企业的治理具有必要的专业化程度和有效性，并以透明和问责方式贯彻实施。

第二章中共包含六条内容，其中第六条为：国家作为一个积极的所有者应该按照每个公司的法律框架行使其所有者权利。其主要职责包括：

（1）委派代表出席全体股东大会并行使国家股份投票权。

（2）在全资或控股的国有企业建立合乎规则的和透明的董事会提名程序，积极参与所有国有企业董事会的提名。

（3）建立报告制度，允许对国有企业经营绩效进行定期的监督和评估。

（4）在法律制度和国家层所有权机构允许时，与外部审计员和特派国家监察机构保持经常性对话。

（5）确保国有企业董事会成员的薪酬计划有助于公司的长期利益，并能吸引和激励合格的专业人才。

注释：为了避免不适当的政治干预或被动的国家所有权，协调主体或所有权实体集中精力于有效的行使所有权是很重要的。国家作为一个所有者，当其处于对公司有重大影响的地位时，尤其应该像任何主要股东一样行事；当其处于占有少数股权的股东地位时，也应该作为一个知情的和积极的股东行事。提出如此行使权利的忠告是为了保护其所有权和实现其价值最大化。

正如《经合组织公司治理原则》所定义的，股东的四项基本权利是：①出席并在股东大会上投票表决；②及时和定期地获得相关和充分的公司信息；③选举和撤换董事会成员；④批准特别交易。协调主体或所有权实体应该充分而又明智地行使这些权利，因为这是在没有侵犯国有企业日常管理的情况下允许对它们施加的必要的影响。对国有企业治理和监督的有效性和可信度，在很大程度上取决于所有权主体知情地行使其股东权利和在国有企业中有效地履行其所有权职能的能力。

所有权实体需要具有特殊素质和拥有能够熟练履行受托责任的法律、财务、经济和管理技能的专业人才。这些专业人才也必须清楚地认识到相对于国有企业来说他们自己有像公务员一样的角色和职责。另外，所有权实体应该具备的素质还包括，由于一些国有企业在其监督之下，它还需要按照公共服务规定承担特别义务。为了以更好的方式行使国家所有权的权利，协调主体或所有权实体还应该有可能聘请外部顾问和在所有权职能的一些方面进行协议外包，例如，可以让专家进行评估、主动督察，或者在认为必要和合适时以其身份进行代理人投票。

其主要职责包括：

1. 委派代表出席全体股东大会并行使国家股份投票权

国家作为一个所有者应该通过行使其投票权或者对如果不行使投票权至少做出解释来履行其受托责任。对于国有企业全体股东大会之前的提议，国家不能使自己处于毫无反应的境地。

国家应能在股东大会上对提交审批的问题阐明自己的观点，协调主体或所有权实体有必要使自己能够就这些问题提出知情的观点，并且在全体股东大会上向国有企业董事会做出清楚的表达。

在全体股东大会上为国家代表阐述观点制定适当的议程是很重要的，这样可以实现例如清楚地辨认出是由协调主体或所有权实体代表着国家的股份。

2. 在全资或控股的国有企业建立起合乎规则和透明的董事会提名程序，积极参与对所有国有企业董事会的提名

协调主体或所有权实体应确保国有企业具有高效和职能健全的专业的董事会，使其具备需要的多种技能组合以完成它们的职责。这将涉及建立一个合乎规则的提名程序并在此过程中担当积极的角色。如果所有权实体被授予了在提名程序中组织国家参与的唯一责任，这将为此提供方便。

国有企业董事会的提名应该是透明的、明确规则的，并以对各种所需技术、技能和经验的评价为基础。所需的技能和经验应取得一个专责委员会的评估，并服从公司长期战略的需要。当法律或双方协议需要时，这些评估还要考虑到员工委员会代表所担当的角色。提名基于如此清晰的对技能的要求和评估，将会形成更加专业化、可问责性和商业导向的董事会。

当国家不是唯一的所有者时，协调主体或所有权实体应在全体股东大会之前征求其他股东的意见。国有企业董事会也应能够根据获得批准的对董事会成员的简要介绍、技能要求和对董事会成员的评估向所有权实体提出建议。建立提名委

员会有助于重点选拔优秀的候选人和进一步完善提名程序。在一些国家，还考虑到建立一个专门的委员会或"公众委员会"来监督国有企业董事会的提名也是个好办法。尽管这种委员会或公众委员会或许只有建议权，但在实际中它们可能对提高国有企业董事会的独立性和专业化具有强烈的影响。被提名人名单应在全体股东大会之前公布出来，并附上关于各个候选人的职业背景和专门技能的足够的信息。

所有权实体能够掌握经过公开竞争程序选拔出来的一个合格候选人的数据库也是很有用的。利用专业招聘中介机构或国际广告是提高选拔过程质量的又一个办法。这些操作会有助于增大为国有企业董事会提供合格候选人的"蓄水池"，特别在私营部门具有的专业技能和国际经验方面。这些程序也可能更适合于大型董事会的多样性，包括性别差异化。

3. 建立报告制度，允许对国有企业经营绩效进行定期的监督和评估

协调主体或所有权实体为了能对公司的重要事务做出知情的决定，它们需要确保及时得到所有必要的和相关的信息资料。它们也应该建立起能够连续监督国有企业活动和业绩的手段。

协调主体或所有权实体应确保建立适合于所有国有企业的充分的对外报告制度。这个报告制度应向协调主体或所有权实体展示国有企业经营绩效或者财务状况的真实画面，使它们能够做出及时反应和进行有选择的介入。

协调主体或所有权实体应使用适当的手段和选择合适的价值评估方法去监督国有企业与既定目标相比较的经营业绩。这有助于制定同样适用于国内外私营或公共部门实体的、系统的国有企业经营绩效标杆体系。这套标杆体系应包括生产率和劳动力、资产、资金的使用效率。这套标杆体系对于在非竞争领域内的国有企业尤其重要。这样会使国有企业、协调主体或所有权实体和社会公众能够更好地评价国有企业经营绩效和回顾它们的发展。在协调主体或所有权实体内配备足够的具有会计和审计技能的人员，并与有关方面包括国有企业的金融服务机构、外部审计员和特派国家监察员保持适当的交流，这便于对国有企业经营绩效进行有效监督。

4. 在法律制度和国家层所有权机构允许时，与外部审计员和特派国家监察机构保持经常性对话

根据法律规定，协调主体或所有权实体可以被授予对外部审计员的提名权，

甚至指定权。对于全资国有企业，协调主体或所有权实体应与外部审计员以及特派国家监察员（如果设置了这个职能）保持持续的对话。这种持续的对话可以采取定期交换信息、举行会议以及出现特殊问题时讨论的方式。外部审计员将向协调主体或所有权实体提供关于国有企业绩效和财务状况的外部的、独立的和合格的看法。然而，所有权实体与外部审计员和国家监察员的持续对话不应以损害董事会的职责为代价。

当国有企业上市或部分持股时，协调主体或所有权实体必须尊重占少数股权的股东的权利和公平对待占少数股权的股东。与外部审计员的对话不应给协调主体或所有权实体任何优先的信息，而应遵循对特权的和保密的信息的规定。

5. 确保国有企业董事会成员的薪酬计划有助于公司的长期利益，并能吸引和激励合格的专业人才

虽然存在着把国有企业董事会成员的薪酬与私营部门拉近的强烈倾向，但是在经合组织的多数成员国内，由于其所需的技能和经验还有担负的责任的原因，其薪酬仍然远远低于市场水平。

第三章 平等对待所有股东

按照《经合组织公司治理原则》，国家和国有企业应该承认所有股东的权利，确保他们得到公平对待和平等获得公司信息。

（1）协调主体或所有权实体与国有企业应该确保所有股东得到公平对待；

（2）国有企业应该对所有股东高度透明；

（3）国有企业应该制定与所有股东进行交流和征求意见的积极政策；

（4）应为占少数股权的股东参加股东大会提供便利，以便能使他们参与例如选举董事会这样十分重要的公司决策。

注释：按照《经合组织公司治理原则》，国家和国有企业应该承认所有股东的权利，确保他们得到公平对待和平等获得公司信息。

平等对待占少数股权的股东与所有企业的利益攸关，由于这方面的声誉将影响吸引外部资金的能力以及对企业价值的评价，确保国有企业平等对待占少数股权的股东符合国家的利益，因此要确保其他股东不把国家看成是一个不透明、不可预见和不公平的所有者。恰恰相反，国家应该成为遵循对待占少数股权的股东最佳实践的值得仿效的典范。

（一）协调主体或所有权实体与国有企业应该确保所有股东得到公平对待

当私人股东、机构或个人持有一部分国有企业资本时，国家应该认可他们的权利。参照《经合组织公司治理原则》中关于占少数股权股东的权利，也符合协调主体或所有权实体和国有企业自身的利益。《经合组织公司治理原则》中阐明"占少数股权的股东应该受到保护以使他们不被直接或间接的、为控股股东谋利而滥用权力的行为所侵害，并且应建立起有效的补偿机制"。《经合组织公司治理原则》还禁止内幕交易和滥用自我交易。最后，《经合组织公司治理原则》的注释建议对某些股东决议设置优先权和合格的占多数股权股东作为事前保护占少数股权股东的办法。

国家作为占支配地位的大股东，在很多情况下的股东大会上能够不经任何其他股东同意就做出决定，以此身份通常能够决定董事会的组成。当这种决策权是依据其所有权的合法权利时，重要的是国家作为一个占有支配地位的股东有没有滥用权力，例如，是否有追求不符合公司利益并且从而损害其他股东利益的目标。权力滥用可能发生于通过不适当的关联交易、带有偏见的业务决策以及为讨好控股股东而改变资本结构。可以采取的措施包括更好的信息透露，董事会成员的忠诚责任，以及对某些股东决策的合格的占多数股权股东的条件。

协调主体或所有权实体应该制定关于公平对待占少数股权的股东的指导方针。它应该确保每个国有企业，特别是其董事会要充分意识到与占少数股权的股东的关系的重要性，并且积极增强这种关系。

正如《经合组织公司治理原则》所述，"当法律制度允许且市场接受时，控股股东作为所有者并没有采取法定方式把控制权从所有权中分离出来，而运用的控制水平又与风险水平不对称时，潜在的滥用情况就会显现出来"。因此，政府应当尽可能地限制使用黄金股和披露那些与公司股东的所有者权益不相称的、允许一个股东超越公司行使一定程度控制的股东协议和资本结构。

（二）国有企业应该对所有股东高度透明

保护占少数股权的股东和其他股东的一个关键条件是确保高度透明。《经合组织公司治理原则》阐明，"为确保公平对待，支持同时向所有股东报告信息。在保持与投资者和市场参与者紧密关系的过程中，公司必须谨慎避免违反公平对待这个基本原则。"

占少数股权的股东和其他股东应该能够接触所有必要的信息从而做出知情的

投资决定。同时，大股东包括协调主体或所有权实体，不应该对它们作为控股股东或董事会成员可以获得的信息有任何的滥用。对于没有上市的国有企业，其他股东通常是易于被辨认的，而通过例如在董事会的席位可以经常优先获得信息。然而，无论关于信息披露的法律和规则框架的质量和完整性如何，协调主体或所有权实体都应该确保在所有国家持有股份的企业，建立起保证所有股东都能相应便利和公平地获取信息的机制和程序。

任何股东协议，包括覆盖董事会成员的信息协议，都应该予以披露。

（三）国有企业应该制定与所有股东进行交流和征求意见的积极政策

国有企业、包括国家作为占少数股权的股东的任何企业，应该辨认它们的股东，并且以及时和系统的方式让它们的股东对重要事件和即将召开的股东会议按时知情，还应该为它们的股东提供关于将要提交决策的议题的足够的背景信息。确保公司履行对股东发布信息的义务是国有企业董事会的责任。在此过程中，国有企业应该不仅采用已经存在的法律和规则框架，而且在框架之外，鼓励其在建立起信用和信心的相关方面做得更多。如果可能，与占少数股权的股东的积极协商将有助于改进决策过程和对关键决定的认可。

（四）应为占少数股权的股东参加股东大会提供便利，以便能使他们参与例如选举董事会这样十分重要的公司决策

占少数股权的股东可能会关心在公司的股东会议或董事会会议之外做出的实际决定。这对于拥有一个重要的或控股股东的上市公司是合法的关心，然而这在国家是占支配地位的股东的公司中也会成为一个问题。作为一个所有者的国家的正确做法，可以让占少数股权的股东消除疑虑，保证对他们的利益予以考虑。

正如《经合组织公司治理原则》所强调的，参加全体股东大会是最基本的股东权利。为鼓励占少数股权的股东积极参加国有企业的全体股东大会并便于他们行使权利，国有企业可以采用特殊机制，这与《经合组织公司治理原则》对上市公司的建议一脉相承。这些包括对某些股东决策的合格的占多数股权的股东要求和当被外界认同时使用特殊选举规则的可能性，例如累计投票制。另外的措施还包括，便利的缺席投票或推广使用电子投票方法以降低参与成本。此外，员工股东参加全体股东大会，通过例如在员工股东中收集代理人投票可能是方便的。

重要的是，保护占少数股权股东的任何特殊机制都必须仔细权衡。它应该得到全体占少数股权的股东赞成，并且无论在哪一方面与公平对待的概念都不发生矛盾。它应该既不妨碍国家作为占多数股权的股东施加其对决策的合法影响，也不允许占少数股权的股东阻碍决策程序。

第四章　透明度和信息披露

按照《经合组织公司治理原则》，国有企业应遵循高标准的透明度。

（1）协调主体或所有权实体应就国有企业做出符合实际的合并报告，并且公布关于国有企业的年度合并报告。

（2）国有企业应该制定有效的内部审计程序，并且建立由董事会监督和直接向董事会及其审计委员会或相同公司机构报告的内部审计职能。

（3）国有企业，尤其是大型国有企业应该经过基于国际标准的年度外部独立审计。现存特殊的国家监控程序不能代替独立的外部审计。

（4）国有企业应该像上市公司一样依照高质量的会计和审计标准。大型国有企业或上市的国有企业应按照国际上认可的高质量标准披露财务和非财务方面的信息。

（5）国有企业应按照《经合组织公司治理原则》中要求的所有事务披露重要信息，并且重点是明显关系到作为所有者的国家和普遍公众的领域。这些信息的举例包括：①向公众提供一个关于公司目标及其实现情况的清晰声明。②公司的所有权和选举权结构。③任何重大风险因素以及处理这些风险所采取的措施。④收到任何来自国家和以国有企业名义承诺的财务扶持，包括担保。⑤与相关实体的任何重大交易。

注释：按照《经合组织公司治理原则》，国有企业应遵循高标准的透明度。

（一）协调主体或所有权实体应就国有企业做出符合实际的合并报告，并且公布关于国有企业的年度合并报告

协调主体或集中的所有权实体应当开发覆盖所有国有企业的合并报告，并且使其成为一个面向普通民众、国会和媒体的关键的披露工具。这个报告应该让所有的读者获得对国有企业总体业绩和进展的清楚的看法。另外，合并报告对于协调主体或所有权实体还应起到加深了解国有企业业绩和验证自身政策的作用。

合并报告应该生成一份由国家出版的年度合并报告。这份合并报告应该主要集中在财务业绩和国有企业的价值。它至少应该表明一个国家投资组合的总体价值。它还应该包括关于国家所有权政策和国家如何贯彻这些政策的信息的一般陈述，也应该提供关于所有权职能组织的信息，还有关于国有企业进展的概述，合并的财务信息和关于国有企业董事会变化情况的报告。合并报告应该提供的主要财务指标包括：营业额、利润和经营活动的现金流量、投资总额、股东权益报酬率、权益/资产比率和股利。还应该提供用于合并数据的方法的信息。合并报告也应包括对重要大型国有企业的单独报告。重要的是合并报告不应逐年复制，例如对提交给国会的年度报告就应该按照要求对已有报告予以补充。一些所有权实体只打算公布"部分"的合并报告，例如，只包括可比较部门的国有企业的活动。最后，发表双年度合并报告会进一步改进国家所有权的透明度。

一些国家已经证明，协调主体或所有权实体设立一个网站使普通民众容易获取相关信息是有用的。这个网站应能提供关于所有权职能组织和总的所有权政策，以及关于国有部门的规模、进展、业绩和价值的所有信息。

（二）国有企业应该制定有效的内部审计程序，并且建立由董事会监督和直接向董事会及其审计委员会或相同公司机构报告的内部审计职能

如同大型的上市公司一样，大型国有企业适当设置一个内部审计系统是必要的。"内部审计是一个为增加价值和改进组织运营而设计的独立的、客观保证的和咨询的活动。应引入系统的、惩戒的方式评价和改进风险管理的效果、控制和治理过程，来帮助组织实现目标。"从广义上看，内部审计员的重要性在于确保一个有效率的和强健的披露过程和正当的内部控制。他们应该确定收集、编辑和提交充分详细的信息的程序，也应该确保充分执行公司的程序并且能够确保公司信息披露的质量。

为了增加他们的独立性和权威性，在单层委员会制度（One-tier Systems）中，内部审计员应该以董事会（The Board）及其审计委员会（Audit Committee）的名义工作并向其直接报告；在双层委员会制度（Two-tier Systems）中，内部审计员应该以监督委员会（The Supervisory Board）的名义工作并向其直接报告；或者当存在审计董事会（Audit Boards）时，内部审计员应该以其名义工作并向其直接报告。内部审计员应能无限制地接触到整个董事会及其审计委员会的主席和成员。对于董事会评价公司的实际经营和业绩的能力来说，他们的报告是很重要的。还应该鼓励外部的和内部的审计员之间的协商。最后再推荐一个良好的做法是，财务报表中应包括一份内部控制报告，以描述内部控制的结构和财务报告的程序。

（三）国有企业，尤其是大型国有企业应该经过基于国际标准的年度外部独立审计。现存特殊的国家监控程序不能代替独立的外部审计

国有企业不一定要求被外部的独立审计员审计。这常常归咎于有特殊的国家审计和控制系统，它们有时会考虑到充分保证会计信息的质量和综合性。这些财务控制典型地由专门的国家或"最高"审计部门执行，它们可以对国有企业和协调主体或所有权实体都检查。在许多场合它们也参加董事会会议，经常将国有企业的业绩直接向国会报告。然而，这些特殊控制的设计是用于监控使用公用基金专款和预算资源的国有企业的经营，而不是针对所有的国有企业。为了增加对所提供信息的信任，除了专门的国家审计之外，国家应该要求至少所有的大型国有企业都要受到按照国际标准执行的外部审计，应该制定适当的程序选聘外部审计员。至关重要的是，他们对于管理层以及大股东（例如，政府是国有企业股东的情况）都是独立的。而且，外部审计员应当符合像对私营部门公司一样的独立性标准。这一般包括限制对被审计的国有企业提供咨询或其他非审计服务，以及对审计合伙人或审计公司的定期轮换。

（四）国有企业应该像上市公司一样依照高质量的会计和审计标准。大型国有企业或上市的国有企业应按照国际上认可的高质量标准披露财务和非财务方面的信息

为维护普通民众的利益，国有企业应该像上市公司一样透明。无论它们的法律地位如何，即使它们不是上市公司，所有的国有企业都应该按照最佳实践的会计和审计标准进行报告。

所有国有企业应该披露财务的和非财务的信息，大型的和上市的国有企业应该按照国际认可的高质量标准去做。这意味着国有企业董事会成员要在财务报告上签字，而且首席执行官（CEO）和首席财务官（CFO）要证明这些报告在所有资料方面是恰当地和公正地提交了国有企业的经营和财务状况。

在可能的情况下，应该进行成本—收益分析以确定哪个国有企业符合国际认可的高质量标准。进行这种分析，还考虑到按照要求做出需要的披露，对于董事会和管理层专业化地履行它们的职责，既是一种激励又是一种手段。如果它们不是以重要的公共政策为目标，在一定规模以下的国有企业可以不在此列。这种例外情况只能取决于实际的基础并且随着国家、行业部门和国有部门的规模不同而变化。高水平的披露对于执行公共政策目标的国有企业也是有价值的。当它们对国家预算有显著影响时，当国家对其承担着风险时，或者当它们有更多全球社会影响时就显得特别重要。例如，在欧盟，那些受到国家补贴而为公共利益服务的公司被要求对这些活动保持会计单独立账。

（五）国有企业应按照《经合组织公司治理原则》中要求的所有事务披露重要信息，并且重点是明显关系到作为所有者的国家和普遍公众的领域

《经合组织公司治理原则》描述了对于一个公众公司什么是应该披露的主要内容。国有企业至少应该遵守这些要求，包括财务和经营成果、薪酬政策、关联交易、治理结构和治理政策。国有企业应该披露它们是否遵从公司治理的任何准则，如果遵从的话，指出是哪一个。关于董事会成员和主要执行人员的薪酬，以基于个人的情况进行披露被视为良好的做法。信息应该包括对责任终止和退休的规定，以及任何特殊的便利或给董事会成员提供的实物报酬。在下列方面国有企业应该特别警惕和增加透明度。

1. 向公众提供一个关于公司目标及其实现情况的清晰声明

每个国有企业都清楚其总体目标是很重要的。不论现有的业绩监控系统如何，应该将一套有限的基本总体目标与企业如何处理在可能有冲突的目标之间进行权衡的信息结合在一起考虑。

当国家是一个占多数股权的股东或者有效地控制着国有企业时，应该向所有其他投资者、市场和普通民众说明公司目标。这种披露的义务将鼓励公司的官员自己澄清他们的目标，并且也能增强管理层在推行这些目标时所做的承诺。它将为所有股东、市场和普通民众在考虑由管理层采取的战略和决策时提供一个参考。

国有企业应报告它们是如何通过披露主要业绩指标来实现其目标的。当国有企业还被用于公共政策目标，例如普遍服务义务时，还应报告这些目标是如何实现的。

2. 公司的所有权和选举权结构

国有企业的所有权和选举权结构的透明是重要的，这样所有股东对他们的现金流量份额和投票权会有一个清楚的理解。还应该明确谁持有国有股份的法定所有权和行使国家所有权的职责在哪。任何可能扭曲国有企业的所有权或控制结构的特殊权利或者协议，例如，黄金股和否决权都应该予以披露。

3. 任何重大风险因素以及处理这些风险所采取的措施

当国有企业着手于雄心勃勃的战略而没有经过清楚地鉴别、评估或按时报告相关的风险时，就会发生严重的困难。当国有企业经营于新近解除管制和日益国际化的行业，它们正面临一系列新的风险，例如，政治、运营或者汇率风险时，披露重要的风险因素尤其重要。没有充分的重要风险因素的报告，国有企业就可能对它们的财务状况和总体业绩提供一个错误的陈述，从而导致不适当的战略决策和意外的财务损失。

国有企业适当披露在它们的经营过程中发生的风险的性质和程度，需要建立健全内部风险管理制度，用于鉴别、管理、控制和报告有关风险的情况。国有企业应该按照新的和逐步形成的标准进行报告，并且披露全部资产负债表外的资产和负债。这样报告在适当的时候应能覆盖风险管理策略和作为一个系统付诸实施。采掘行业的公司在这方面应该按照最佳做法披露它们的储备，这可能对它们的价值和风险状况是一个关键的因素。

公私合营（Public Private Partnerships）也应该予以充分披露。这样的共担风险经常以在公共和私人合伙人之间为公共服务或公共基础设施的供应而转移风险、资源和回报为特点，并可能引起新的和特别重大的风险。

4. 收到任何来自国家和以国有企业名义承诺的财务扶持，包括担保

为了对国有企业的财务状况有一个公平和完整的描绘，对国家和国有企业之间在相互义务、财务援助或风险分担机制上的详细情况做出适当的披露是必要的。披露应该包括国有企业收到国家的任何拨款或补贴，国家为国有企业经营提供的任何担保，以及国家同意以国有企业名义所做的任何承诺。对担保的披露可以由国有企业自己或者由国家来做。为了尊重预算规程，由国会监督国家担保是良好的做法。

5. 与相关实体的任何重大交易

在国有企业和相关实体之间的交易，例如，一个国有企业向另一个国有企业的权益投资，可能是一个潜在滥用资金的来源，因而应该予以披露。与相关实体交易的报告应该有必要提供评价这些交易的公正性和适当性的所有信息。

资料来源：经济合作与发展组织：《OECD 国有企业公司治理指引》，李兆熙译，中国财政经济出版社 2005 年版。

附录二 OECD成员国透明度和信息披露综合表

OECD成员国透明度和信息披露综合表

国家	与上市公司的规定是否相同	时间	一般事项：报告类型	特殊事项：股东报告	是否进行总体信息披露
澳大利亚	是（有时有更多要求）	年度和月度或季度报告	财务和非财务报告	是，在年度报告中，列举出有关特定责任和特别职能的信息	
奥地利	是	年度	向全体股东大会报告	与私营商业公司相同	
比利时	是	年度	向部长和公共控制机构报告，公共服务和商业活动分别单独列账		
加拿大	某些报告事项相同，其他报告事项是国有公司独有的	年度	年度报告包含经审计的财务报表和对过去五年业绩的总结，未来五年的公司规划和预算的总括，国家每年还要对所有国有企业进行总结报告	绝大多数国有企业需将公司规划和预算提交政府批准	国家要制定一份包括所有国有企业的年度报告，内容包括就业、资产和借贷的总体情况，加拿大合并的公共账目包括所有政府部门、机构和国有企业财务业绩信息
捷克共和国	是	年度和定期提交资产负债表与损益表	向法定代表机构和财政当局提交数据和信息报告	是，在有效立法权限内	
丹麦	是，但在2005年以后，除了最大的国有企业，不再强制要求其他国有企业遵守国际会计标准或国际财务报告准则	年度和半年度	向丹麦商业和公司署报告重大事项	无须对债权人和供应商报告，除丹麦公司法规定的以外，一般不需要进行报告	是，每年出版《国家的公司》
芬兰	是，上市的国有企业相同，但其他国有企业没有特定的信息披露规定	与全体股东大会协商或遵循有关证券市场的立法	私人（非上市）公司向作为股东的国家报告，上市公司向市场报告	无具体义务	是，每年出版一份名为《芬兰的国家股权》的公告

国家	与上市公司的规定是否相同	时间	一般事项：报告类型	特殊事项：股东报告	是否进行总体信息披露
法国	是（对于上市公司）	年度	是，向议会报告并以年度预算草案的形式公布		是，每年出版《国家股东》
德国	是		在遵循公司和商业法的前提下，政府可以通过其在监督董事会和全体股东大会中的代表要求企业详细的报告		
希腊	是，规定相同，例如内部审计的项目	年度	董事会经经济财政部、监督部长和议会委员会提交年度会计报告	是，只针对上市公司的消费者和供应商	每年向议会特别委员会提交一份建议报告
匈牙利	年度报告要经过审计，季度报告不需审计	年度报告和季度报告，以及阅读控制报告	有关行业的财务和非财务报告	遵循《公司法》，国家以所有者的身份批准报告	
意大利	部分是（外部审计与上市公司要求相同，但没有季度报告的要求）	上市的国有企业进行季度报告，非上市国有企业进行年度和半年度报告	非上市国有独资企业向国库部提交定量和定性的信息报告（财务业绩、前景预测和管理问题）。审计法院就每家国有企业的活动向议会报告	是，采取自愿原则	
日本	部分是		日本电信：向财政部提交商业规划和报告；日本电信电话：向公共管理部提交资产负债表和经营报表		
韩国	几乎一致，政属公司提交的经营实际效益报告除外	年度（根据运营情况需要随时报告）	总裁向国民大会、计划与预算部以及行业部报告企业的运营效益	对股东不负特别的责任	
墨西哥	是（根据《联邦透明度和获取公共政府信息法》）				
荷兰	是（对非上市公司要进行额外的审查）	一年两次	就盈亏状况等事项与议会进行交流，在财政部提供信息的基础上，对未来5年进行评估	与其他公司相同	

国家	与上市公司的规定是否相同	时间	一般事项：报告类型	特殊事项：股东报告	是否进行总体信息披露
新西兰	是	季度、半年度和年度	董事会将公司规划和年度报告提交持股部门审批	是，依照《公司法》	是，皇冠公司的年度报告
挪威	是	年度报告（上市公司还要公布其季度报告）	董事会：将公司年度账目和年度报告公布于众，并提交给议会，内容包括财务和非财务信息	与私营公司相同	是，由贸易和工业部实施
波兰	依据法律进行，但也存在一些差异	季度	向国库部报告由监督董事会或年度全体股东大会批准的财务状况，向财政部报告授权担保情况	没有	
斯洛伐克共和国	有一些差异	年度	财务报表要交给公司的创立者，与监督董事会讨论后提交有关国家管理机关和税务部门，根据需要可对外公布	如果有，遵循1990年第111号法案，但要在有效立法权限内进行报告	
西班牙	是，但规模最小的企业除外	季度，半年度以及年度	由《国家财产指导意见》规制的框架内关系到国有企业参与的说明		
瑞典	是	季度和年度	向议会和公众公布年度报告，每季度，国有企业分支机构要报告其合并报表	与其他私营公司相同	是
瑞士	是，只有瑞士电信和瑞士军工集团需要进行完整的报告，瑞士邮政、瑞士国家铁路公司和瑞士空中导航公司遵循特别法律，有时需要符合更多的要求	季度、半年度或年度	联邦制定公司目标，公司定期提交年度管理报告	年度报告中部分内容涉及此项	否
土耳其	私有化管理局投资组合下的上市公司在透明度要求方面与遵循《资本市场委员会法》的上市公司相同	季度			高等审计委员会每年公布上一年度总体披露报告

续表

国家	与上市公司的规定是否相同	时间	一般事项：报告类型	特殊事项：股东报告	是否进行总体信息披露
英国	没有，虽然大部分企业都有相似的报告规定，但是无须遵守英国的上市公司规则	年度，但也有公司半年提交一次数据更新	财务和非财务报告（包括首席执行官总体意见、董事长声明、商业发展回顾、未来商业战略和公司治理安排等）	总体上有，尤其是与员工有关的事项	2005 年第一次进行

资料来源：经济合作与发展组织：《国有企业公司治理：对 OECD 成员国的调查》，李兆熙、谢晖译，中国财政经济出版社 2008 年版。

附录三 《关于国有企业实行业务招待费使用情况向职代会报告制度的规定》

发文单位：监察部、国家经贸委、全国总工会

文　　号：监发〔1995〕3 号

发布日期：1995-05-17

执行日期：1995-05-17

监察部、国家经济贸易委员会、全国总工会关于印发《关于国有企业实行业务招待费使用情况向职代会报告制度的规定》的通知

（监发〔1995〕3 号）

各省、自治区、直辖市人民政府，国务院各部委、各直属机构：

《关于国有企业实行业务招待费使用情况向职代会报告制度的规定》，已经中央同意，现印发给你们，请结合各地、各部门的实际情况，认真组织落实。

附：《关于国有企业实行业务招待费使用情况向职代会报告制度的规定》

监察部

国家经贸委

全国总工会

1995 年 5 月 17 日

《关于国有企业实行业务招待费使用情况向职代会报告制度的规定》

第一条 为保障企业改革、开放和经济发展，加强企业管理和民主监督，保持企业领导干部清正廉洁，制定本规定。

第二条 本规定所称业务招待费，是指企业在经营管理等活动中用于接待应酬的各种费用。

第三条 企业使用业务招待费应当加强管理，勤俭节约，反对铺张浪费，严格遵守财务制度和财经纪律。

第四条 企业厂长（经理）应当每半年一次向职代会据实报告业务招待费使用情况，并由职代会向职工传达。

第五条 报告内容主要包括：业务招待费支出项目、金额，开支是否符合制度、使用是否合理、手续是否完备以及其他需要说明的情况。

第六条 对于不按期或者不据实报告的，由企业主管部门或者有关部门督促改正；情节严重的，给予批评教育以至纪律处分。

第七条 企业党组织、企业主管部门和监察机关按照职责权限负责对本规定的执行情况进行监督检查。

第八条 企业主管部门可根据本规定，结合本行业、本地区的实际，制定实施办法。

第九条 本规定由监察部负责解释。

第十条 本规定自发布之日起施行。

附录四 关于在国有企业、集体企业及其控股企业深入实行厂务公开制度的通知

关于在国有企业、集体企业及其控股企业深入实行厂务公开制度的通知

中办发〔2002〕13号

各省、自治区、直辖市党委和人民政府，中央和国家机关各部委，军委总政治部，各人民团体：

党的十五大以来，不少地方和企业在推行厂务公开方面积极实践，取得了明显成效和成功经验。为了更好地扩大基层民主、保证人民群众直接行使民主权利，实践江泽民同志"三个代表"重要思想，落实全心全意依靠工人阶级的指导方针，巩固、深化和规范厂务公开工作，促进企业的改革、发展和稳定，经党中央、国务院领导同意，现就在全国国有企业、集体企业及其控股企业深入实行厂务公开制度的有关问题通知如下：

一、厂务公开的重要意义、指导原则和总体要求

广大职工依照有关法律和规定参与企业的民主决策、民主管理、民主监督，是我国企业管理的重要特色和优势。党的十五大特别是十五届四中全会以来，一批企业通过实行厂务公开，加强了企业的管理和改革，完善了职工代表大会制度，促进了基层民主政治建设，提高了企业经济效益。实践证明，实行厂务公开是实践"三个代表"重要思想的具体体现，是进一步落实党的全心全意依靠工人阶级指导方针的有效途径；是加强企业管理，建立现代企业制度，依靠职工办好企业的内在要求；是搞好群众监督，促进党风廉政建设，加强企业党组织建设、领导班子建设的有力手段。实行厂务公开，对于推进基层民主政治建设，保障和落实职工当家做主的民主权利；维护职工合法权益，建立企业稳定协调的劳动关系；密切党与企业职工群众的关系，巩固党的阶级基础和执政地位；保护、调动

和发挥广大职工的主人翁积极性，增强其责任感，促进企业的改革、发展和稳定，具有重要的意义和作用。

实行厂务公开的指导原则：

——必须坚持以邓小平理论为指导，按照"三个代表"的要求，认真贯彻党的十五大和十五届四中、五中、六中全会精神，坚定不移地贯彻落实党的全心全意依靠工人阶级的指导方针。

——必须遵循国家法律、法规和党的方针政策，实事求是、注重实效，有利于改革发展稳定和保护商业秘密。

——必须坚持党委统一领导，党政共同负责，有关方面齐抓共管，动员职工广泛参与。

——必须与企业党的建设、领导班子建设、职工队伍建设结合起来，与建立现代企业制度结合起来。

实行厂务公开的总体要求：

（1）国有企业、集体企业及其控股的企业都要实行厂务公开。目前还没有实行的单位应尽快实行；已经实行的，要进一步深化，逐步使其内容、程序、形式规范化、制度化。特别是生产经营困难的企业更应当实行厂务公开，动员和依靠职工群众与经营者共同把企业搞好。

（2）在厂务公开工作中，要切实做好企业领导人员和职工的思想工作。企业领导人员要提高认识，自觉地把厂务公开摆到重要工作位置，纳入现代企业管理的体制、机制和制度之中。要鼓励职工积极参与厂务公开活动，支持和监督企业经营者依法行使职权，认真行使当家做主的民主权利。要加强对职工代表的培训，不断提高他们参与民主决策、民主管理和民主监督的意识和能力。

（3）在厂务公开工作中必须坚决防止和克服形式主义，保证公开的真实性，务求工作实效。要切实做到企业重大决策必须通过厂务公开听取职工意见，并提交职代会审议，未经职代会审议的不应实施；涉及职工切身利益的重大事项，更应向职工公开，职代会按照法律法规规定具有决定权和否决权，既未公开又未经职代会通过的有关决定视为无效；在国有和国有控股企业，经职代会民主评议和民主测评，大多数职工不拥护的企业领导人员，其上级管理部门应采取相应的组织措施；企业领导人员违反职代会决议和厂务公开的有关规定，导致矛盾激化，影响企业和社会稳定的，要实行责任追究。

二、厂务公开的主要内容

（1）企业重大决策问题。主要包括企业中长期发展规划，投资和生产经营重大决策方案，企业改革、改制方案，兼并、破产方案，重大技术改造方案，职工裁员、分流、安置方案等重大事项。

（2）企业生产经营管理方面的重要问题。主要包括年度生产经营目标及完成情况，财务预决算，企业担保，大额资金使用，工程建设项目的招投标，大宗物资采购供应，产品销售和盈亏情况，承包租赁合同执行情况，企业内部经济责任制落实情况，重要规章制度的制定等。

（3）涉及职工切身利益方面的问题。主要包括劳动法津法规的执行情况，集体合同、劳动合同的签订和履行，职工提薪晋级、工资奖金分配、奖罚与福利，职工养老、医疗、工伤、失业、生育等社会保障基金缴纳情况，职工招聘，专业技术职称的评聘，评优选先的条件、数量和结果，职工购房、售房的政策和住房公积金管理以及企业公积金和公益金的使用方案，安全生产和劳动保护措施，职工培训计划等。

（4）与企业领导班子建设和党风廉政建设密切相关的问题。主要包括民主评议企业领导人员情况，企业中层领导人员、重要岗位人员的选聘和任用情况，干部廉洁自律规定执行情况，企业业务招待费使用情况，企业领导人员工资（年薪）、奖金、兼职、补贴、住房、用车、通信工具使用情况，以及出国出境费用支出情况等。

厂务公开的内容应根据企业的实际情况有所侧重。既要公开有关政策依据和本单位的有关规定，又要公开具体内容、标准和承办部门；既要公开办事结果，又要公开办事程序；既要公开职工的意见和建议，又要公开职工意见和建议的处理情况，使厂务公开始终在职工的广泛参与和监督下进行。要密切结合企业改革和发展的实际，及时引导厂务公开不断向企业生产经营管理的深度和广度延伸，推动企业不断健全和完善管理制度、党风廉政建设制度和职工民主管理制度。

三、厂务公开的实现形式

厂务公开的主要载体是职工代表大会。要按照有关规定，认真落实职代会的各项职权。要通过实行厂务公开，进一步完善职代会民主评议企业领导人员制度，坚持集体合同草案提交职代会讨论通过，企业业务招待费使用情况、企业领导人员廉洁自律情况、集体合同履行情况等企业重要事项向职代会报告制度，国有及国有控股的公司制企业由职代会选举职工董事、职工监事制度等，不断充实和丰富职代会的内容，提高职代会的质量和实效，落实好职工群众的知情权、审议权、通过权、决定权和评议监督权，建立符合现代企业制度要求的民主管理制度。

在职代会闭会期间，要发挥职工代表团（组）长联席会议的作用。车间、班组的内部事务也要实行公开。应依照厂务公开的规定，制定车间、班组内部事务公开的实施办法。

厂务公开的日常形式还应包括厂务公开栏、厂情发布会、党政工联席会和企业内部信息网络、广播、电视、厂报、墙报等，并可根据实际情况不断创新。同时，在公开后应注意通过意见箱、接待日、职工座谈会、举报电话等形式，了解职工的反映，不断改进工作。

四、厂务公开的组织领导

各级党委、政府及有关部门和工会组织，要充分认识实行厂务公开的重要意义，切实把这项工作摆上重要议事日程，明确目标，落实责任，有组织、有计划、有步骤地推动厂务公开工作深入健康发展。各级纪检监察机关要加强对推行厂务公开工作的监督检查，对在厂务公开中暴露出来的违法违纪问题要严肃查处。各级党委组织部门要把推行厂务公开作为企业党建工作的重要内容，将实施情况作为考核企业领导班子和领导人员的重要依据，并与奖惩任免挂钩。各级经贸委要把推行厂务公开与加强企业管理和建立现代企业制度有机结合起来，切实加以推进。各级地方工会要积极主动地承担起推行厂务公开的日常工作，并以此促进企业民主管理和工会工作。

企业实行厂务公开要在企业党委领导下进行。企业行政是实行厂务公开的主体。企业要建立由党委、行政、纪委、工会负责人组成的厂务公开领导小组，负责制定厂务公开的实施意见，审定重大公开事项，指导协调有关部门研究解决实施中的问题，做好督导考核工作，建立责任制和责任追究制度。企业工会是厂务公开领导小组的工作机构，负责日常工作。

企业应成立由纪检、工会有关人员和职工代表组成的监督小组，负责监督检查厂务公开内容是否真实、全面，公开是否及时，程序是否符合规定，职工反映的意见是否得到落实，并组织职工对厂务公开工作进行评议和监督。要制定厂务公开的监督监察检查办法，形成制约和激励机制。

国有、集体及其控股企业以外的其他企业，可依照法律规定，采取与本单位相适应的形式实行厂务公开，推进民主管理工作。

本通知原则上适用于教育、科技、文化、卫生、体育等事业单位。

各地区、各单位要根据本通知的要求，结合各自的实际情况，制定具体的实施意见的办法。

中共中央办公厅

国务院办公厅

2002 年 6 月 3 日

附录五 《国有资产监督管理信息公开实施办法》

《国有资产监督管理信息公开实施办法》

国务院国有资产监督管理委员会文件

国资发〔2009〕18 号

关于印发国务院国有资产监督管理委员会

《国有资产监督管理信息公开实施办法》的通知

各省、自治区、直辖市及计划单列市和新疆生产建设兵团国资委，各中央企业，委内各厅局、直属单位、直管协会：

为了提高国务院国有资产监督管理委员会工作的透明度，促进依法履行出资人职责，充分发挥国有资产监督管理信息对人民群众生产、生活和经济社会活动的服务作用，依据《中华人民共和国企业国有资产法》、《企业国有资产监督管理暂行条例》和《中华人民共和国政府信息公开条例》，我们制定了国务院国有资产监督管理委员会《国有资产监督管理信息公开实施办法》，现印发给你们，请遵照执行。

国务院国有资产监督管理委员会

2009 年 2 月 5 日

《国有资产监督管理信息公开实施办法》

第一章　总　则

第一条　为了提高国务院国有资产监督管理委员会（以下简称国资委）工作的透明度，促进国资委根据授权依法履行出资人职责，充分发挥国有资产监督管理信息（以下简称国资监管信息）对人民群众生产、生活和经济社会活动的服务作用，依据《中华人民共和国企业国有资产法》、《企业国有资产监督管理暂行条例》和《中华人民共和国政府信息公开条例》（以下简称《条例》），制定本办法。

第二条　本办法适用于国资委在根据授权依法履行出资人职责过程中，依据法律、行政法规和国家有关规定，向公民、法人和其他组织公开相关国资监管信息的活动。

本办法所称国资监管信息，是指国资委代表国务院对其授权的国家出资企业（以下简称所出资企业）在依法履行出资人职责的过程中制作或者获取的，以一定形式记录、保存的信息。

第三条　按照《条例》的有关要求，国资委成立信息公开工作领导小组，负责推进、指导、协调、监督国资委信息公开工作，研究解决信息公开工作中的重大问题。领导小组下设办公室（设在办公厅），承担领导小组的日常工作。领导小组及办公室（以下称国资委信息公开工作机构）的具体职责另行制定。

第四条　国资委信息公开工作坚持依法、公正、公平、准确、及时、便民的原则。公开的信息不得危及国家安全、公共安全、经济安全和社会稳定，不得侵犯企业的合法权益和商业秘密。

第五条　国资委发布信息涉及其他部门或者企业的，应当与有关部门或者企业及时沟通、确认。

第二章　公开的范围

第六条　国资委公开国资监管信息的形式，分为主动公开和依申请公开。

第七条　国资委应当主动向公民、法人和其他组织公开以下信息：

（一）国资委主要职责、内设机构、办事程序；

（二）国资委制定的规章和规范性文件；

（三）国资委拟发布需求求意见的规章和规范性文件；

（四）国资委指导推进国有企业改革重组、建立现代企业制度和所出资企业董事会试点、法制建设、履行社会责任、节能减排、安全生产等有关工作情况；

（五）国资委代表国务院向所出资企业派出监事会有关情况；

（六）所出资企业生产经营总体情况；

（七）所出资企业国有资产有关统计信息；

（八）所出资企业国有资产保值增值、经营业绩考核总体情况；

（九）所出资企业负责人职务变动及公开招聘有关情况；

（十）突发性事件的处置情况；

（十一）国资委公务员考试录用的条件、程序、结果；

（十二）国资委工作人员廉洁自律有关规定；

（十三）国资委办公地址、总机电话；

（十四）投诉、举报、信访途径；

（十五）国资委职责范围内的其他应当依法主动向公民、法人和其他组织公开的信息。

国资委不得公开涉及国家秘密、商业秘密、个人隐私的信息。已经解密的国资监管信息，属于主动公开范围的，应当及时公开。

第八条　除本办法第七条规定的主动公开的信息外，公民、法人或者其他组织可根据自身生产、生活、科研等特殊需要，向国资委申请获取相关可以公开的国资监管信息。

第九条　发现虚假或者不完整反映国有资产监管信息的，应当在职责范围内及时发布准确信息予以澄清。

第三章　公开的方式和程序

第十条　国资委主动公开的国资监管信息，通过下列途径公开：

（一）《国务院国有资产监督管理委员会公告》；

（二）国资委网站；

（三）新闻媒体；

（四）国有资产监督管理政策法规汇编；

（五）国资委规定的其他公开方式。

第十一条　信息公开前，应当依照《中华人民共和国保守国家秘密法》等法律法规以及国资委有关保密规定，对拟公开的信息进行审查。不能确定信息是否可以公开时，应当依照法律、行政法规和国家有关规定报有关主管部门或者同级保密工作部门确定。

第十二条　国资委机关应当根据需要设立公共查阅室、资料索取点等场所、设施，为公民、法人和其他组织获取国资委国资监管信息提供方便。

国资委信息公开工作机构应当按照国家相关规定，及时向国家档案馆、公共图书馆提供主动公开的国资监管信息。

第十三条　拟主动公开的国资监管信息，应当履行一定的审批程序；对依照国家有关规定需要批准的，未经批准不得发布。

第十四条　属于主动公开范围的国资监管信息，一般应当自该信息形成或者变更之日起 20 个工作日内予以公开。法律、行政法规对国资监管信息公开的期限另有规定的，从其规定。

第十五条　国资委信息公开工作机构组织编制、定期更新适用本办法的国资委信息公开目录和指南。

国资委信息公开指南，包括国资监管信息的分类、编排体系、获取方式，国资委信息公开工作机构的名称、办公地址、办公时间、联系电话、传真号码、电子邮箱等内容。

国资委信息公开目录，包括国资监管信息的索引、名称、内容概述、生成日期等内容。

第十六条　公民、法人或者其他组织依照本办法第八条规定向国资委申请获取国资监管信息的，应当填写《获取国资监管信息申请表》，通过信函、传真、电子邮件等方式提交；采用书面形式确有困难的，申请人可以口头提出，由受理该申请的机构代为填写。

国资监管信息公开申请应当包括下列内容：

（一）申请人的姓名或者名称、联系方式；

（二）申请公开的国资监管信息的内容描述；

（三）申请公开的国资监管信息的形式要求。

第十七条　国资委信息公开工作机构统一受理国资监管信息公开申请，并根据下列情况分别作出答复：

（一）属于公开范围的，应当告知申请人获取该信息的方式和途径；

（二）属于不予公开范围的，应当告知申请人并说明理由；

（三）申请内容不明确的，应当告知申请人予以明确；

（四）依法不属于国资委公开或者该信息不存在的，应当告知申请人；对能够确定该信息的公开机关的，应当告知申请人该行政机关的名称、联系方式。

第十八条　申请公开的国资监管信息中含有不应当公开的内容，但是能作区分处理的，应当向申请人提供可以公开的信息内容。

第十九条　申请公开的国资监管信息涉及商业秘密、个人隐私，公开后可能损害第三方合法权益的，应当书面征求第三方的意见；第三方不同意公开的，不得公开。但是，不公开可能对公共利益造成重大影响的，应当予以公开，并将决定公开的信息内容和理由书面通知第三方。

第二十条　收到国资监管信息公开申请，国资委信息公开工作机构应当自收到申请之日起15个工作日内予以答复；如需延长答复期限的，应当经国资委信息公开工作机构负责人同意，并告知申请人，延长期限最长不超过15个工作日。申请公开的国资监管信息涉及第三方权益的，征求第三方意见所需时间不计算在规定期限内。

第二十一条　国资委依申请提供有关国资监管信息，除可以收取检索、复制、邮寄等成本费用外，不得收取其他费用。收费标准严格按照国家有关规定执行。申请公开国资监管信息的公民确有经济困难的，经本人申请，国资委信息公开工作机构审核同意，可以减免相关费用。

第四章　监督和保障

第二十二条　信息公开工作所需经费应当纳入年度预算，实行专项管理，保障国资监管信息公开工作的顺利开展。

第二十三条　国资委信息公开工作机构负责编写国资监管信息公开工作年度报告，并在每年3月31日前公布。

第二十四条　建立国资监管信息公开工作考核制度、社会评议制度和责任追究制度，定期对信息公开工作进行考核、评议。

第二十五条　国资监管信息公开工作主动接受社会公众的监督、评议，对信息公开工作中存在的问题应当认真整改。

第二十六条　国资委指导地方国有资产监管信息公开工作。

第二十七条　国资委相关部门违反《条例》和本办法规定，有下列情形之一的，由驻国资委监察局责令改正；情节严重的，对负有直接责任的主管人员和其他直接责任人员依法给予行政处分：

（一）不依法履行信息公开义务；

（二）未按规定及时更新信息内容、信息公开指南和信息公开目录；

（三）在公开信息过程中违反规定收取费用；

（四）公开不应当公开的信息；

（五）违反《条例》和本办法规定的其他行为。

第五章　附　则

第二十八条　本办法由国资委办公厅负责解释。

第二十九条　地方国有资产监督管理机构可以参照本办法，并根据实际情况，制订具体规定。

第三十条　本办法自公布之日起施行。

附录六　《企业财务会计报告条例》

《企业财务会计报告条例》

（国发〔1997〕9号）

第一章　总　则

第一条　为了规范企业财务会计报告，保证财务会计报告的真实、完整，根据《中华人民共和国会计法》，制定本条例。

第二条　企业（包括公司，下同）编制和对外提供财务会计报告，应当遵守本条例。

本条例所称财务会计报告，是指企业对外提供的反映企业某一特定日期财务状况和某一会计期间经营成果、现金流量的文件。

第三条 企业不得编制和对外提供虚假的或者隐瞒重要事实的财务会计报告。

企业负责人对本企业财务会计报告的真实性、完整性负责。

第四条 任何组织或者个人不得授意、指使、强令企业编制和对外提供虚假的或者隐瞒重要事实的财务会计报告。

第五条 注册会计师、会计师事务所审计企业财务会计报告，应当依照有关法律、行政法规以及注册会计师执业规则的规定进行，并对所出具的审计报告负责。

<h3 style="text-align:center">第二章　财务会计报告的构成</h3>

第六条 财务会计报告分为年度、半年度、季度和月度财务会计报告。

第七条 年度、半年度财务会计报告应当包括：

（一）会计报表；

（二）会计报表附注；

（三）财务情况说明书。

会计报表应当包括资产负债表、利润表、现金流量表及相关附表。

第八条 季度、月度财务会计报告通常仅指会计报表，会计报表至少应当包括资产负债表和利润表。国家统一的会计制度规定季度、月度财务会计报告需要编制会计报表附注的，从其规定。

第九条 资产负债表是反映企业在某一特定日期财务状况的报表。资产负债表应当按照资产、负债和所有者权益（或者股东权益，下同）分类分项列示。其中，资产、负债和所有者权益的定义及列示应当遵循下列规定：

（一）资产，是指过去的交易、事项形成并由企业拥有或者控制的资源，该资源预期会给企业带来经济利益。在资产负债表上，资产应当按照其流动性分类分项列示，包括流动资产、长期投资、固定资产、无形资产及其他资产。银行、保险公司和非银行金融机构的各项资产有特殊性的，按照其性质分类分项列示。

（二）负债，是指过去的交易、事项形成的现时义务，履行该义务预期会导致经济利益流出企业。在资产负债表上，负债应当按照其流动性分类分项列示，包括流动负债、长期负债等。银行、保险公司和非银行金融机构的各项负债有特殊性的，按照其性质分类分项列示。

（三）所有者权益，是指所有者在企业资产中享有的经济利益，其金额为资产减去负债后的余额。在资产负债表上，所有者权益应当按照实收资本（或者股本)、资本公积、盈余公积、未分配利润等项目分项列示。

第十条　利润表是反映企业在一定会计期间经营成果的报表。利润表应当按照各项收入、费用以及构成利润的各个项目分类分项列示。其中，收入、费用和利润的定义及列示应当遵循下列规定：

（一）收入，是指企业在销售商品、提供劳务及让渡资产使用权等日常活动中所形成的经济利益的总流入。收入不包括为第三方或者客户代收的款项。在利润表上，收入应当按照其重要性分项列示。

（二）费用，是指企业为销售商品、提供劳务等日常活动所发生的经济利益的流出。在利润表上，费用应当按照其性质分项列示。

（三）利润，是指企业在一定会计期间的经营成果。在利润表上，利润应当按照营业利润、利润总额和净利润等利润的构成分类分项列示。

第十一条　现金流量表是反映企业一定会计期间现金和现金等价物（以下简称现金）流入和流出的报表。现金流量表应当按照经营活动、投资活动和筹资活动的现金流量分类分项列示。其中，经营活动、投资活动和筹资活动的定义及列示应当遵循下列规定：

（一）经营活动，是指企业投资活动和筹资活动以外的所有交易和事项。在现金流量表上，经营活动的现金流量应当按照其经营活动的现金流入和流出的性质分项列示；银行、保险公司和非银行金融机构的经营活动按照其经营活动特点分项列示。

（二）投资活动，是指企业长期资产的购建和不包括在现金等价物范围内的投资及其处置活动。在现金流量表上，投资活动的现金流量应当按照其投资活动的现金流入和流出的性质分项列示。

（三）筹资活动，是指导致企业资本及债务规模和构成发生变化的活动。在现金流量表上，筹资活动的现金流量应当按照其筹资活动的现金流入和流出的性质分项列示。

第十二条　相关附表是反映企业财务状况、经营成果和现金流量的补充报表，主要包括利润分配表以及国家统一的会计制度规定的其他附表。

利润分配表是反映企业一定会计期间对实现净利润以及以前年度未分配利润的分配或者亏损弥补的报表。利润分配表应当按照利润分配各个项目分类分项列示。

第十三条　年度、半年度会计报表至少应当反映两个年度或者相关两个期间的比较数据。

第十四条　会计报表附注是为便于会计报表使用者理解会计报表的内容而对会计报表的编制基础、编制依据、编制原则和方法及主要项目等所作的解释。会计报表附注至少应当包括下列内容：

（一）不符合基本会计假设的说明；

（二）重要会计政策和会计估计及其变更情况、变更原因及其对财务状况和经营成果的影响；

（三）或有事项和资产负债表日后事项的说明；

（四）关联方关系及其交易的说明；

（五）重要资产转让及其出售情况；

（六）企业合并、分立；

（七）重大投资、融资活动；

（八）会计报表中重要项目的明细资料；

（九）有助于理解和分析会计报表需要说明的其他事项。

第十五条　财务情况说明书至少应当对下列情况作出说明：

（一）企业生产经营的基本情况；

（二）利润实现和分配情况；

（三）资金增减和周转情况；

（四）对企业财务状况、经营成果和现金流量有重大影响的其他事项。

第三章　财务会计报告的编制

第十六条　企业应当于年度终了编制年度财务会计报告。国家统一的会计制度规定企业应当编制半年度、季度和月度财务会计报告的，从其规定。

第十七条　企业编制财务会计报告，应当根据真实的交易、事项以及完整、准确的账簿记录等资料，并按照国家统一的会计制度规定的编制基础、编制依据、编制原则和方法。

企业不得违反本条例和国家统一的会计制度规定，随意改变财务会计报告的编制基础、编制依据、编制原则和方法。

任何组织或者个人不得授意、指使、强令企业违反本条例和国家统一的会计制度规定，改变财务会计报告的编制基础、编制依据、编制原则和方法。

第十八条　企业应当依照本条例和国家统一的会计制度规定，对会计报表中各项会计要素进行合理的确认和计量，不得随意改变会计要素的确认和计量标准。

第十九条　企业应当依照有关法律、行政法规和本条例规定的结账日进行结账，不得提前或者延迟。年度结账日为公历年度每年的 12 月 31 日；半年度、季度、月度结账日分别为公历年度每半年、每季、每月的最后一天。

第二十条　企业在编制年度财务会计报告前，应当按照下列规定，全面清查资产、核实债务：

（一）结算款项，包括应收款项、应付款项、应交税金等是否存在，与债务、债权单位的相应债务、债权金额是否一致；

（二）原材料、在产品、自制半成品、库存商品等各项存货的实存数量与账面数量是否一致，是否有报废损失和积压物资等；

（三）各项投资是否存在，投资收益是否按照国家统一的会计制度规定进行确认和计量；

（四）房屋建筑物、机器设备、运输工具等各项固定资产的实存数量与账面数量是否一致；

（五）在建工程的实际发生额与账面记录是否一致；

（六）需要清查、核实的其他内容。

企业通过前款规定的清查、核实，查明财产物资的实存数量与账面数量是否一致、各项结算款项的拖欠情况及其原因、材料物资的实际储备情况、各项投资是否达到预期目的、固定资产的使用情况及其完好程度等。企业清查、核实后，应当将清查、核实的结果及其处理办法向企业的董事会或者相应机构报告，并根据国家统一的会计制度的规定进行相应的会计处理。

企业应当在年度中间根据具体情况，对各项财产物资和结算款项进行重点抽查、轮流清查或者定期清查。

第二十一条　企业在编制财务会计报告前，除应当全面清查资产、核实债务外，还应当完成下列工作：

（一）核对各会计账簿记录与会计凭证的内容、金额等是否一致，记账方向是否相符；

（二）依照本条例规定的结账日进行结账，结出有关会计账簿的余额和发生额，并核对各会计账簿之间的余额；

（三）检查相关的会计核算是否按照国家统一的会计制度的规定进行；

（四）对于国家统一的会计制度没有规定统一核算方法的交易、事项，检查其是否按照会计核算的一般原则进行确认和计量以及相关账务处理是否合理；

（五）检查是否存在因会计差错、会计政策变更等原因需要调整前期或者本期相关项目。

在前款规定工作中发现问题的，应当按照国家统一的会计制度的规定进行处理。

第二十二条 企业编制年度和半年度财务会计报告时，对经查实后的资产、负债有变动的，应当按照资产、负债的确认和计量标准进行确认和计量，并按照国家统一的会计制度的规定进行相应的会计处理。

第二十三条 企业应当按照国家统一的会计制度规定的会计报表格式和内容，根据登记完整、核对无误的会计账簿记录和其他有关资料编制会计报表，做到内容完整、数字真实、计算准确，不得漏报或者任意取舍。

第二十四条 会计报表之间、会计报表各项目之间，凡有对应关系的数字，应当相互一致；会计报表中本期与上期的有关数字应当相互衔接。

第二十五条 会计报表附注和财务情况说明书应当按照本条例和国家统一的会计制度的规定，对会计报表中需要说明的事项作出真实、完整、清楚的说明。

第二十六条 企业发生合并、分立情形的，应当按照国家统一的会计制度的规定编制相应的财务会计报告。

第二十七条 企业终止营业的，应当在终止营业时按照编制年度财务会计报告的要求全面清查资产、核实债务、进行结账，并编制财务会计报告；在清算期间，应当按照国家统一的会计制度的规定编制清算期间的财务会计报告。

第二十八条 按照国家统一的会计制度的规定，需要编制合并会计报表的企业集团，母公司除编制其个别会计报表外，还应当编制企业集团的合并会计报表。

企业集团合并会计报表，是指反映企业集团整体财务状况、经营成果和现金流量的会计报表。

第四章　财务会计报告的对外提供

第二十九条 对外提供的财务会计报告反映的会计信息应当真实、完整。

第三十条 企业应当依照法律、行政法规和国家统一的会计制度有关财务会计报告提供期限的规定，及时对外提供财务会计报告。

第三十一条　企业对外提供的财务会计报告应当依次编定页数，加具封面，装订成册，加盖公章。封面上应当注明：企业名称、企业统一代码、组织形式、地址、报表所属年度或者月份、报出日期，并由企业负责人和主管会计工作的负责人、会计机构负责人（会计主管人员）签名并盖章；设置总会计师的企业，还应当由总会计师签名并盖章。

第三十二条　企业应当依照企业章程的规定，向投资者提供财务会计报告。

国务院派出监事会的国有重点大型企业、国有重点金融机构和省、自治区、直辖市人民政府派出监事会的国有企业，应当依法定期向监事会提供财务会计报告。

第三十三条　有关部门或者机构依照法律、行政法规或者国务院的规定，要求企业提供部分或者全部财务会计报告及其有关数据的，应当向企业出示依据，并不得要求企业改变财务会计报告有关数据的会计口径。

第三十四条　非依照法律、行政法规或者国务院的规定，任何组织或者个人不得要求企业提供部分或者全部财务会计报告及其有关数据。

违反本条例规定，要求企业提供部分或者全部财务会计报告及其有关数据的，企业有权拒绝。

第三十五条　国有企业、国有控股的或者占主导地位的企业，应当至少每年一次向本企业的职工代表大会公布财务会计报告，并重点说明下列事项：

（一）反映与职工利益密切相关的信息，包括：管理费用的构成情况，企业管理人员工资、福利和职工工资、福利费用的发放、使用和结余情况，公益金的提取及使用情况，利润分配的情况以及其他与职工利益相关的信息；

（二）内部审计发现的问题及纠正情况；

（三）注册会计师审计的情况；

（四）国家审计机关发现的问题及纠正情况；

（五）重大的投资、融资和资产处置决策及其原因的说明；

（六）需要说明的其他重要事项。

第三十六条　企业依照本条例规定向有关各方提供的财务会计报告，其编制基础、编制依据、编制原则和方法应当一致，不得提供编制基础、编制依据、编制原则和方法不同的财务会计报告。

第三十七条　财务会计报告须经注册会计师审计的，企业应当将注册会计师及其会计师事务所出具的审计报告随同财务会计报告一并对外提供。

第三十八条 接受企业财务会计报告的组织或者个人，在企业财务会计报告未正式对外披露前，应当对其内容保密。

第五章　法律责任

第三十九条 违反本条例规定，有下列行为之一的，由县级以上人民政府财政部门责令限期改正，对企业可以处 3000 元以上 5 万元以下的罚款；对直接负责的主管人员和其他直接责任人员，可以处 2000 元以上 2 万元以下的罚款；属于国家工作人员的，并依法给予行政处分或者纪律处分：

（一）随意改变会计要素的确认和计量标准的；

（二）随意改变财务会计报告的编制基础、编制依据、编制原则和方法的；

（三）提前或者延迟结账日结账的；

（四）在编制年度财务会计报告前，未按照本条例规定全面清查资产、核实债务的；

（五）拒绝财政部门和其他有关部门对财务会计报告依法进行的监督检查，或者不如实提供有关情况的。

会计人员有前款所列行为之一，情节严重的，由县级以上人民政府财政部门吊销会计从业资格证书。

第四十条 企业编制、对外提供虚假的或者隐瞒重要事实的财务会计报告，构成犯罪的，依法追究刑事责任。

有前款行为，尚不构成犯罪的，由县级以上人民政府财政部门予以通报，对企业可以处 5000 元以上 10 万元以下的罚款；对直接负责的主管人员和其他直接责任人员，可以处 3000 元以上 5 万元以下的罚款；属于国家工作人员的，并依法给予撤职直至开除的行政处分或者纪律处分；对其中的会计人员，情节严重的，并由县级以上人民政府财政部门吊销会计从业资格证书。

第四十一条 授意、指使、强令会计机构、会计人员及其他人员编制、对外提供虚假的或者隐瞒重要事实的财务会计报告，或者隐匿、故意销毁依法应当保存的财务会计报告，构成犯罪的，依法追究刑事责任；尚不构成犯罪的，可以处 5000 元以上 5 万元以下的罚款；属于国家工作人员的，并依法给予降级、撤职、开除的行政处分或者纪律处分。

第四十二条 违反本条例的规定，要求企业向其提供部分或者全部财务会计报告及其有关数据的，由县级以上人民政府责令改正。

第四十三条　违反本条例规定，同时违反其他法律、行政法规规定的，由有关部门在各自的职权范围内依法给予处罚。

第六章　附　则

第四十四条　国务院财政部门可以根据本条例的规定，制定财务会计报告的具体编报办法。

第四十五条　不对外筹集资金、经营规模较小的企业编制和对外提供财务会计报告的办法，由国务院财政部门根据本条例的原则另行规定。

第四十六条　本条例自 2001 年 1 月 1 日起施行。

附录七　《国务院向国有重点大型企业派出稽查特派员的方案》

国务院关于印发《国务院向国有重点大型企业派出稽查特派员的方案》的通知

【颁布单位】中华人民共和国国务院

【颁布日期】1998–05–07

【实施日期】1998–05–07

【章　　名】通知

各省、自治区、直辖市人民政府，国务院各部委、各直属机构：

现将《国务院向国有重点大型企业派出稽查特派员的方案》印发给你们，请认真贯彻执行。

【章　　名】《国务院向国有重点大型企业派出稽查特派员的方案》

根据党的十五届二中全会和第九届全国人大第一次会议通过的《国务院机构改革方案》中的规定，国务院向国有重点大型企业派出稽查特派员，这是促进国企改革、加强监督职能的一项重要而紧迫的任务。

一、稽查特派员工作的性质

国务院向国有重点大型企业派出稽查特派员，是国家对国有企业财务监管、对企业领导人员管理制度的重大改革。稽查特派员对国务院负责，代表国家行使监督权力。其名称为"国务院派出的国有企业稽查特派员"，简称"稽查特派员"。

二、稽查特派员的职责

以稽查特派员工作条例为依据，以财务监督为核心，对企业贯彻执行党的路线方针政策和国家的法律法规情况、国有资产保值增值情况、主要领导成员的经营业绩等进行监督。

稽查特派员与企业是监督与被监督的关系，主要任务是查账，不参与和不干预企业生产经营活动。

三、稽查特派员监督的具体内容

（一）检查企业领导人员贯彻执行党的路线方针政策情况和是否按照法律法规经营企业。

（二）查阅企业财务账目和有关资料，审查验证企业的财务状况是否真实，主要包括资产负债情况、还债能力、获利能力、利润分配、资产运作、国有资产保值增值等。

（三）对侵犯国有资产所有者权益的行为进行监督。

（四）对企业主要领导成员的经营业绩进行评价和记录，对企业主要领导成员的奖惩、任免提出建议。

四、稽查特派员办事处的组成

一个稽查特派员办事处共5人（不包括秘书、司机），设稽查特派员1人、助理4人（其中1人兼办事处主任），均为专职。这些人员一般从财政、银行、人事、审计、监察和经济宏观调控、专业部门中挑选。一个稽查特派员办事处一般负责5个企业的监督工作。

稽查特派员应具备的基本条件：

（一）认真贯彻执行党的路线方针政策，遵守国家法律法规，有较高的政策水平。

（二）坚持原则，清正廉洁，公道正派，光明磊落，忠实履行监督职责，不怕得罪人，自觉维护国家利益。

（三）具备大专以上学历，了解企业特点，熟悉企业情况，具有本职岗位所必需的业务知识。

（四）稽查特派员由副部级以上干部担任，年龄一般不超过65岁，身体健康，能坚持正常工作。

助理主要由司、处级干部担任，年龄在55岁以下。助理除具备政治思想等基本条件之外，应具备本职岗位所必需的财务、金融、审计、法律、技术等其中一个方面的专业知识，具备一定的综合分析和判断能力。

五、工作方式和工作程序

（一）一般一年到每个企业两次，听取企业财务情况报告，对企业财务情况进行分析评估。对企业主要领导成员的工作和经营业绩进行评价。

（二）根据情况可随时调查核实企业经营及财务情况，采取适当形式听取职工意见；查阅有关文件，要求企业作出必要的说明。企业要建立规范的现代会计制度，定期书面向稽查特派员办事处报告财务情况，提供有关资料。

（三）加强与财政、审计、监察等部门的联系、配合，充分利用其监督和查账结果。为了避免重复，对已派出稽查特派员的企业，不再进行年度财务大检查。

（四）根据对企业财务状况和经营管理情况的分析和评价，向国务院提出奖惩、任免企业领导人的建议。

（五）向国家经贸委、国防科工委、外经贸部等部门及有关国家局汇报稽查结论，不直接向所稽查企业发表结论性意见和提出经营管理方面的建议。

（六）国家经贸委、国防科工委、外经贸部等部门及有关国家局要对稽查特派员的报告进行审核认可，有不同意见，可以向稽查特派员提出询问，通过讨论协调一致，不再去企业进行复核。

（七）人事部将稽查特派员和主管部门协调一致的稽查报告呈送国务院，并根据国务院对稽查结果的审定，结合企业领导人员的考核情况，办理企业主要领导人的奖惩、任免。

六、稽查特派员的管理

（一）稽查特派员由国务院任免、派出；助理由人事部任免。

（二）稽查特派员及其助理任期为3年，对同一企业不得连任。

（三）稽查特派员的派出实行行业回避原则。稽查特派员不得到原来所管辖行业内的企业进行监督。

（四）稽查特派员的编制单列，已到离退休年龄的，其行政、工资关系放在原单位，未到离退休年龄的或机构改革后没有单位的，其行政、工资关系原则上转由人事部管理，有工作单位但本人提出不转，也可保留在原单位，采取"分散管理、集中工作"的方式解决。

助理的编制单列，其行政、工资关系划归人事部集中管理。

（五）稽查特派员及其助理的党的关系集中管理，以便加强党风廉政建设、保证正常的组织生活，避免出现"两不管"的现象。对稽查特派员及其助理要加强思想作风建设，认真学习理论和专业知识，不断提高业务水平和工作能力。

（六）稽查特派员办事处履行职责所需的行政经费和培训费用，由国家财政单列。稽查特派员办事处成员不得在企业兼职，不得接受企业的任何报酬和福利待遇，不准借机游山玩水、接受吃请。

（七）建立稽查特派员及其助理的奖惩制度。对工作认真负责，成绩显著的，给予适当奖励；对企业违规、造假账未能发现的，给予批评教育，重大失误要追究责任。

（八）为了便于工作，设"国务院稽查特派员总署"。该署是不列入国务院序列、不定级别的虚设机构，由人事部设立精干的局级办公室作为其工作班子，承办稽查特派员及其助理的派出及日常管理工作。

附录八　《关于国有企业实行业务招待费使用情况等重要事项向职代会报告制度的规定》

《关于国有企业实行业务招待费使用情况等重要事项向职代会报告制度的规定》

监察部、国家经济贸易委员会、中华全国总工会关于印发《关于国有企业实行业务招待费使用情况等重要事项向职代会报告制度的规定》的通知

第一条　为完善国有企业的民主管理制度，加强民主监督，促进国有企业的

改革和发展，维护企业和职工的合法权益，制定本规定。

第二条　国有企业领导人员应当向职代会报告下列重要事项：

（一）业务招待费使用情况；

（二）个人廉洁自律情况；

（三）与职工切身利益直接有关的事项。

第三条　业务招待费是指企业在生产经营过程中用于必要招待的各项费用。

报告业务招待费使用情况应当包括：业务招待费全年核定额和实际支出额以及主要开支项目，开支是否符合制度、手续是否完备以及其他需要说明的情况。

第四条　报告个人廉洁自律情况应当包括：本人收入，住房、购房、装修住房，电话费开支，使用公车，出差出国（境）费用支出，购买本企业内部职工股以及为配偶、子女经商办企业提供便利条件等情况。

第五条　报告与职工切身利益直接有关的事项应当包括：企业兼并、出租、破产、拍卖、用工、裁员、职工下岗分流和再就业、工资分配、住房分配、保险福利、劳动保护等事项。

第六条　国有企业领导人员应当每年向职代会报告一次上述重要事项。需要及时向职代会报告的，在职代会闭会期间可以向职工代表团（组）长和专门小组负责人联席会议报告，由联席会议协商处理。

第七条　未建立职代会和通过其他形式实行民主管理的国有企业，由国有企业领导人员向工会会员代表大会或者职工代表会议报告并听取代表的意见。

第八条　职代会可以根据需要成立审核小组，负责对报告的事项进行审核并向职代会报告审核情况；职代会应当对报告的事项进行审议并提出意见，对企业裁员、工资、福利等涉及职工切身利益的事项依法作出决定。

第九条　国有企业领导人员应当根据职代会提出的意见或作出的决定，针对存在的问题提出改进措施并向职代会报告改进情况。

第十条　国有企业领导干部管理部门应当将国有企业领导人员执行本规定的情况列入对其考核的内容，考核结果作为对其任免、奖惩的依据。

第十一条　国有企业上级党组织、工会组织，国有企业领导干部管理部门和纪检监察机关应当按照各自职权对本规定执行情况进行监督检查。

第十二条　国有企业领导人员不按规定报告或者不据实报告的，由有关部门督促其改正，并视情节轻重，给予批评教育直至纪律处分。

第十三条 本规定由监察部、国家经贸委、全国总工会负责解释。

第十四条 本规定自发布之日起施行。1995 年 5 月 17 日监察部、国家经贸委、全国总工会发布的《关于国有企业实行业务招待费使用情况向职代会报告制度的规定》中的规定与本规定不一致的，依照本规定执行。

参 考 文 献

一、专著

黄速建：《中国国有企业改革与发展研究》，经济管理出版社 2007 年版。

吕政、黄速建等：《中国国有企业改革 30 年研究》，经济管理出版社 2008 年版。

沈志渔、罗仲伟等：《21 世纪初国有企业发展和改革》，经济管理出版社 2005 年版。

余菁等：《国有企业公司治理问题研究：目标、治理与绩效》，经济管理出版社 2009 年版。

黄群慧：《国有企业管理现状分析》，经济管理出版社 2002 年版。

黄群慧：《企业家的激励约束与国有企业改革》，中国人民大学出版社 2000 年版。

宁向东：《中国公司治理理论》，中国发展出版社 2005 年版。

肖华：《中国证券市场信息披露伦理研究》，中国经济出版社 2008 年版。

经济合作与发展组织著：《国有企业公司治理：对 OECD 成员国的调查》，李兆熙、谢晖译，中国财政经济出版社 2008 年版。

经济合作与发展组织著：《OECD 国有企业公司治理指引》，李兆熙译，中国财政经济出版社 2008 年版。

王雄元：《上市公司信息披露策略研究》，中国财政经济出版社 2008 年版。

上海证券交易所研究中心：《中国公司治理报告（2008）：透明度与信息披露》，复旦大学出版社 2008 年版。

［美］R.爱德华·弗里曼、乔治·恩德勒著：《战略管理——利益相关者方法》，王彦华、梁豪译，上海译文出版社 2006 年版。

祁敬宇主编：《金融监管学》，西安交通大学出版社 2007 年版。

王永庆主编：《企业经营管理的监督与评价：国有大型企业监事会工作实务》，中国经济出版社 2007 年版。

李建伟：《国有独资公司前沿问题研究》，法律出版社 2002 年版。

寇晓宇：《中国独立董事监督机制研究》，中国经济出版社 2007 年版。

［美］艾兰·布雷克著：《董事会的构建：企业成功的基点》，刘有发、肖珑等译，经济管理出版社 2003 年版。

马费成：《信息管理学基础》，武汉大学出版社 2008 年版。

朱慈蕴等：《公司内部监督机制：不同模式在变革与交融中演进》，法律出版社 2007 年版。

［美］法博齐著：《投资管理学》，周刚等译，经济管理出版社 1999 年版。

石英华：《政府财务信息披露研究》，中国财经出版社 2006 年版。

齐斌著：《证券市场信息披露法律监管》，法律出版社 2000 年版。

张学森、张伟弟主编：《证券法原理与实务》，经济科学出版社 1999 年版。

孙树义：《国有企业监事会制度》，经济日报出版社 2001 年版。

二、期刊

陈榕：《上市公司信息披露制度的理论基础》，《市场周刊·理论研究》2006 年第 12 月号下期。

王献锋：《建立信息披露制度　完善国企监督机制》，《中国审计》2005 年第 22 期。

杨时展：《审计的基本概念》，《财会探索》1990 年第 2 期。

夏冬林：《充分披露、完全信息与国有企业会计监督》，《会计研究》2002 年第 11 期。

何顺文、李元莎：《国有企业深层改革应重视信息披露提升》，《财政监督》2006 年第 2 期。

李占蒙、杨宏伟：《美国公司独立董事制度研究》，《国外财经》2000 年第 4 期。

孙泽蕤、朱晓妹：《上市公司独立董事薪酬制度的理论研究及现状分析》，《南开管理评论》2005 年第 8 期。

鲁桐：《独立董事制度的发展及其在中国的实践》，《世界经济》2002 年第 6 期。

葛燕、胡春香：《独立董事的监督作用及其相关因素》，《世界经济与政治论坛》2003 年第 1 期。

董志强：《公司治理的逻辑与国有企业董事会改革》，《董事会》2008 年第 4 期。

黄速建：《国有企业改革的实践演进与经验分析》，《经济与管理研究》2008 年第 10 期。

余菁:《走出国有企业理论纷争的丛林:一个关于国有企业目标、绩效和治理问题的综合分析》,《中国工业经济》2008 年第 1 期。

黄速建、余菁:《中国国有企业治理转型》,《经济管理》2008 年第 21 期。

沈志渔、缪荣:《企业制度改革三十年:回顾与展望》,《首都经济贸易大学学报》2008 年第 6 期。

中南财经政法大学课题组:《我国国有企业监督机制研究》,《中南财经政法大学学报》2004 年第 4 期。

郑海航、戚聿东、吴冬梅:《对完善国有独资公司董事会监事会及关系探讨》,《经济与管理研究》2008 年第 1 期。

童海:《进一步完善国有企业外派监事会制度的若干思考》,《珠江经济》2006 年第 10 期。

付爱伟:《论我国国有企业监事会制度现状及改进》,《中国水运》2007 年第 6 期。

施先旺、刘美华:《国有企业监事会制度与国家审计的关系》,《财会通讯》2001 年第 12 期。

李瞻钊:《国企监事会制度的中国特色》,《企业改革与管理》2001 年第 6 期。

杨郊红:《我国上市公司信息披露制度变迁的方向》,《财经月刊》2005 年第 4 期。

巩玉娟、季韩波:《从我国信息披露制度的变迁看其新趋势》,《经济论坛》2007 年第 16 期。

高伟彦、张春霖:《国外如何管理国有企业》,《工业审计》2003 年第 3 期。

陈甦、吕明瑜:《论上市公司信息公开的基本原则》,《中国法学》2002 年第 6 期。

陈汉文、夏文贤、黎代福:《受托责任、信息披露与规则安排——公司治理、受托责任与审计委员会制度 (上)》,《财会通讯》2003 年第 12 期。

陈汉文、夏文贤、黎代福:《受托责任、信息披露与规则安排——公司治理、受托责任与审计委员会制度 (下)》,《财会通讯》2004 年第 1 期。

王化成、陈晋平:《上市公司收购的信息披露——披露哲学、监管思路和制度缺陷》,《管理世界》2007 年第 10 期。

李为民:《国有资产市场化经营的典范——新加坡淡马锡控股公司经营模式初探》,《企业管理》2000 年第 10 期。

张静、陈美燕:《新加坡"淡马锡"经营模式对国企改革的启示》,《特区经济》2006 年第 9 期。

郭媛媛：《中央企业信息披露的制度重构：国际经验及启示》，《改革》2009 年第
　11 期。

郭媛媛、周伟贤：《国有企业信息披露制度的国际比较和启示》，《未来与发展》
　2010 年第 4 期。

郭媛媛：《国有大企业信息披露现状及问题研究》，《中国物价》2011 年第 11 期。

钱岩松：《国有企业公司治理比较研究》，《财贸研究》2009 年第 1 期。

谢德仁：《论会计信息严重失真成因及解决对策》，《四川会计》1997 年第 2 期。

吕西萍：《独立董事制度的本土化策略》，《企业改革与管理》2004 年第 11 期。

三、年会

孔玉生、苗晴、宋文阁：《试论国有企业财务信息公开披露管理》，"建设服务型政
　府的理论与实践"研讨会暨中国行政管理学年会，2008 年。

高伟彦、张春霖：《在国有企业集团中行使所有权：中国可以从国际经验中学到什
　么》，国有资产监管体制与公共财政制度改革国际会议，2003 年。

四、报纸

高伟彦、张春霖：《国外管理国有企业的经验借鉴》，《经济日报》2004 年 8 月 31 日。

黄群慧：《国资委如何处理国企董事会与股东会的关系?》，《南方周末》2005 年 2 月
　24 日。

朱林兴：《完善国企外部董事制度》，《文汇报》2008 年 11 月 24 日。

程明霞：《外部董事入驻试点中央企业新董事会即将亮相》，《经济观察报》2005 年
　4 月 30 日。

刘纪鹏、黄烨丽：《关于建立和完善国有独资公司董事会制度的建议》，《中国经济
　时报》2004 年 7 月 16 日。

高西庆：《证券市场强制性信息披露制度的理论根据》，《深圳证券市场导报》1996
　年 10 月 4 日第 17 版。

高建进：《受托责任理论及其应用——访厦门大学教授王光远》，《光明日报》1999
　年 3 月 19 日。

五、学位论文

梁鑫贵：《国有企业监管和信息披露探讨》，上海财经大学硕士学位论文，2003 年。

刘芳：《论我国国有独资公司外部董事制度——以独立董事制度的视角》，中国政法大学硕士学位论文，2006 年。

汪炜：《信息披露、透明度与资本市场效率》，浙江大学博士学位论文，2005 年。

陈锦：《我国商业银行信息披露监管研究》，西南财经大学博士学位论文，2008 年。

张婧：《新加坡国有企业公司治理模式研究》，厦门大学硕士学位论文，2009 年。

钟雪雯：《国有企业信息披露法律制度研究》，中国政法大学硕士学位论文，2011 年。

梁云生：《上市公司信息披露制度的理论基础》，西南政法大学硕士学位论文，2005 年。

应飞虎：《信息失灵的制度克服研究》，西南政法大学博士学位论文，2002 年。

蔡志岳：《中国上市公司信息披露违规的动因、市场反应与预警研究》，厦门大学博士学位论文，2007 年。

陶明：《基于公司治理视角的上市公司信息披露违规研究》，江苏大学硕士学位论文，2008 年。

谢清喜：《我国上市公司信息披露的有效性研究》，复旦大学博士学位论文，2005 年。

刘勤：《中国上市公司信息披露监管的系统研究》，同济大学博士学位论文，2006 年。

杨美丽：《公司治理中的会计信息披露问题研究》，山东农业大学博士学位论文，2006 年。

六、网站

夏炳军：《瑞典国有企业调研报告》，中华人民共和国商务处网站，http：//se.mof-com.gov.cn/aarticle/ztdy/200703/20070304473788.html，2007 年 3 月 19 日。

李荣融：《通过国有独资公司董事会试点加快推进股份制改革与重组》，http：//www.xinhuanet.com，2005 年 10 月 18 日。

齐中熙、李荣：《为何需要建立健全外部董事制度》，新华网，http：//news3.xinhuanet.com，2006 年 3 月 19 日。

瑞典国有资产管理局，http：//naring.regeringen.se/inenglish/areas of /state owned/news.htm#Coming。

张军：《非上市国有企业信息披露制度研究》，重庆谛威网，http：//www.dwcpa.com.cn，2008 年 12 月 4 日。

奥地利 OIAG 网站，http：//www.oiag.net/english/oiag/geschaeftsbericht.shtm。

新加坡淡马锡网站，http：//www.tp.edu.sg。

澳大利亚政府网站，http：//www.finance.gov.au/publications/governance –arrange-ments/index.html。

七、管理办法

中国证券监督管理委员会：《上市公司信息披露管理办法》，2007 年 1 月 30 日。

索 引

134，135，136，137，139，142，143，
144，145，146，149，150，152，153，
155，156，157，159，160，161，162，
163，164，165，166，167，170，171，
172，176，177，180，182，183，185，
186，187，188，189，190，191，193，
194，195，197，198，206，207，208，
209，211，212，214，215，218，219，
220
纪检监督 35，60，61，63

K

会计准则 3，8，24，28，74，102，107，
110，150

N

年度报告 3，4，18，70，77，80，84，85，
95，96，97，100，101，102，103，104，
107，108，109，111，115，121，122，
123，130，132，135，136，150，156，
159，177，181，182，183，197
内部人控制 6，7，36，37，38，47，48，
52，53，59，60，61，65，66，89，90，
143，161

O

OECD 3，9，12，63，95，96，97，98，99，
106，107，110，111，114，155，167，
169，171，173，175，177，179，180，

181，183，184，213
《OECD 国有企业公司治理指引》 3，97，98，
99，169，171，173，175，177，179，
180，213

Q

企业主体 98，106，149，150
强制性信息披露 2，9，12，18，23，72，
115，116，120，122，124，134，217

R

瑞典 3，96，100，101，106，107，108，
109，111，112，150，183，218

S

审计监督 5，33，35，59，61，63，67，
101
上市公司 2，3，4，5，6，8，9，10，11，
12，13，15，17，18，19，20，22，25，
29，30，31，36，38，39，46，48，49，
60，62，63，65，66，69，70，71，72，
73，74，75，76，77，78，79，80，81，
82，83，84，85，86，87，88，89，90，
91，92，93，95，96，98，100，101，
102，103，107，108，109，112，115，
119，120，121，122，123，129，134，
135，136，137，139，142，144，145，
146，147，149，150，151，154，155，
156，158，159，160，161，162，164，

Y

Z

后 记

带着些许激动、些许忐忑，我的博士后流动站阶段性研究成果即将付梓，回首在北京度过的两年多的博士后研究工作和生活，心里涌动的是对于曾经帮助和关心我的人们的深深感激。

感谢我的合作导师黄速建研究员。黄老师在本书的选题、构思和写作过程中给予了我耐心细致的指导，为此倾注了大量的时间和精力。黄老师乐观豁达的人生态度、不拘一格的思维方式、孜孜以求的学术精神将是我终生学习的榜样。

感谢我的合作导师罗仲伟研究员。我写作的每一个阶段都离不开罗老师的指导和帮助，从开始的谋篇布局到最后的精雕细琢，罗老师以其一丝不苟的学术态度和精益求精的学术精神向我展现了一名学者的职业素质，这必将令我终身受益。

感谢企业制度室的余菁主任、施小红副研究员、原磊博士，企业管理研究室的刘建丽博士、贺俊博士，与你们一起学习讨论的经历使我受益匪浅。亦师亦友的你们，让我再次重温学生时代的同窗之情，你们对我学习和生活上的关心和帮助成了我在北京记忆中最温馨的一幕。

感谢中国社会科学院工业经济研究所的所有老师和工作人员。因为你们的热情、关心与照顾，使我的学习和工作如此愉快，这段难得的经历必将成为我记忆中最美丽的瑰宝，值得终生珍藏。

感谢为了这本书的出版付出辛勤工作的经济管理出版社的各位编辑和老师。

感谢我的父母、我的先生和我可爱的儿子，你们一如既往的支持，是我前行的不竭动力；你们生活的幸福如意，是我不懈奋斗的源泉。

纸短情长，对于所有曾经给予我帮助的人们，我只能将这份感动和感激深藏于心，并将其化成最衷心的祝福，祝福我爱的人们永远幸福！

郭媛媛

2012 年 8 月